风险治理的多维探索

颜烨——主编

SSAP
社会科学文献出版社
SOCIAL SCIENCES ACADEMIC PRESS (CHINA)

中央高校科研业务费项目（编号3142015026/3142018057）资助出版

前　言

风险，顾名思义，就是指像风一样的危险。无形的风，力量既大也小，既可捉摸也不可捉摸。伴随工业化、现代化和全球化的迅猛发展，人为的技术风险、制度风险裹挟着自然灾害、战争冲突等传统性风险，叠加性地威胁着人的生存和发展，以至于人类进入另一种社会形态即“风险社会”（贝克等称为“第二现代性”社会）。过去以传统的“外部风险”（来自自然环境）为主逐步转到现在以“人造风险”为主，“灰犀牛”“黑天鹅”“大白象”事件不断涌现，风险样态更加复杂。面对自然灾害、事故灾难、公共卫生事件、社会安全问题等的不断冲击，人们更加渴求安全生存和安全发展。化解风险，避免灾变，走向安全，寻求和谐，日益成为社会各界的重任，以至于在学界，与风险社会理论（风险社会科学）密切关联的灾难、危机、安全、应急等理性化的学术研究乃至学科喷涌而出。

1986 年，针对苏联切尔诺贝利核泄漏事故的发生，自然科学和工程技术界不再仅仅局限于寻求技术安全理性，而提出并思考“安全文化”建设的重要性，即力图从人的心理行为、制度文化角度寻求消除客观性存在的各类风险。与此同时，在社会科学界，德国社会学家贝克的《风险社会》同年出版，再度将大师们对西方世界追求现代化发展理性（现代性）的反思推向新高潮。这时，随着自然科学界纷纷从事故分析转向安全科学、安全工程学研究，社会科学也突出地涌现安全心理（行为）学、安全管理学、安全经济学的研究探索。随后，国内安全科学学者提出“安全社会学”（Safety Sociology）字眼，但他们基本上将其等同于“安全社会科学”，并无专业性的安全社会学学科意蕴，而且主要偏重于生产领域的安全工程；直到1990年，访美的新西兰学者克莱门兹（Clements）发表 Sociology of Security 一文，认为安全渗透于社会生活的方方面面，以及2003年我们提出涵盖 safety 和 security 意义的安全社会学。

英文词汇 safety 和 security 均有安全的意蕴。相对而言，safety 意义的安全往往是指人、事物和环境内在质地性的，或偶发的，或自然技术方面的安全；而 security 意义的安全往往是指施用外在措施去保障和维护，或心理上可靠，或人文社会性的、公共性的安全。如 food safety 是指食品在质地上对人的健康无毒无害，而 food security 则是指粮食在数量上充盈而不短缺。而且，两者在法律规制方面、工程技术控制方面等有所偏差。但我们认为，两者的社会变迁规律、社会成因（主要是社会结构性原因）、社会要素和社会效应方面都具有相似性或共同性；我们同时认为，安全始终是以人为主体的安全，外在的事故灾难、自然灾害、生态环境安全、经济安全、国家安全等都不过是围绕或为了维护和保障人的正当安全；因而我们进一步认为，"安全"就不应该被反向性地定义为"不受威胁、没有危险、危害、损失""是免除了不可接受的损害风险的状态"，而应该是指"在社会实践中，人的生存发展持续保持正常完好的状态"，从而使得"安全"可以包含内在的三维即身体安全、心理安全、权利安全，以及外在的三维即事/物安全、环境安全、系统安全。

需要进一步指出的是，安全类学科与灾难类学科、风险类学科究竟有何区别？正如风险社会理论大师贝克所言，风险是介于安全与毁灭（灾变）之间的一个中间状态。言外之意，当人的各种理性如科技理性、经济理性、法律理性、危机管控理性、应急救援理性、福利保障理性等，能够化解风险的时候，人或社会就会逐渐变得安全；相反，当人类理性不足或者理性作用失灵的时候，风险就会转化为灾难。也就是说，三者虽然密切相关，但有各自研究的范畴和主题，因而各类学科的侧重点和指向也就明显不同。

综合起来看，风险是绝对的客观存在，安全、灾变都是相对的，即没有绝对的安全存在。但从某种意义上来说，安全本身更是人类的一种理性活动。人作为理性化的社会行动者，有安全需求，从而必有安全行动（agency），一种理性化的、主动性的社会行动（而非被动的安全行为

action）。这种安全行动理性不仅能够通过社会互动形成包含一定规范、互惠、信任、网络在内的安全结构，也会受宏观社会系统中的各类结构性因素的制约，诸如资源机会配置不均衡、不平等的阶层结构、城乡二元结构、收入分配结构、家庭和组织结构等的影响；再进一步说，安全结构镶嵌于社会系统之中，形成独自变迁的安全系统，同时也反过来统帅或再生安全结构及其变迁、安全理性及其行动。

对于风险类议题的研究，除了安全科学和工程技术外，诚如国内学者所编译的那样，国外社会科学者研究风险社会不外乎以下几种视角。

一是社会制度的视角。这一视角主要以社会学家贝克、吉登斯为代表。他们认为，现代风险与传统危险大有不同：现代风险是不可见的，来源于工业理性的过度增长，尤其是人类技术能力的发展及其后果难以测算和不可控，且逐渐演变为人类社会历史的主宰力量；从过去的财富分配到今天的风险分配，虽然阶级分层的机理一样，但很多现代风险已经个体化，富人也无法规避，而且会加剧资源机会的不平等；现代风险不只是自然科学或环境问题，而且根本上是人的问题、社会问题，因而风险管理成为处置现代社会不安全和偶变性的重要手段，尤其是组织和制度需要权力和权威的重组。吉登斯认为风险社会的时代特征在于：原有的发展确定性、方向性及其科技专家的信任受到质疑，甚至于出现贝克意义的“有组织的不负责任”；新型风险穿越时空，具有普遍扩散性；传统的阶级、民族、国家等集合性社会概念让位于风险个体化、全球化；与过去决定未来不同，风险社会里是未来决定现在及其选择；风险社会需要重新界定和发展道德，使得个体需要反思生活方式、社会需要反思环境运动和社会运动等社会性事务。

二是行政治理视角。这些学者主要是反思当代知识技术和权力、权威、组织、制度等对于各种危害和风险形成的影响，力图揭示在知识技术外衣和公共权力旗帜下新型社会风险是如何进行扩散的。尤其是法国社会学家福柯，他认为自16世纪启蒙以来，人类所建构和再生产的一整套组织、制度、专家知识等权力和权威，总是将偏离他们建构的所谓规范行为模式的人视为危险分子，尤其是监狱和精神病院成为身体控制的极端形式；然而，在现代社会，风险的不确定性已经超越这些身体控制系统，它们反而成为技术发展的非预期性灾难后果；更为危险的是，当代新自由主义在全球扩散它们认同的“新福利主义”，不是强调传统的社会保险制度，而是强调个人规避和管理风险的责任。

三是文化人类学视角。最突出的学者是玛丽·道格拉斯等人，他们从小传统社会如何适应现代社会这一经典人类学问题出发，尤其反思环境污染和技术问题，指出人们已经怀疑物质世界，过去作为安全源泉的科学技术，现在成为风险的源泉；他们认为，当今的风险实际并没有增多或加剧，只是被人察觉和被感知多了；人们对于各种现代风险的选择不可能是价值中立的，不同人、不同人群对风险的认识大有不同，那种试图用客观方法进行“两害相权取其轻”的做法，注定要失败，且误导民众和研究者；风险个体主义化的社会，已经颠覆了传统的三种社会组织建构（市场个体组织、等级组织和区隔组织），风险越来越难以确定；传统风险意识受到挑战，因而需要重新建构依赖于新型社会关系的文化范式。

四是经济管理视角。以往的经济管理技术就是通过社会控制等手段，达到风险最小化、安全最大化。但在现代社会，风险越来越个体化和具有不确定性，信息技术系统使得风险更加复杂多变，使得个人失误有可能导致整个系统发生灾变，传统管理方法和手段已经无法应对新型风险。因而，他们认为，应该超越传统的“理性行动者范式”，就像保险公司针对不同个体“道德风险”的机制那样，重构新型的、能够保证“自我利益和责任”的一致机制即“新理性主义范式”。

在国内，社会科学界对于风险、灾难、危机、安全、应急的研究，最突出的是行为科学、管理学，强调通过人类各种行为或心理控制理性，尤其是制度理性、组织理性、行政理性等，去预防、评估、管控、处置各类风险；其中的应急管理、应急救援更强调“为急而应”，以至于“一案三制”（预案和体制、机制、法制）乃至各种应急管理模型呼之欲出，以为能为政府、企业或社会解决燃眉之急，且认为应急管理涉及减灾预防、应急准备、应急响应、恢复重建四大环节，以至于可以大于和涵盖安全科学研究。

其次，就是社会学的研究。他们理智克制地或者不屑于“俯瞰”各种具体的安全风险，认为这类问题根本上就是社会问题，确切说是社会结构性、社会脆弱性的问题；多数沿着贝克、吉登斯现代性反思的角度对各类安全风险或灾变进行批判、评价和反思；当然也不乏学者力图用社会工作、社会心理等专业力量参与和介入各种灾变的应急救援、社会救助和事后安抚。另外，有管理学者认为，国外关于安全风险的社会学研究，大致涉及三个视角：一是贝克、吉登斯意义的现代性反思视角，这种意义的风险常常是增加的。二是政治社会学者亨廷顿的分析，这种意义的风险恰恰是减少；我们认为这是一种转型社会的风险，社会转型之后，风险也基本减少、减弱。三是德国社会学家卢曼系统论的视角，这其实是一种静态视角对安全风险的分析。观照此论，俯瞰今天的中国，虽然处于社会急剧转型时期，但仍然是传统性与现代性、本土化与全球化的交织，而且具有自我系统化的特征，因而今天的中国是一种复合型风险社会，而不是其中某一种。

最后，是传播学、经济学、法学、政治学的研究。传播学颇不宁静，很热闹地介入各种安全风险和灾变，不仅及时、迅速报道事实，而且借助流行的大数据模式分析风险或安全事故（事件）的传播规律、传播途径和传播效应，当然也不乏反思和批判。经济学则非常冷静地分析应该加强多少投入，才能防控风险，最终取得安全效益，追求的是安全投入与产出之间的均衡。而法学、政治学则力图从维稳、求安的角度，为政府和社会出谋划策，提出应对各种风险的方法、完善安全治理的法律法规和体制机制；当然不可否认的是，政治学、法学学者们有时也会拿起自由、民主、平等等话题，一股脑地砸向现行风险制造者和蹩脚的安全风险管控方式。当然，也不能忽略伦理学学者的努力，他们也开始无情而理性地谴责政府的不作为、乱作为，谴责资本及企业主的利益至上等。

在此要感谢应急管理大学（筹）华北科技学院校区以中央高校基本科研业务费项目“安全社会科学理论创新及应用研究”（编号 3142015026）、“新常态下安全发展的社会理论创新研究”（编号 3142018057）方式提供的大力资助，使本书能够顺利出版。

颜　烨

2021 年 8 月

目录

风险治理综论

地区风险治理

社会风险治理

环境风险治理

网络风险治理

海外风险治理

风险治理综论

现代中国的社会风险与化解思路

袁振龙*

摘　要：本文从中国社会所处发展阶段出发，分析当前中国社会面临的现代大生产、人口大流动、城市大建设、技术大发展、制度大变迁、利益大分配、融资大变革、文明大冲突、信息大爆炸等形成的各种风险；从风险理论的角度探讨我国风险应对存在的五点不足，并从培育风险意识、利益与风险并重、强化法制保障、加强风险理论与技能的研发、增加风险防范与风险应对投入等五个方面初步提出风险化解的对策措施。

关键词：社会风险　风险防范　风险应对　化解思路

如果站在世界历史发展的“谱系”中寻找和确定现代中国的方位，我们可以较为清晰地看到，作为当前世界上最大的发展中国家，中国社会正处在“第一次现代化”① 和“第二次现代化”② 的交叉点上。③ 与已经进入

* 袁振龙，北京市社会科学院智库建设与管理处处长兼首都综治研究所所长、研究员，主要从事城市社会学与社区建设、城市安全、社会治安、社会治理、应急管理、城乡结合部治理等领域的研究。

① “第一次现代化”是指从农业时代向工业时代、农业经济向工业经济、农业社会向工业社会、农业文明向工业文明转变的过程及其深刻变化，其特点主要是工业化、城市化、福利化、世俗化等。

② “第二次现代化”是指从工业时代向知识时代、工业经济向知识经济、工业社会向知识社会、工业文明向知识文明转变的过程及其深刻变化，其特点主要是网络化、全球化、创新化、个性化和信息化等。

③ 杨雪冬等：《风险社会与秩序重建》，社会科学文献出版社，2006，第6页。

“第二次现代化”或“反思现代化”阶段的发达国家相比，中国既需要从整体上完成“第一次现代化”的任务，建立起现代经济、政治、文化、社会和生态等各方面制度，还需要在局部解决好各种“现代性”问题，积极主动地推动、适应和把握好“第二次现代化”的机遇，继续完善现代经济、政治、文化、社会、生态等各方面制度。“双重转型”的任务高度重叠在一起，压缩在“当前中国”这个有限的“时空”中，与现实社会存在的各种因素结合在一起，风险如影随形，纷至沓来。吉登斯认为，“生活在高度现代性世界里，便是生活在机遇和风险的世界中。这个世界的风险与现代制度发展的早期阶段不同，是人为不确定性带来的问题”。① 因此，现代中国社会面临的“风险”更加复杂多样，各种“风险”转化为“现实威胁”的概率更高，“危险”可能随时出现在身边，成为现代中国人必须面对的一个现实。这一状况考验着中国政府的执政能力，考验着全社会化解风险的智慧，迫切需要理论界对中国社会面临的风险进行深刻的反思，寻求中国社会风险的防范、化解及治理之道。

一　现代中国主要面临九大社会风险

在综合分析国内外诸多学者对“风险”认识的基础上，杨雪冬等将“风险”定义为“个人或群体在未来遇到的伤害的可能性以及对这种可能性的判断与认知”。②如果把这种“可能性”及对其的“判断与认知”拓展到“现代中国”这个大群体上，我们可以较为清晰地看到，现代中国社会至少面临现代大生产、人口大流动、城市大建设、技术大发展、制度大变迁、利益大分配、融资大变革、文明大冲突、信息大爆炸等形成的各种风险，需要引起我们的关注、警惕和反思。如 2008 年“6·28”贵州瓮安事件、2012 年“7·21”北京特大暴雨、2014 年“3·8”马航飞机失联事件、2015 年“12·31”上海踩踏事件、2015 年“6·1”长

① 〔英〕安东尼·吉登斯：《现代性与自我认同》，赵旭东等译，生活·读书·新知三联书店，1998。

② 杨雪冬等：《风险社会与秩序重建》，社会科学文献出版社，2006，第 16 页。

江沉船事件、2015 年“8 · 12”天津港爆炸事件、2015 年“12 · 20”深圳山体滑坡事件、2016 年“1 · 5”银川公交纵火案等重大事件，以及“非法集资”“电信诈骗”等异常情况的经常发生，无数的生命和财产损失时刻警醒着我们，各种风险离我们其实并不遥远，我们必须绷紧“风险”这根弦，时刻防范风险，努力化解风险，探索风险的现代治理之道。

（一）现代大生产及其社会风险

改革开放政策让中国迎来了历史上最好的发展机遇，中国已经作为“制造基地”和“生产工厂”名扬世界。然而，发展机遇同时也意味着重大风险，这主要体现在四个方面。一是总供给和总需求不平衡产生的风险。在社会主义市场经济条件下，我国经济的总供给和总需求主要取决于国际国内两个市场，在世界经济波动、需求变化的情况下，供过于求和供不应求的情况经常发生。当前，我国的钢铁、煤炭、平板玻璃、水泥、电解铝、船舶、光伏、风电、石化等行业已经出现明显的产能过剩，高品质工农业产品的供给却严重不足……给我国经济的稳定运行带来很大的风险。二是产业结构不合理带来的风险。当前，我国产业结构不断优化，但与发达国家相比，我国的产业结构仍然不合理，比如产业结构与就业人口严重不匹配，第一产业的产值尽管已经下降到 GDP 的 15% 以下，但第一产业的就业人口数量仍然占全国就业人口的 38% 左右，第二产业吸纳就业的能力开始下降，第三产业发展相对滞后，吸纳就业人口的能力有待大幅度提升，高能耗企业、高污染企业数量还比较多，能源紧张、资源短缺特别是不可再生资源日益枯竭，空气、地下水、土壤等被污染。这种状况意味着当前我国资源的配置存在不合理的情况，蕴含着能源、资源、环境等各方面风险。三是公平与效率关系失衡带来的风险。公平与效率一直是经济发展面临的一个重要关系。一段时期以来，我们过于强调效率，一定程度上忽视甚至损害了公平，导致一些社会成员“挫败感”“被剥夺感”等较为强烈，可能形成各种社会风险。四是产品质量监管滞后导致的风险。政府相关部门及其工作人员的配置和工作方式已经不适应中国现代大生产发展的需要，现有的产品质量标准体系也不适应大生产的要求，特别是大量新材料的使用，导致部分传统产业缺乏有效的监管，对新兴产业、新兴领域缺乏有效的规制，广大市民对食品、药品及其他商品的安全需求难以得到有效满足，社会不信任情绪有一定的蔓延，增加了社会的不确定性风险。

（二）人口大流动及其社会风险

作为世界上人口最多的发展中国家，改革开放让中国迎来了历史上规模最大的人口流动潮。据国家卫计委公布的数据，“十二五”时期，我国流动人口年均增长800万人，尽管我国流动人口增速开始放缓，但2014年我国流动人口仍高达2.53亿人，[①]再加上其他各种形式的流动人口，每年我国人口的流动规模十分惊人。人口的流动既让我们的社会更加充满活力，人力资源的配置更加合理，也让我们的社会面临且不断扩散着各种风险。有学者指出，“引发风险的因素既来自自然界，也来自人类本身，而且后者已经成为风险的根本性来源”。[②]在人口大规模流动的情况下，社会风险也随之产生并加速流动起来，进一步增加了现代风险治理的难度。这主要表现在，第一，不同地域、不同文化背景、不同教育程度的人口大量流动与互动，增加了不同文化冲突或不同群体冲突的风险，社会不适有所增加，部分社会成员越轨、违法犯罪等风险明显增加。第二，处于流动状态的大量流动人口面临信息不对称、安全防范知识不足等因素的制约，缺乏应有的安全意识和安全防范技能，由此导致许多不确定的安全风险。第三，人口的大量流动意味着原有利益格局的调整和社会秩序的重新调适，其中的调整和调适存在许多不确定性，可能对社会的正常运行和社会的安全稳定形成一定的冲击，带来诸多不确定性风险。第四，人口的大量流动极大地增加了对航空、铁路、公路、水运等交通方面的需求，对交通各领域的运输能力提出了更高的要

① 陈海波：《〈中国流动人口发展报告（2015）〉发布》，《光明日报》2015年11月12日。

② 杨雪冬等：《风险社会与秩序重建》，社会科学文献出版社，2006，第17页。

求，交通运输各领域在服务和保障人口流动过程中存在各种安全风险隐患。第五，一些传染性疾病也由于人口的大面积快速流动有快速传播的风险。

（三）城市大建设及其社会风险

自从城市出现以来，城乡关系便成为难以回避的一组重要关系，城乡矛盾是经济社会发展面临的主要矛盾之一。改革开放以来，我国城市化进程不断加快，大量的人口进入城市就业生活，城市建设的速度越来越快，中国进入城市快速建设的时代。在这个过程中，大量的社会风险开始聚集并隐藏在城市的各个角落中，随时可能引发城市的各种安全问题。这主要表现在，第一，城市的快速扩张和建设，急剧地改变了城市及其周边地区的地形和结构，可能给城市及其周边的地质、气候、水文、生物等各方面带来不可逆转的环境风险，这些风险可能在今后很长时期内不断地释放出来，给我们的生产、生活带来不确定的威胁。第二，随着大量建设项目的开展，由于之前规划的不足、人类的贪婪、新技术新材料的盲目应用及对未来风险的认识不足等因素，城市建设本身存在许多已知或未知的安全风险，对我们未来的工作、学习、生产、生活等形成一定的安全威胁。第三，城市人口的急剧增长，增加了对资源、能源的巨大需求，对城市资源、能源的供给保障能力形成了极大的挑战，其中潜藏着许多已知或未知的安全风险。第四，随着城市规模的不断扩大、城市人口的不断扩张，城市运行变成一个十分复杂的系统，任何一个部门或个人都难以认识并协调其中的复杂关系，其中的某个或多个环节可能成为城市运行的“短板”，以前不明显的风险开始凸显，如城市垃圾、城市污水的处理，城市的交通系统等，从而给城市的安全运行带来不确定的风险。第五，由于城市的快速扩张及对自然地貌的急剧改变，以前远离城市的风险开始靠近城市，如以前布局在郊区的化工区周边开始建成居民区。第六，由于农村的大量人口、资源不断向城市聚集，广大农村特别是中西部农村地区的基础设施、公共服务等投入不足，一些农村地区面临凋敝和衰败的危险，进而对中国未来农业及农产品的安全造成冲击。

（四）技术大发展及其社会风险

现代科技的发展和广泛应用极大地解放了人类生产力，带给人类数不清的福祉和便利。同时，技术大发展本身也给人类带来许多不确定的风险。这主要表现在，第一，技术的广泛应用本身存在不确定性的风险，一项新技术即使实验证明风险可控，也不等于技术广泛应用的风险可控，因为技术广泛应用后面临的不再是实验室给定的环境条件，在改变了的环境条件下，即使是安全的技术也可能变成对我们的巨大威胁，如日本的福岛核电厂在地震、海啸后产生的巨大破坏力。据世界核能协会统计，截至2016年1月，全世界在运营核反应堆共439座，其中中国在运营核反应堆30座；在建核反应堆24座，拟建核反应堆40座，[①]中国的在建核反应堆和拟建核反应堆居世界第一位。可以看出，核能技术在中国已经并将继续得到广泛的应用，其风险应得到有效控制。第二，技术本身对我们也是巨大的风险，如转基因技术。技术应用过程中存在的各种安全隐患可能对我们的生产、学习、生活等带来安全威胁，同时，如果新技术应用的后续处理不当，可能给我们带来难以预料的风险。第三，技术的发展及大量应用，改变了我们的思维方式、学习方式和生活方式，可能对我们的整体素质和综合能力的提升形成某种制约或阻碍，人们变得越来越依赖于各种技术手段的应用，从而对我们未来的全面发展和可持续生存形成潜在的威胁。第四，大量新技术的发明及应用，极大地改变了地球的面貌和气候，我们对这种改变的影响还认识很少，对这种改变对人类的风险还认识有限，但这类风险对人类来说可能是致命的。第五，技术的大发展及广泛应用，也将我们带入了一个未知的世界，绝大多数人对技术本身及其风险认识极其有限，我们对技术的控制能力可能不如我们对技术那样自信，对技术及其风险的双重“无知”可能令我们未来某个时候处于恐惧甚至绝望之中。

---

① 刘德宾：《全球在运核反应堆439座，中国在建数世界第一》，http：//news. sina. com. cn/c/2016 - 02 - 13/doc - ifxpmpqt1145577. shtml。

（五）制度大变迁及其社会风险

随着中国经济社会的深刻转型，中国经济、政治、文化、社会、生态等各领域的制度变迁势在必行。然而，无论是哪一方面的制度变迁，面临的难度都是很大的，新旧制度的斗争是不可避免的，制度变迁带来的调整和动荡也是难以完全避免的。同时，我们还必须看到，制度变迁既可以帮助我们实现更好的发展，也可能给我们带来新的不确定性风险。这主要表现在，第一，决定制度的是各种思想，制度的变迁实际上意味着各种思想观念的斗争和交锋，因此，制度变迁不可避免地面临思想观念的解放、碰撞与斗争，不可避免地出现各种相互对立甚至直接冲突的思想观念，如何整合与吸纳各种思想观念使其成为制度变迁的共同营养，是一个很大的挑战，因此，制度变迁可能伴随着新一轮社会冲突的开始。第二，制度变迁本身存在一定的风险。所谓制度变迁，就是主动地从现有的制度向新的制度过渡。然而，这个过渡本身也潜藏着各种不确定性风险，如制度不适、制度冲突、制度失败……无论是哪一种风险，都可能对现有的经济社会运行造成冲击和影响，进而影响社会的正常运行和安全稳定。第三，制度变迁可能自带风险。制度的变迁，将带来一系列社会政策的调整，将影响到各行各业的发展及广大人民的工作生活，是对原有生产方式和生活方式的冲击，制度变迁“试错”的成本十分高昂，由此可能导致制度变迁缓慢或制度变迁的失败，从而引发支持制度变迁群体的不满，或者引起反对制度变迁群体的不满。无论“转”与“不转”，不满总是有的，因此，必须认真调查并处理好人们的不满情绪。

（六）利益大分配及其社会风险

中国改革开放的过程，既是生产力极大解放、社会财富大幅增加的过程，也是社会财富重新分配、利益格局重新调整的过程。在这个过程中，由于发展基础、发展区位、发展政策、资本条件、人力资源、资源能源、交通条件、基础设施、周边环境等各方面的巨大差异，我国的地区发展差异日益明显。同时，由于社会环境的变化和新技术的不断应用，各行各业的发展情况也千差万别。其中无论哪一种差别，最后都无一例外地体现在利益的调整上。利益的调整往往伴随着各种风险，这主要表现在，第一，现行利益分配机制不合理造成利益分配体系不合理，特别是劳动要素在利益分配中占的比重较低，而一些社会成员通过不合理甚至不合法的手段积累了大量财富，扩大了社会的不公，导致另一部分社会成员对现行利益分配秩序不满，部分社会成员存在“被剥夺感”曾经一度引发了社会的“仇富”“仇官”等不满情绪甚至一些反社会的行为，给未来社会良性运行带来不确定性风险。第二，地区发展差距过大导致不同地区之间利益分配差异很大，导致发展落后地区的人才、资源向发达地区转移，大大削弱了落后地区的发展潜力，进一步拉大了不同省份、不同地区之间的发展差距，发展过度和发展不足并存，这对国家的统一、国土的安全、民族的团结、环境的保护等都将形成严峻的挑战，带来了新的社会风险。第三，行业利益差距加剧了人们的不公平感。目前，中国收入高的行业与收入低的行业之间的差距已经很大，高收入行业往往人浮于事，竞争力变低，寄生现象严重，收入低的行业则社会地位低，后继无人，难以为继，最终可能造成各行各业发展的不稳定，进而对社会的安全稳定造成严重威胁。第四，城乡发展差距导致的风险。目前，中国部分农村地区与城市的发展差距已经很大，如何真正缩小城乡发展差距，让更多的农村人口分享我国经济发展的成果，是防范社会风险必须解决的一个重要课题。

（七）融资大变革及其社会风险

随着社会财富的增加，部分社会成员开始有了自己的财富积累，他们迫切希望通过理财投资等方式使自己的财富保值增值，然而，我国传统的银行存款等渠道难以满足社会成员的投资需求。因此，我国的融资方式出现了许多变化，其潜藏的风险应得到社会的高度重视。主要表现在，第一，“民间借贷”“地下钱庄”“影子银行”等地下金融的存在冲击了现有的金融秩序和融资规则，可能加剧我国金融秩序的混乱与无序，反过来影响和破坏我国经济的健康发展。第二，互联网金融、P2P、民间借贷等不断发展的现实与现行的金融发展政策、金融监管方式滞后的矛盾造成政府对部分融资行为的“脱管”和“失管”等现象，非法集资、诈骗等违法犯罪行为猖獗，进而造成普通投资人的财产损失，引发群体性聚集和群体性上访，影响社会的稳定。第三，股票市场的动荡既影响了实体经济的融资能力，又打击了股民对我国股市的信心，可能对我国经济发展造成致命的打击，也可能引发群体性聚集和群体性上访。第四，现有融资渠道不畅，造成民间借贷、非法集资等盛行，我国大量民间资本的去向不明确，其投资行为难以完全得到法律的保护，可能对我国经济的健康运行造成重大的威胁。

（八）文明大冲突及其社会风险

随着国内外经济活动的日益频繁和人口的频繁流动，不同文化背景、不同宗教信仰的群体的互动与交往更加频繁，这一方面既便利了不同文化、不同文明的交流与互动，同时，也增加了不同文化、不同文明冲突的可能性和频率。这主要表现在，第一，不同宗教文明存在发生冲突的可能性。我国实行宗教信仰自由政策，这些年来，我国宗教发展很快，但不同宗教存在不同的信仰和禁忌，在发展过程中，难免发生一些碰撞与冲突。第二，不同民族文明存在发生冲突的可能性。我国是国土辽阔的多民族国家，不同民族之间的历史文化习惯很不一样，一方面是不同民族交流与互动的增加，另一方面是不同民族之间对相互文化的了解有限，因此难免可能发生一些误解与冲突。第三，个别宗教发展过程中极端思想的抬头可能造成难以预料的后果。由于国内外一些复杂的因素，鼓吹恐怖暴力的极端宗教思想在一些地区传播，对一些辨别力较弱的年轻人有一定的吸引力，可能给我国带来一些安全风险。第四，地下教会的快速发展可能引发的风险。当前，由于一些复杂的原因，地下教会组织发展很快，其对我国合法宗教的发展冲击很大，可能引发一些安全风险。

（九）信息大爆炸及其社会风险

随着现代通信技术的发展和科学技术的进步，人类社会已经进入了互联互通的信息新时代，各种信息通过各类传统媒体和新媒体等迅速地传播，人类获取信息和知识的自由度比以往任何时代都要大得多，人们进入了一个前所未有的信息大爆炸时代。然而，从风险的角度看，信息大爆炸也存在诸多风险，这主要表现在，第一，信息的大量快速传播，客观上增加了人们接收信息的负担，人们被大量的信息包围，反而可能错过真正有用的信息，辨别和接收有用信息成为人们面临的共同挑战，人们普遍面临对信息手足无措的状态。第二，大量的信息通过互联网迅速传播，对人们辨别信息真假的要求提高了，但现实中，人们对信息真假的辨别力十分有限，人们受虚假信息蒙骗的机会和概率大大增加，随之产生的风险也大大增加。第三，信息传播产生的效应难以预料。随着信息的快速传播，接收信息的受众看到信息后产生的反应是千差万别的，但也存在产生相同的感想和感受，人们往往会将他人的“遭遇”嫁接到自己身上来，因此可能对异乡发生的某一事件形成过激反应，甚至采取过激行动，进而对社会的良性运行和安全稳定产生影响。第四，虽然管控信息的技术和能力也在提升，但管控信息面临的风险也很大，很可能使言论的不满汇聚成实际行动的抗议，从而引发更加严重的社会不合作甚至对抗行动，对社会的健康运行形成严重的威胁。第五，信息的快速传播导致集体行动的酝酿更加方便，成功的机会更大。由于现代信息技术的发展，一些对社会心怀不满的人发动群体行动更加便利，使社会应对此类集体行动的压力随之增加，从而导致社会紧张程度进一步加剧。

上述几个方面只是大致地论述了中国社会面临的主要社会风险，实际上中国社会面临的风险远不止这些，比如因为全球化带来的风险，等等。本文集中论述上述九大风险只是为了方便读者清醒地认识到我们身边可能存在的社会风险。同时，必须指出的是，各类风险还可能叠加、放大、转移……并可能产生更多的次生风险。现实中风险的形成机理十分复杂，风险转化为现实危险的概率也随不同城市、不同地区、不同时期而区别很大。

二　现代中国化解社会风险存在的不足

风险总是与人类社会相伴而生的，没有不存在风险的社会。特别是近代社会以来，“随着人类成为风险的主要生产者，风险的结构和特征才发生了根本性的变化，产生了现代意义的‘风险’，并出现现代意义上的‘风险社会’雏形”。[①] 风险的存在是与人们对风险的判断和认知紧密相关的，因此，风险意识的有无和风险知识的多少在很大程度上决定了人们对风险的判断和认知。德国著名社会学家乌尔里希·贝克指出，“在发达的现代性中，财富的社会生产系统地伴随着风险的社会生产”。[②] 同时，不同社会面对风险的态度和准备是不同的，化解风险的能力也存在明显的差异。总体而言，我国通过法律规范等制度设计较好地防范了各类风险的发生，但与急剧发展变化的社会现实相比，我国化解社会风险的力度还严重不足。尽管“风险”并不等于现实的“危险”，但就现阶段而言，中国社会整体对风险的认知是普遍不足的，大多数人对身边可能存在的风险是浑然不觉的，社会整体应对风险的准备也是不足的，因此一旦当风险转化为现实的危险时，可能出现处置不当、造成损失过大等问题，危及人民生命财产安全。概括起来，现代中国化解社会风险存在的不足主要表现在如下几方面。

（一）发展阶段的限制妨碍了风险意识的培育

如前所述，当前我国正处在第一次现代化向第二次现代化跃升的过程中，实现中华民族的伟大复兴，追赶发达国家是我们面临的最重要任务，解放和发展生产力是这一阶段最响亮的口号，发展经济、创新创业是全社会最重要的使命。在这样的背景下，整个社会安全防范的意识严重不足，全社会的风险意识普遍不高，大家的关注点主要是利润和金钱，“风险”尚未进入大家的关注中心，风险意识的培育更无从谈起。风险意识的普遍缺乏，意味着我们绝大多数人常常身处危险之中或危险边缘而不自知。这种状况对中国这样一个快速发展的人口大国来说，是十分危险的，我国各类安全事故频频发生，就很好地说明了这一点。即使每年我国各类安全事故频繁发生，每一次都付出了巨大的生命和财产代价，但依然未能成功地让全社会培育出足够

① 杨雪冬等：《风险社会与秩序重建》，社会科学文献出版社，2006，第22~23页。

② 〔德〕乌尔里希·贝克：《风险社会》，何博闻译，译林出版社，2004，第15页。

的风险意识，我们大多数人依然浑然不觉行进在“快速车道”上，全然没有意识到前方的风险正在转化为危险并向我们逼近。

（二）追逐利益的冲动忽视了社会风险的存在

发展至上的阶段必然导致人们对利益的追求，这当然无可厚非。但是如果为了自身的利益或利润，置他人的利益特别是他人的生命安全和财产安全于不顾，把自己的利益建立在他人的安全风险之上，置于公共安全利益之上，就值得社会的反思和反省了。在“利己主义”的价值取向引导下，一些企业和个人开始超越道德的底线和法律的界线，有意无意地掩盖着风险特别是安全隐患方面的风险，同时不断地产生新的风险，致使社会风险不断地积聚，有转化为现实危险的可能性。现实中，安全风险被许多单位和个人有意无意地忽视甚至忽略，许多单位和个人用于安全生产、风险防范的投入普遍不足，导致社会整体对风险缺乏应有的认识和防范，这进一步误导了人们，让更多的人误认为社会风险并不存在或风险根本不值得关注。

（三）道德自律的缺失放任了社会风险的扩大

道德规范一直是调节人与人关系以及人与社会关系的重要原则和规范，它主要通过善恶评价、内心信念、社会舆论和传统习惯等来维系。但随着经济的发展、人口的流动及其他因素的影响，人们工作生活的时空发生了翻天覆地的变化，原来的熟人社会普遍被新的陌生人社会而取代，传统的道德规范在迅速变化的社会中逐渐失去了应有的制约作用，经常难觅踪影。尽管国家一直试图建立并积极倡导新的道德规范，并持续做了很多的努力，但新的道德规范尚未真正进入人心，成为大家共同认同并自愿遵守的行为准则，以至于一度出现道德滑坡的现象。由于道德自律的缺失，该严格管理的没有严格管理，许多企业该有的安全设施没有，该有的劳动保护措施没有，该有的污水处理设施没有，该启动的大气污染治理设施不开启（或者白天开启晚上关闭，检查时临时开启其他时间关闭），不该添加的添加剂擅自添加了，该落实的质量标准落实不够，该施以援手时无人施以援手……一些企业和个人故意放任各种安全隐患的存在，故意放任各种存在安全隐患的商品特别是食品药品流入市场毒害他人，假冒伪劣产品大行其道，危害着人们的身体健康，人与人之间的信任关系一点点被消耗掉，最终社会每一个人都生活在不安全的社会环境中。

（四）知识技能的欠缺降低了应对风险的能力

由于社会对风险的认知有限，因此，当前我们关于风险的知识相当缺乏，无论是关于风险的认知还是防范风险的知识，我们都相当无知，关于风险的理论研究显得极为薄弱，风险知识及风险防范技能的传播也显得不足。更令人担忧的是，我们关于风险防范的各种技能也开发得十分有限。我们曾经遭遇过哪些风险转化为危险的现实案例？这些风险是如何转化为危险的？从这些现实案例中我们吸取了哪些经验和教训，形成了哪些关于风险认知及防范风险的知识？并从实际的应急处置中催生了哪些风险防范、风险应对的技能？国外应对风险形成了哪些理论、知识和技能？全社会对这些知识技能的了解都十分有限。因此，一旦风险转化为现实的危险，我们就可能手足无措，处置应对失当，结果可能造成生命财产损失的扩大化、风险的蔓延和次生风险的出现。

（五）防范投入的不足削弱了风险应对的能力

对风险防范的投入不足是全方位的，用于风险防范的政策、人力、精力、财力、资源等都是十分有限的。由于我们当前对风险认识不足、研究不足，政府部门对风险的认识也十分有限，相关的风险防范政策严重滞后于风险广泛的社会现实，政府和相关部门现有的人力配置难以对社会风险进行有效的监管，更谈不上对风险进行有效的防范。同时，社会各方面特别是各个社会单位对风险普遍不重视，用于风险防范的人员、设备、资源、资金都相当有限，对风险发生或转化为现实危险的严重性估计不足，导致危险一旦实际发生，我们应对风险的准备和能力就显得不足，从而可能耽误风险的高效应对。

三　现代中国进一步化解社会风险的思路与策略

风险的广泛存在，迫使我们努力构建更加安全、更加有序的社会。尽管我们对各种风险还认识得十分有限，新的风险还在不断地产生和积聚，但我们必须从现在开始，努力认识和了解我们面对的各种风险，探索完善化解风险的思路与对策，增加风险防范和风险应对的投入，从而努力使风险处在我们可控的范围内，让我们的社会在安全健康的轨道上不断前行，让人们享受到更多经济社会发展带来的福祉。

（一）大力宣传风险防范技能知识，主动培育现代风险意识

只有具备应有的风险认知，才会有正常的风险意识。只有人人认识到风险的存在，才可能努力防范和减少风险的发生。只有人人具有一定的风险防范和应对技能，一旦我们遇到风险，才能应对得当，减少损失。这有赖于我们共同努力，大力宣传风险防范和风险应对技能，让更多的人形成现代风险意识。第一，把风险教育纳入中小学和大学通识教育体系，使更多的公民从青少年阶段开始，逐步学会识别我们身边的风险，开始养成风险意识。第二，各基层党委政府在辖区所有社会单位广泛宣传风险防范和风险应对知识，经常性地开展各种应急演练，让更多的人掌握自救、互救知识和急救技能，逐步培养社会单位和公民的风险意识，提升全社会的风险应对能力。第三，广泛通过广播、电视、报刊、网络和各种自媒体，宣传现代风险知识、风险防范和风险应对技能，让更多的人时时处处接受现代风险意识的熏陶，强化风险意识。

（二）积极推进经济社会的协调发展，利益追逐与风险防范并重

在继续营造良好创业环境、努力扩大就业岗位供给、推进经济向前发展的同时，进一步加强社会建设和社会治理，将风险识别和风险应对纳入社会治理的范畴，将风险防范设备的投入和使用作为所有社会单位必须承担的社会责任，引导各社会单位在追求合理利润的同时，切实控制和防范

好各种风险。具体来说，第一，让各企事业单位、新经济组织、新社会组织切实履行好安全隐患排查、风险识别和风险防范等社会责任，让更多的风险隐患在各社会单位范围内得到有效的控制和防范。第二，各企事业单位、新经济组织、新社会组织等在风险隐患排查的基础上，研究制定各自的风险防范、风险应对和应急预案，定期开展演练，进一步提升各社会单位应对社会风险的能力。第三，利用视频监控、现代物联网、云计算、云存储等技术加强对各社会单位风险防范设施使用状况的在线监控，引导和鼓励各高等院校、研究机构、社会组织、新闻媒体等加强对各社会单位履行风险防范责任情况的调查和监督，形成全社会共同重视风险防范的氛围。

（三）全面推进依法治国，强化法治在风险防范中的保障作用

风险防范和应对是涉及国家经济社会健康发展的重大问题，必须按照中央提出的全面推进依法治国的总要求，在加强道德自律的同时，以全面健全的法制保障全社会切实加强风险防范。第一，全面梳理和完善风险防范的立法工作，进一步完善风险防范法律体系。当前，我国的风险防范法律还分散在不同的具体法律条文中，整体性的“国家安全法”尚需进一步制定，具体的风险防范类法律还需要进一步具体化和操作化。第二，强化风险防范法律体系的执行与实施，强化风险防范法律实施。明确各种风险防范法律的执行机关和单位，明确风险防范法律实施的监管部门，切实强化法律实施的监管手段，改进监管方法，确保相关法律得到有效实施。第三，进一步提高风险防范违法行为的处罚标准，提升风险防范领域违法成本。切实加大各类风险防范违法行为的处罚力度，确保违法行为及时发现，得到及时处置，不让风险防范的违法行为大面积发生。

（四）完善风险理论，加强避险技能的研发，为风险防范提供有力支持

风险理论的完善意味着人们对社会风险认识的深化，风险防范技能则

是人类防范社会风险能力的重要支撑，它们在风险社会中具有举足轻重的地位。因此，加强风险理论的研究，不断研发风险防范的技能与设施，是提升全社会风险防范能力的基础性工作。具体来说，第一，建设风险理论研究人才队伍，引导科研人才加强对风险理论的研究。加大政府部门、研究机构与社会单位的合作力度，引导研究人才深入单位和社会，发现和分析社会风险，进一步构建、丰富和完善我国的风险社会理论，从而为我国的风险防范提供更好的理论支持。第二，加强对风险防范的技能与设备的研发力度。切实根据各行各业的风险状况和风险防范的需求，研究开发更多、更实用的风险防范技能和风险防范设备，不断推广使用，为全社会的风险防范提供强有力的技术支持。第三，加强风险理论的研讨与交流，加强风险防范技能与设备的推广应用。创造条件，让风险理论界与实务界有更多的交流与研讨，共同推动风险理论研究的深化，加强风险防范技能和设备的推广应用，让更多的人掌握风险防范技能，熟悉使用风险防范设备。

（五）切实加大风险领域的投入，提升全社会风险应对能力

风险应对能力的提升最终依赖于全社会对风险防范投入的增加。这方面的投入主要包括三个方面。第一，国家加大对风险领域的投入，包括风险防范政府部门设置和工作人员配置，风险排查和风险防范政策法律的研究制定，风险防范法律政策的贯彻落实与监督检查、执法，风险防范知识的宣传教育，风险防范理论的研究与技能研发投入等。第二，各社会单位要加大对风险防范的投入，主要包括各社会单位加强对员工风险防范的宣传教育培训、劳动安全保护的投入、风险应急演练的经常举行、劳动安全设施的完善和自觉运用等。第三，广大市民也要自觉地投入时间、精力和金钱等学习和了解现代风险社会理论知识，学会排查和识别各种风险隐患，学习和掌握各种风险防范和风险应对的知识和技能，熟练地使用相关的风险应对设备和工具，学习和掌握各种急救知识和技能，更加理性地认识社会和自己，努力让自己生活得更理性，对人更宽容、更有力量、更有尊严。

中外顶层安全类部门设置的里格斯视角比较*

颜　烨**

摘　要： 随着高风险社会的来临，世界各国不断强化安全风险治理。本文基于总体安全观，并着眼于里格斯关于行政模式划分的视角，选取中国、美国、俄罗斯、德国和日本五国作为考察对象，比较分析五国的顶层安全管理实体部门设置状况和模式，从而修正里格斯行政模式，观察和发现中国这类机构因应其本土国情和经济社会发展阶段，处于复杂多变状态，有其优势，也有其缺陷，进而建议今后要着眼于大部制改革和推进、安全事务本身发展规律，进一步改进顶层安全类部门设置，切实保障国家安全、国民安全。

关键词： 总体安全　行政模式　顶层部门　大部制　里格斯理论

一　问题的提出

随着全球化和世界各国现代化的推进，高风险社会渐渐凸显，既有来

* 基金项目：国家社科基金重点项目（16AZD026）；中央高校基本科研业务费项目（3142018057）；河北省高校教改项目（2018GJJG480）。

** 颜烨，应急管理大学（筹）华北科技学院校区安全与社会发展研究所所长、教授，主要从事安全社会学、应急社会学、社会结构、社会建设与治理研究。

自传统的自然灾害，也有人类自身发展进程中诸类自造灾难后果，因此世界各国不断强化国内外安全风险治理。正如中共中央总书记、国家主席习近平2019年1月在省部级主要领导干部坚持底线思维着力防范化解重大风险专题研讨班上所言，我们要对防范化解政治、意识形态、经济、科技、社会、外部环境、党的建设等领域的重大风险作出深刻分析、提出明确要求，强调“既要高度警惕‘黑天鹅’事件，也要防范‘灰犀牛’事件；既要有防范风险的先手，也要有应对和化解风险挑战的高招；既要打好防范和抵御风险的有准备之战，也要打好化险为夷、转危为机的战略主动战”。减少风险、防范风险、排除隐患、避免灾变，即是人类的安全保障理性。这类理性涉及经济、政治、管理、法律、科技、社会、文化等多方面。顶层安全类部门的合理设置及其有序运行，即是一种安全行政管理理性。

顶层部门机构设置，即中央政府部门机构（部委机构）设置，涵盖经济、政治、社会、文化、生态五位一体系统，涉及党、政、军、民多个层面，是一个国家的国体和政体的具体体现，同时体现其执政党的执政思想和政治意识，事关国民经济和社会发展大局，且具有不同时期的时代性特征，是国家治理体系和治理能力现代化的重要体现。这里，我们基于总体安全观的理念，① 针对不同类型国家关于不同安全类别的顶层部门设置，从行政模式视角进行比较评价和分析，从而管窥个中特点和差异，因应中共十九届四中全会精神，以对中国顶层安全类部门设置的进一步改革完善、促进制度更加成熟更加定型提出合理化建议。

---

① 2014年4月15日，习近平在主持召开中央国家安全委员会第一次会议时提出，坚持总体国家安全观，其内容是：以人民安全为宗旨，以政治安全为根本，以经济安全为基础，以军事、文化、社会安全为保障，以促进国际安全为依托，构成了总体国家安全观指引的安全治理方略，走出一条中国特色国家安全道路；要构建集政治安全、国土安全、军事安全、经济安全、文化安全、社会安全、科技安全、信息安全、生态安全、资源安全、核安全等于一体的国家安全体系。当然不局限于这11类安全，后来有所发展。

二　安全分类、研究对象、理论视角与文献回溯

（一）安全内涵与分类

安全，通常被理解为没有危险、不受威胁、不出事故。没有危险和隐患、不出事故，通常对应英文 safety；不受威胁，一般对应英文 security。安全，一般依附于某种主体，比如人、物、系统，但根本上是人的安全。由于分类不同，对于安全类型的划分也不尽相同。这里，我们基于研究主题，将安全分为两大类七小类，如图 1 所示。《中华人民共和国突发事件应对法》将公共安全事件分为自然灾害、事故灾难、公共卫生事件和社会安全事件四类；个人安全涵盖个人的身体生命、精神心理、权利价值三类。关于国家安全，有不同的归属说法，但偏属于人文社会安全。

在两大类七小类的安全分类中，有的对应英文 safety（意指自然质地上不存在有毒有害的因素），有的对应英文 security（意指人文社会意义的内在心理可信、外在措施保障），有的兼容二者特性。也有学者认为，汉语拼音 anquan（安全）具有更好的统合性、涵盖性，因而主张构建安全学学科门类。

作为安全类事务的公共部门机构设置，一般是着眼于公共安全，将公民个人安全嵌于其中。因此，本研究根据各国公共部门设置情况，大体分为：①国家安全类（军事、国防、情报等）；②国内社会安全类（公安、警察、网络信息）；③生态环境安全与灾害灾难应急类（生态环境保护、防灾减灾救灾、应急救援与管理）；④交通安全类（道路、水运、航空、航海）；⑤职业安全健康类（安全生产、劳动卫生保护）；⑥公共卫生与食品药品安全类；⑦其他行业安全类（核、金融、网络、社会保障等）。

从安全链条来看，通常包括事前安全预防（确保不出事故）、事中应急救援（事故发生时紧急救助）、事后善济保障（恢复重建与安抚保障）。

另外，国内相关学者对一些具体的安全部门作了中外比较，如国家安全、国内社会治安、交通安全、食品药品与医疗安全、职业安全健康、环境

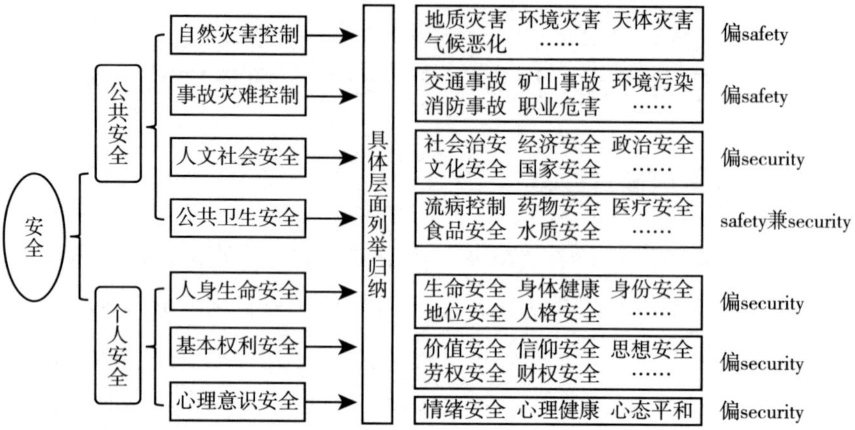

图1 关于安全的两大类七小类划分

安全与灾害灾难应急、金融风险监管、社会保障管理等，这里我们尝试进行总体综合安全的国别比较。

（二）不同类别国家选取

本研究拟选取中国、美国、俄罗斯、德国、日本 5 个国家作为考察对象。综合起来看，这 5 个国家具有一定的代表性。①从目前世界主要两类国家性质看，中国（大陆主体）是人民民主专政的社会主义国家，美国、德国、日本是资本主义国家，俄罗斯属于制度转型国家。②从全球两类国家构成形式看，中国是典型的中央集权型单一制国家，日本是地方自治型单一制国家，其他 3 国则是复合制联邦国家。③从现代国家政体看，中国是人民代表大会制（共和制）国家，美国是总统共和制国家，德国是议会共和制国家，俄罗斯是半总统半议会制国家，日本是君主（立宪）制国家。④从世界两大法系看，美国是典型的以判例法为代表的英美法系（普通法系）国家；其他 4 国均为成文法典型的大陆法系国家。从发展程度看，中国属于发展中国家，其他 4 国则属于发达国家（俄罗斯的重工业依然发达）。⑤从地理方位和文化体系看，中国是典型的东亚儒家文化圈国家，日本在明治维新时期尤其是第二次世界大战结束后，已不是完全意义上的东方儒家体系国家，德国是典型的欧陆基督教国家，美国是北美大陆基督教国家，俄罗斯横跨亚欧大陆，总体上属于欧陆东正教国家。

在联邦制国家中，由于中央政府与地方政府的部门设置差异很大，因此本研究主要选取五国现行的中央政府部门（顶层部门）进行考察。与此同时，我们主要考察实体性的中央政府部门（部委机构），而对众多的协议机构等虚拟组织一般不涉及（仅对个别略加说明）。此外，我们应该看到，现在很多国家的政府部门设置采取“大部制”行政管理模式，仅对重点、特殊行业采取“小部制”模式，因而涉及的主要部门不会太多。

（三）里格斯理论引介

在公共行政学（行政管理学）学界，对各国政府的不同行政模式有很多研究和划分。最突出的是美国行政学家里格斯（Fred W. Riggs）的划分。他基于不同发达国家、不同发展中国家的经济社会发展状况，将行政生态分为三类模式。①融合型模式。里格斯认为，这是农业社会的典型模式，政府视土地分配与管理为核心事务，行政上讲求家亲主义和世袭制，行政与政治不分，即权力均源于君主，行政官吏是一个特权阶层，维持行政的统而划一，结构单一但功能分散。②衍射型（绕射型）模式。里格斯认为这是较为现实的工业社会模式，具备自由经济或苏联集权式的管制经济基础；民众同政府关系密切且影响政府决策；社会高度流动，强调平等主义行政风范，行政注重对事不对人的原则；政府职能明确，部门分工精细，各司其职，功能专一，讲求专业性、科学性、协调性与效能性。③棱柱型模式。里格斯考察泰国、菲律宾等发展中国家后，认为行政管理不仅是分散与融合的“两极模式”，还存在一种过渡社会的棱柱型模式，其特点在于：异质性较强，经济社会发展多元，价值观和文化制度多样；行政机构重叠性较高，未必产生其应然功能；行政行为往往非标准化，随意性较大，行政任务还有可能由非行政机构来完成；形式主义比较严重，一些政策和法令形同虚设；最终行政效率和品质低下，行政权威合法性出现危机。

我们认为，里格斯是运用帕森斯社会系统论的结构—功能主义（还涉及社会、经济、政治、沟通与符号五要素），基于 20 世纪 50 ~ 70 年代不同国家的分析。然而，半个世纪以来，随着全球化、信息化、民主化的发展，世界各国的行政模式可能会发生一定的动态性变化。从本文所述的5个国家的顶层安全类部门设置即可见一斑：我们会看到一些发达国家“大部制”的行政融合模式，也会发现中国等发展中国家具有独特的过渡形态模式，似乎印证着中国俚语“分久必合，合久必分”。正如台湾学者所言，后来的学者虽然不断批判或修正里格斯的理论模式，但又无法摆脱里格斯视角的影响，自觉或不自觉地又用之来分析现行的行政生态。

三　顶层安全类部门设置的国别情况

（一）国家安全类

国家顶层安全类部门一般是从军事、国防、情报与反间谍等角度进行设置，切实保障国家安全，包括国家主权安全、国土安全、国家利益安全、驻外人员安全等。①

美国的设置。联邦政府分别设有国防部（内设军事情报局）、中央情报局（含国际刑警联邦中心局）、国务院的外交安全局，以及隶属于国土安全部（2002年组建）的公民与移民服务局、海关边境保卫局、海岸警卫队等涉外安全机构。

德国的设置。联邦政府分别设有联邦安全委员会、国防部、联邦谍报局（情报局）。

俄罗斯的设置。联邦政府设有国防指挥中心（2014年设立，平时监控国家安全，战时接管国家，内设联邦安全会议等协议机构）、国防部。联邦政府情报部门很多由苏联时期的克格勃演化而来，包括联邦国家安全局、联邦政府联络和情报局、总参谋部军事情报总局、商船侦察队（专门搜集美国核潜艇在西北太平洋海域活动的情报，并转给莫斯科军事

① 文章中涉及的国内外部门资料均源于互联网查询而得，有的借助互联网翻译完成，这里不一一注明。后同。

情报机构）。

日本的设置。中央政府设有国家安全保障局（2014 年设立，之前为国防会议、国家安全保障会议协议机构）、防卫省（2006 年由防卫厅升格而来）及其自卫队、国土交通省海上保安厅。中央情报部门包括内阁府的情报调查室、外务省的国际情报调查局、警察厅的情报通信局、警视厅的公安部（日本在省与厅之间设独立机构为部）、法务省的公安调查厅，以及自卫队内设的军事侦察和反间谍机构。

中国的设置。顶层部门设有中共中央军事委员会、国家军事委员会（1982 年设立），国防部、工业和信息化部的国家国防科学技术工业局（2008 年由国防科工委改制而来）、国家安全部、中共中央保密委员会办公室、国家保密局、国家人民防空办公室（1994 年改由国家国防动员委员会直管）。

（二）社会安全类

美国的设置。联邦政府管理社会治安的警察机构主要设在司法部，下设相关联的联邦调查局、法警署、禁毒署、社区警务部、国会警察局、消防警察局（专司纵火犯罪）等，以及国土安全部的特勤局。

德国的设置。联邦政府社会治安机构主要为内政部主管的联邦宪法安保局、联邦刑事警察局、联邦边防保卫局、联邦水上警察局、联邦信息安全局等，这些机构具有工作独立性。

俄罗斯的设置。联邦政府主要设在内务部，下属涉安机构包括内卫部队、联邦警察局（独立机构）、国内安全署、经济安全局、交通安全局（交通治安类）、律政署、司法警察局、刑事调查局、有组织犯罪与恐怖主义防控局等。

日本的设置。中央设有国家公共安全委员会（协议机构），仅直管警察厅，该厅下设的社会治安机构有生活安全局、刑事局、警备局、交通局（交通治安）、情报通信局，以及由东京都公共委员会（协议机构）直管的警视厅，还有相当重要的法务省，下属涉安机构有刑事厅、民事厅、矫正局、保护局、人权拥护局、入国管理局等。

（三）生态环境安全与灾害灾难应急类

美国的设置。联邦政府主要有国土安全部主管的联邦应急管理署（1979 年成立，2002 年并入该部）、全国防护计划司等，以及联邦环境保护署（独设）、商务部的国家海洋和大气管理局。

德国的设置。联邦政府这类机构包括联邦环境、自然保护、建筑和核安全部（1986 年成立），以及独设的联邦公民保护与灾难救助局（2004 年设立）、联邦救灾技术总署、联邦洪水保险管理署。德国一般称这类机构为民防系统。

俄罗斯的设置。联邦自然资源与生态环境部全面开展环境保护管理。更重要的是，专门设立联邦紧急情况部（全称为民防、紧急状况和消除自然灾害部，2004 年由委员会协议机构改建而来），其下属涉安机构有：居民与领土保护局、灾难预防局、防灾部队局、国家消防监管局、国际合作局、消除放射性及其他灾难后果局、科学技术局及管理局等；该部还下设几个专门委员会用以协调和实施某些行动：联邦打击森林火灾跨机构委员会、联邦水灾跨机构委员会、海上和水域突发事件跨机构海事协调委员会、救援人员证明跨机构委员会，以及近年增设的国家危机情况管理中心、高风险救援行动中心。

日本的设置。中央政府主要有：环境省的环境保健部、水和大气环境局、原子能规制厅（原子能规制委员会的执行机构，均在 2012 年由经济产业省原子能安全保安院等合并而成），国土交通省的气象厅、海上保安厅，总务省的消防厅，以及全国应急指挥协调机构即中央防灾会议（非常设机构），其下设实体事务性的防灾局。

中国的设置。顶层主要是 2018 年组建的自然资源部、生态环境部、应急管理部三大机构。其中，自然资源部的具体涉安事务包括：负责落实综合防灾减灾规划相关要求，组织编制地质灾害防治规划和防护标准并指导实施，承担地质灾害应急救援的技术支撑工作，负责海洋观测预报、预警监测和减灾工作，参与重大海洋灾害应急处置。生态环境部的具体涉安事务包括：负责重大生态环境问题的统筹协调和监督管理，指导协调地方政府对重特大突发生态环境事件的应急、预警工作，协调解决有关跨区域环境污染纠纷；负责环境污染防治的监督管理；负责核与辐射安全的监督管理。应急管理部全面承担应急保安全（安全生产、减灾救灾、消防救援）的职责，包括组织编制国家应急总体预案和规划，指导各地区各部门应对突发事件工作，推动应急预案体系建设和预案演练，建立灾情报告系统并统一发布灾情，组织灾害救助体系建设，指导安全生产类、自然灾害类应急救援和防治。

（四）交通安全类

美国的设置。联邦政府的交通部管理交通安全，该部下属涉安机构有：联邦公路管理局、联邦航空管理局、联邦机动车安全管理局、海运管理局、全国公路交通安全管理局、总检察官办公室等部门。

德国的设置。联邦交通、建设与城市发展部管理交通安全，该部 2005 年由联邦交通、区域规划、建设与住房部改设而来。与交通安全相关的具体内设执行机构有：道路运输司、航空航天司、航道和水运司、联邦航空事故调查局、联邦海上事故调查局、联邦铁路局等。

俄罗斯的设置。交通安全具体由联邦交通运输监督局管理。2001 年联邦交通运输部被一拆为三：联邦交通部、联邦运输监督局和联邦铁路交通署，三权分立；其中，联邦运输监督局负责日常交通运输的安全运行。此外，内务部的交通安全局只是主管交通领域的社会治安问题。

日本的设置。国土交通省的交通安全厅具体主管各类交通安全。警察厅的交通局，只是主管交通领域的治安问题。

中国的设置。公安部下属的交通管理局全面管理交通安全，指导、监督地方公安机关依法查处道路交通违法行为，预防和处理交通事故，维护道路交通秩序和公路治安秩序，指导、监督机动车（不含拖拉机）登记、安全检验、驾驶人考试发证工作，以及道路交通安全宣教工作。交通运输部在 2013 年后逐步淡化交通领域的安全管理和治安管理，强化公安部交管局的职责。

（五）职业安全健康类

美国的设置。联邦劳工部监管职业安全健康，下设两个相关的独立机构：职业安全健康局、矿山安康监察局。

德国的设置。联邦劳动与社会事务部下面的独设机构——联邦劳动保护和职业病研究所，具体承担为企业、公众等提供劳动安全、劳动健康的监管和保障。

俄罗斯的设置。联邦劳动与社会保障部下面独设的联邦劳动就业局（即劳工局）实行垂直监管，工会的职业安全健康保障职责也交付于它。联邦劳动与社会保障部在1999年被称为联邦劳动和社会发展部，内设国家劳动保护和劳动法规监察局（亦称联邦劳动监察局），不久该部又改为联邦健康与社会发展部。此外，2004年，矿山与工业监察局改为技术监督局，并入联邦自然资源与生态环境部，称为联邦生态、技术与原子能监管局，涉安职责包括工业和矿山的安全生产、原子能安全、核安全监管、辐射防护等。

日本的设置。厚生劳动省具体负责职业安全健康监管。该省下设劳动基准局（下设安全卫生部、劳灾补偿部、勤劳者生活部）、职业安定局（下设高龄和障害者雇用对策部）、保险局（社会保障类）。

中国的设置。2018年机构改革后，中央部门的职业安全健康监管再次分解，一分为三：一是应急管理部，下设相关联的安全生产基础司、安全生产执法局、危化品安全监管司、安全生产综合协调司等，以及独设的国家煤矿安监局；二是国家卫生健康委员会的职业健康司（由原安全生产监管总局转入）；三是国家市场监管总局的特种设备安全监察局（由原国家质量监督检验检疫总局转入）。

（六）食品药品安全类

美国的设置。联邦卫生与公众服务部主管食品药品安全，下设食品药品安管局；部下其他相关涉安机构有：放射卫生局、医疗器械及诊断用品局、国家毒理研究中心等。

德国的设置。联邦食品、农业、林业部和卫生部下属涉安的独设机构有：联邦消费者保护和食品安全局、联邦风险评估研究所（赋予行政监察权）、联邦疫苗及血清研究所（赋予行政监察权）、联邦药物和医疗器械管理局。

俄罗斯的设置。联邦卫生部下面独设的联邦消费者权益保护和公益监督局，监管市场上流通的产品质量与安全、餐饮服务及消费者保护领域的安全等。该部下设85个分局，负责各地方的食品安全检查和监管工作等。

日本的设置。目前，“四驾马车”形成日本中央政府监管食品安全机构的框架：内阁府新设的消费者厅、内阁府新设的食品安全委员会（协议机构）、厚生劳动省的医药食品局（下设食品安全部）、农林水产省的消费安全局（监管保护食品消费者、农林水产物生产过程的风险管理）。

中国的设置。2018 年原国家食品药品安全监管总局解散，涉安职能分解为：国家市场监管总局设有食品安全协调司、特殊食品安全监管司、食品安全抽检监测司、食品生产安全监管司、食品经营安全监管司；国家卫生健康委员会设有综合监督局、医政医管局，专司医药医疗安全监管。

（七）其他公共安全类

美国的设置。一是核（能）安全监管，由能源部下设的核安全管理委员会主管。二是社会保障方面，单设联邦社会保障局，管理国家强制性保险（第一层次保险）；全国社保信托基金管委会为议事机构，挂靠财政部，劳工部、卫生部、社保署等参与。三是金融安全方面，主要由联邦储备委员会、金融业监管局机构监管，这是私营企业组织，具有非政府公共组织性质，代行联邦政府监管金融风险。

德国的设置。一是社会保障方面，由联邦劳动与社会事务部下设的联邦保险局负责，该局是对相关组织进行法律监管的机构，包括：全德养老保险联盟，全德矿工、铁路职工和海员养老保险联盟，联邦意外事故保险公司，其他直属意外事故保险机构，联邦直属农民养老保险机构。二是金融安全方面，2002 年成立联邦金融监管局，集联邦银行监管局、联邦保险监管局、联邦证券监管局于一体，是新型的完全整合监管模式。

俄罗斯的设置。金融安全方面，主要由联邦中央银行、联邦金融市场管理局监管，逐步形成以前者为核心（主监银行业）、后者为辅助（主监除银行以外的其他金融业务）的金融风险监管体制。

日本的设置。金融风险方面，由财务省（大藏省）和日本中央银行共同实施金融监管。

中国的设置。一是金融风险方面，2017 年，国家成立国务院金融稳定发展委员会（协议机构），设在中国人民银行（中央政府机构）；2018 年，金融监管体系整合为“一行两会”（中国人民银行、证监会、银保监会），各自在金融业、证券业、银行与保险业进行分业监管。二是产品质量安全方面，2018年新组建的国家市场监管总局，设立产品质量安全监督管理司，拟订国家重点监督的产品目录并组织实施；承担产品质量国家监督抽查、风险监控和分类监督管理工作；指导和协调产品质量的行业、地方和专业性监督；承担工业产品生产许可管理和食品相关产品质量安全监督管理工作；承担棉花等纤维质量监督工作。三是社会保障事务方面，主要由人力资源和社会保障部管理，原中国保险监督管理委员会2018年与中国银行业监督管理委员会整合，组建为中国银行保险监督管理委员会，是国有事业单位，只是对保险基金运营安全进行监管。

四　多维比较展现的特点及模式评价

（一）多维比较展现的特点

一方面，从总体比较看，上述五国均设置诸类安全部门，既有共性，也有个性，且从多维角度呈现不同的发展程度（见表1）。①从综合程度看，美国、德国、俄罗斯的顶层安全类部门综合程度较高，大部制更为明显；中国、日本相对比较突出专项性；中国正处于向“大部制”整合的转型过渡期。②从复杂程度看，中国的顶层安全类部门最为复杂，实行党政分开设置，体现中国特色；日本的专项安全类部门设置较多；美国、德国、俄罗斯相对比较简单，有利于统一调度。③从变化频度看，中国、俄罗斯、德国三国的安全类中央部门变化比较频繁，10年一大变，5年一小变；美国、日本的机构基本稳定，有的机构几十年保持不变，偶尔局部小动。总体相对而言，中国的安全类机构设置处于复杂多变的状态，综合性程度较低，迈向“大部制”的路径还比较长，看能否在2035年前后国家基本实现现代化的时期，[①] 机构设置趋于常态化。

① 中共十九大报告明确指出：“第一个阶段，从二〇二〇年到二〇三五年，在全面建成小康社会的基础上，再奋斗十五年，基本实现社会主义现代化。”

表1　五国顶层安全类部门设置的综合性、复杂性、多变性程度比较

程度	评价项		
	综合性	复杂性	多变性
高	美国	中国	中国
⇕	德国	日本	俄罗斯
	俄罗斯	俄罗斯	德国
	日本	德国	日本
低	中国	美国	美国

另一方面，从分域比较分析，我们会看到以下几个特点。①国家安全类部门设置，各国大体一致。中国略微多设了保密部门、人民防空部门；美国的国土安全部交叉管理国家安全和国内公共安全。②各国国内警察（社会治安）部门繁多，设置归属不一，如美国统归司法部，德国多归内政部，俄罗斯多归内务部，日本归公安委—警察厅，中国归中共中央政法委、（国务院）公安部。③中国、俄罗斯在防灾减灾和应急管理方面，更凸显独立性的部门设置；俄罗斯的顶层部门设置更为稳定长久、经验丰富；美国不再单独设立部门，2002年应急管理署并入国土安全部，强化安全预防职能，但应急管理署独立工作的权力很大；日本内阁中央政府没有具体综合统一的应急实体部门，实体部门在地方设置，接受中央防灾会议指导协调。④生态环保部门设置，各国大体一致，其中核安全监管大多数与环境保护机关紧密关联，但美国在联邦能源部单设核安全管理委员会进行监管。⑤中国是唯一将职业安全（安全生产）与职业健康分开监管的国家，且职业安全健康管理与劳动保护部门基本脱离；观照其他国家的高度一致性，中国似应将常态安全监管与安全事故应急分开设置。⑥交通安全（safety）监管，美国、德国、俄罗斯、日本均归属交通运输部门，只是将交通领域的社会治安（即交通警察，security）事务交于警察部门。中国的交通安全管理，包括交通领域的社会治安，略有特色，由公安部交警部门与交通运输部门交叉管理，但近年呈现统一强化公安部交管局管理交通安全的趋势。⑦食品、药品安全监管，各国多与农业粮食部门、卫生部门紧密相连，多能独立行使权

力；日本为“四驾马车”共同监管；中国原来单设国家食品药品安全监管总局，2018 年分解并入国家市场监管总局、国家卫生健康委员会分别管理。⑧金融风险监管各国不一，美国的联邦政府没有统一监管部门，由美联储、金融监管局两个部门代行联邦政府进行监管；日本也无统一的中央监管机构，由日本中央银行和财务省共同监管；中国、俄罗斯确立中央政府银行核心监管的体制；德国统一由金融监管局监管。⑨社会保障方面，各国多同劳动和社会保障部门紧密挂钩，但美国单设联邦社会保障局。⑩中国在 2018 年新组建的国家市场监管总局下设立产品质量安全监督管理司，专门监管需要重点监督的产品质量安全，颇具中国特色。

（二）不同行政模式新归整

若从里格斯理论视角进行归类，上述五国的顶层安全类部门设置很难单独归入融合型、衍射型或棱柱型行政模式。比如，中国作为一个发展中大国，经济上所有制多元，安全类部门职能（党政）交叉重叠，行政行为随意性较大，理应具备里格斯所谓棱柱型模式；但又不尽然，中国在党的十八大尤其是十九大以来，大部制改革趋势日益明显，而且历史上是一个（农业制）中央高度集权的全能主义政府，因而又显现出里格斯意义的融合型特征。又如，德国作为工业化国家，其安全类部门设置应该像日本、美国那样，相当具有衍射型的特点，但近年大部制改革使之更具有现代融合型特征：它的交通安全与城乡规划、住房建设等捆绑在一个部门。再如，俄罗斯现行的紧急情况管理部、美国 2003 年新组建的国土安全部（纳入应急管理总署），均具有现代融合型特征，很难说是典型的衍射型模式。

在里格斯的思想中，衍射型模式似乎成为较好的行政模式，但也不尽然。里格斯在 1973 年出版的新书中，也专门对棱柱型行政模式做了一些反思，认为原来探索的棱柱型是一种顶层单向途径，而经考察后认为，棱柱型模式还可能存在双向途径的情况，即它有可能走向新衍射型模式，也可能走向新棱柱型模式。因此，基于里格斯的视角，综合上述五国顶层安全类部门设置的特点，我们对它们的行政模式重新进行归整分类：①日本基本主调还是里格斯所谓经典的衍射型模式，变化也不大；②美国现行状况我们称之为现代衍射型模式，其中包含不是农业社会而是工业社会的融合成分；③德国、俄罗斯，尤其是德国，是非常具有现代气息的新融合模式（不是农业社会的融合），但亦不乏工业国家传统的衍射型特征；④中国总体来说尚处于棱柱型状态，但是一种新的棱柱型模式，主要在于它有一些新融合特征（而不仅仅是传统农业社会的政治与行政一致）和衍射特征（见表2）。

表2　五国顶层安全类部门设置的里格斯模式变化

五个国家	日本	美国	德国	俄罗斯	中国
行政模式	经典衍射型	现代衍射型	现代融合型	现代融合型	新式棱柱型
简要描述	传统衍射模式	新衍射型为主 新融合型为辅	新融合型为主 传统衍射为辅	新融合型为主 传统衍射为辅	党政职能交叉 新融合型模式

（三）中国机构改革新思考

通过上述不同模式和特点的比较，我们可以发现，五国顶层安全类部门设置既有共性，也有个性；既体现政治性，也体现国情性。中国在政治上是中央集权特色明显的国家，上下同齐的部门设置，一方面避免地方各自为政的散沙性，另一方面也容易窒息地方施政活力；在国情、社情方面，中国是人口最多的国家，是一个发展中的大国，幅员辽阔，行政管理幅度很大，诸类安全事务繁杂，安全类部门设置的复杂多变性、利益分割性，也正是本国国情、社情的基本反映。通过比较，我们认为，中国这类过渡性新棱柱型行政模式，其安全类机构设置在很多方面尚有很大的改进空间。

一方面，大部制改革是国家治理体系和治理能力现代化的一种宏观体现。大部制改革是大势所趋，不能借口中国人多地广、管理幅度大，而重走机构膨胀之路。中国历史上的唐朝，也是人口众多（6000万～10000万人）、幅员辽阔（850万～1300万平方公里），但中央也只设三省六部（中书省、门下省、尚书省，吏部、户部、礼部、兵部、刑部、工部）。中国自

2008年提出大部制改革以来，机构不断简化，效率有所提升，但尚显不足。比如交通安全管理，依然存在公安交警、交通运输、消防应急、路政环保等部门之间的扯皮，有时耽误事故应急救援时机。又如，目前应急管理部门的成立，仅仅在自然灾害应急、安全生产事故应急方面发挥消防救援力量的作用，而环境事件应急、公共安全应急、公共卫生应急乃至交通安全事故应急等并未纳入。再如，自然资源部、生态环境部、住房和城乡建设部三者之间存在职能交叉、事务性质难以分割的一面（实际上今后可仿效德国、俄罗斯等，并为自然资源、生态环境与城乡建设部）。

另一方面，尚需科学合理、按经济社会发展规律设置部门。比如，设立国家市场监管总局，监管产品质量安全，这是中国特色的优势所在。但又不能借口大部制改革，不能借口国别性和本土国情特色，不按普遍规律办事，如职业安全（安全生产）与健康保障，大多数国家基于人本主义观念，不是从保障企业正常运营、经济加速发展角度出发，而是从保障职业从业者的安全健康出发，在劳动就业与社会保障部门单独设立职业安全健康保障部门，这本身是一种常态性安全预防和监管保障，与应急部门的应急职能大有不同，但目前应急管理部主管常态性的、人本性的安全生产，明显不符合事物发展规律。

因此，建议在今后安全类部门设置方面进一步改进。①将各类交通安全管理职能（主要是安全预防职能）集中到交通运输部（目前公安部专司道路交通安全管理）。②将安全生产（职业安全）与职业健康监管保障职能重新合并，出台“职业安全健康法”，统一由人力资源和社会保障部监管，单独设为副部级机构（可称“职业安全健康管理局”），实行常态性职业安全健康预防和监管，职业安全事故应急职能保留在应急管理部。③应急管理部应该扩充职能，将生态环境突发事件应急救援、地质灾害和海洋环境事件应急救援、各类交通事故应急救援（不是常态的安全预防监管）等统一归并进来。④将中共中央政法委员会升格为议事机构（与中共中央国家安全委员会类似），由中央书记处一位书记负责，指挥协调国内社会安全事务，具体事务职能分解，分别交付于司法部、公安部、法院、检察院等。⑤根据《国家安全法》《反间谍法》等，将国家安全部更名为“反间谍与情报部”

或“情报与反间谍部”，一方面避免诸类安全部门名称的近义，另一方面也将总体国家安全狭义化，这方面已有学者提出过。⑥公安部当初是为了区别于国民党警察机构而称社会部或公安部，今后它应依据《人民警察法》规定，直接更名为“人民警察总署”或“国家警察总署”或“警察部”，因为公安部通常被理解为（国内）公共安全部，公安部原主管的消防安全应急职能已经划归应急管理部（实际上应急管理部就是国内公共安全应急部），其警察职能在强化，公共安全管理职能在弱化。⑦将工信部下属的国防科工局直接划归国防部统一调度、管理。

参考文献

《习近平在省部级主要领导干部坚持底线思维　着力防范化解重大风险专题研讨班开班式上发表重要讲话》，新华网，http：//www. xinhuanet. com/photo/2019 －01/21/c_ 1124022412_ 2. htm。

习近平：《坚持总体国家安全观 走出一条中国特色国家安全道路》，《人民日报》2014 年 4 月 16 日。

中国社会科学院语言研究所词典编辑室：《现代汉语词典》，商务印书馆，2016。

庄育智等：《安全科学技术词典》，中国劳动保障出版社，1991。

《中华人民共和国突发事件应对法》，中央人民政府网，http：//www. gov. cn/ziliao/flfg/2007 －08/30/content_ 732593. htm。

颜烨：《安全社会学》，中国政法大学出版社，2013。

颜烨：《安全社会科学与工程体系论略》，《风险灾害危机研究》2018 年第 2 期。

颜烨：《安全学：基于总体安全观的学科门类战略探索》，《中国软科学》2019 年第 7 期。

颜烨：《安全与应急的关系：基于产研学分域的分析》，《情报杂志》2019 年第9 期。

张骥：《世界主要国家国家安全委员会》，时事出版社，2014。

刘胜湘：《世界主要国家安全体制机制研究》，经济科学出版社，2018。

李文良：《国外主要国家和区域组织安全体制研究》，厦门大学出版社，2020。

李泓霖、张天奕：《英德国家安全体制的各自优势与劣势——以国家安全机构设置为视角》，《人民论坛》2017 年第 13 期。

由鲜举：《国家安全保护之利器——浅析美、俄、英情报体系和情报机构建设》，《保密科学技术》2017 年第 8 期。

赵旭辉：《境外警察机构的设置及启示》，《江苏警官学院学报》2015 年第 3 期。

黄悦波：《外国警察机构改革概况与启示》，《铁道警察学院学报》2018 年第 4 期。
徐智鹏：《中外公路管理体制比较研究》，长安大学硕士学位论文，2003。
李学慧：《美国综合运输管理体制的研究与启示》，北京交通大学硕士学位论文，2008。
于杨曜：《比较与借鉴：美国食品安全监管模式特点以及新发展》，《华东理工大学学报》（社会科学版）2012 年第 1 期。
胡颖廉：《美国食药安全立体式惩罚体系》，《学习时报》2016 年 4 月 7 日。
王显政：《安全生产与经济社会发展报告》，煤炭工业出版社，2006。
游志斌：《当代国际救灾体系比较研究》，中共中央党校博士学位论文，2006。
杨素芳、徐方：《美国应急管理体制及对我国应急管理工作的启示》，《中国西部科技》2008 年第 2 期。
何颖：《中德应急管理体制比较》，《攀登》2010 年第 1 期。
洪凯：《应急管理体制跨国比较》，暨南大学出版社，2012。
耿静：《美国、英国和日本金融监管比较及对我国的借鉴》，东北财经大学硕士学位论文，2002。
张晓朴，卢钊：《金融监管体制选择：国际比较、良好原则与借鉴》，《国际金融研究》2012 年第 9 期。
高田甜、陈晨：《金融监管体制：国际比较、发展趋势与中国选择》，《上海金融》2013 年第 10 期。
林闽钢：《社会保障国际比较》，科学出版社，2007。
彭文贤：《行政生态学》，台湾三民书店，1988。
习近平：《决胜全面建成小康社会 夺取新时代中国特色社会主义伟大胜利——在中国共产党第十九次全国代表大会上的报告》，新华网，http://www.xinhuanet.com/2017-10/27/c_1121867529.htm。
刘跃进、李敏：《中国国家安全大布局》，《领导文萃》2016 年第 9 期。
Riggs, Fred W., *The Ecology of Public Administration*, New Delhi: Asia Publishing House, 1961.
Riggs, Fred W., "Trends in the Comparative Study of Public Administration", *International Review of Administrative Science* Vol. 28 (1), 1962.
Riggs, Fred W., *Administration in Developing Countries: The Theory of Prismatic Society*, Boston: Houghton Mufflin Company, 1964.
Riggs, Fred W., *Prismatic Society Revisited*, *Morriston*, New Jersey: General Learning Press, 1973.
Riggs, Fred W., "The Ecology of Administrative Development", paper prepared for the International Conference on the Future of Public Administration, 1979.

公共安全管理核心术语概念辨析*

秦绪坤　李　辉　靳晓宏　樊彦芳　闻利群**

摘　要： 公共安全管理是我国在新的安全形势下持续发展的迫切需要。相关术语概念的共识是开展公共安全管理工作的重要基础。本文追本溯源并关注现实含义，对“风险”“危险（源）”“安全”“公共安全”“公共安全管理”等一般概念进行辨析，对“国家安全与公共安全”“应急管理与公共安全管理”等相关概念进行比较研究。通过辨析术语概念，进一步推动核心术语和概念解释在公共安全管理工作中的规范化。

关键词： 公共安全　公共安全管理　术语

术语是特定领域对一些特定事物的统一的业内称谓，是思想和认识交流、传播的工具。术语与语言一样，是一个动态发展、不断变化的系统。术语概念的变化反映了客观事物的变化以及与之相适应的思想的革新发展。公

* 本文为中国工程院重点咨询研究项目“国家应急准备与响应的顶层设计及政策研究”（编号：2016－XZ－12－05）及北京市社科基金项目“京津冀跨界危机应急指挥体系构建模式研究”（编号：16GLB020）的研究成果之一。

** 秦绪坤，北京师范大学减灾与应急管理研究院研究人员、国家安全生产应急救援指挥中心工程师，主要研究方向为应急管理；李辉，北京市科技情报研究所副研究员，主要研究方向为情报学、应急管理；靳晓宏，北京市科技情报研究所助理研究员，主要研究方向为舆情分析；樊彦芳，北京市科技情报研究所助理研究员，主要研究方向为法学；闻利群，北京市科技情报研究所教授，主要研究方向为安全技术及管理。

共安全管理必须建立在对专业术语持有共识的基础上，因此，对一些核心术语和概念解释的相对统一、规范具有重要意义。目前，与公共安全管理相关的理论界和实践部门在话语体系、研究对象、适用范围、研究内容、研究方法等方面尚未取得比较一致的意见，导致不同学科和研究领域之间各说各话，难以形成有效的对话与合作平台。这些根本性的问题给理论研究和实践工作造成很大困难。在当前世界各国公共安全管理工作全面推进，尤其是科学研究、教育培训和决策咨询工作不断加强的时代背景下，公共安全管理术语概念辨析作为一项基础性工作，具有重要的实际应用价值。

一　公共安全管理一般术语概念

（一）风险、危险（源）和安全

“风险”、“危险（源）”和“安全”三个术语常常出现在人们的日常生活之中，其本身的含义是比较通俗易懂的。但是，这三个词汇作为公共安全管理的专业术语具有特定的含义。

1. 风险

“风险”概念在安全管理基础理论的形成中处于核心地位。从历史上看，其在中世纪就出现萌芽，指早期商业世界中探险、贸易、殖民扩张活动的结果不确定性。18～19世纪，概率数学发展起来，促进了概率推理在风险问题中的应用，“风险”被定义为“事件的损害乘以事件发生的概率”。[①]现代风险管理理论借鉴了这种定义，认为“风险”是指由于自然事件或人类活动而造成不利影响的可能性。[②]这包含了构成风险的两个要素：不利影响（impact）和可能性（possibility），同时指出了引发风险的因素既包括自然事件，又包括人类活动，这个基础的定义构成了西方公共安全管理中对突

① Adams, J., *Risk*, London: UCL Press, 1995.

② Kates, Robert William, Christoph Hohenemser, and Jeanne X. Kasperson, "Perilous Progress. Managing the Hazards of Technology", Graduate School of Geography, Clark Univ., Worcester, MA, 1985.

发事件的基本分类，即分为自然灾害（natural disaster）和人为事故（man-made disaster），但是该定义没有明确指出对哪些对象造成不利影响。

在西方公共安全管理的实践中，管理者对“风险”做出了更加具体的界定。比如《澳大利亚紧急事态管理术语》从四个方面指出了“风险”的特征：①“风险”用来描述产生自危险以及社区和环境相互作用的有害后果的可能性；②对目标物产生影响的某些事情发生的概率，它以“不利影响”和“可能性”的术语来衡量；③风险是考虑一个事件和它的可能性危害的尺度，比如它可以表示为一个特定时期暴露在有害环境中造成个体死亡的可能性；④在一个特定地区和期限内由于特殊危险引起的预期损失（包括死亡、受伤、财产受损以及经济活动中断）。这里的描述实际上是对风险的外延做出了具体化的论述，其内涵仍然遵循“不利影响”和“可能性”的组合。

也有一些学者强调风险是一个中性概念，风险不一定总是带来负面的、不利的结果，也有可能产生积极的、有利的影响，比如在金融投资领域，风险可能与收益呈现显著的正相关关系，承担的风险越大，投资收益回报率也会相应升高。原则上，结果的确可以是正面的或者负面的，这取决于人们将它们联系起来的价值观。①

传统观点认为，某些危险情况发生的可能性具有客观性，但是实际上风险与承受主体有着更为密切的关系。风险是一种主观的感受，人类运用知识和经验做出风险决定，确定风险的可接受水平和容忍度，甚至建构风险，风险是人类的“发明”。

随着人类社会的发展，风险表现出越来越强烈的社会属性，在认识和管理现代社会的实践中发挥着越来越重要的作用。20 世纪 90 年代，德国社会学家贝克（Ulrich Beck）提出“风险社会”（risk society）的概念，他认为“风险社会”指的是一组特定的社会、经济、政治和文化的情景，其特点是不断增长的人为制造的不确定性的普遍逻辑，它要求当前的社会结构、制度

① Renn, Ortwin, *Risk Governance: Coping with Uncertainty in a Complex World*, London: Earthscan, 2008.

和联系向一种包含更多复杂性、偶然性和断裂性的形态转变。① 在这一全新的概念中，风险成为现代社会的根本特征，导致社会理念基础和人们行为方式的改变，从制度上和文化上改变了传统现代社会的运行逻辑。风险已经开始主导 21 世纪中个人和集体的意识。人类健康、社会安全、生态平衡、经济发展等均被各国风险学家们纳入风险研究的领域。

2. 危险（源）

在人们日常用语中，“危险”一词使用频率很高，通俗地说，“危险”是指受到伤害的可能性。是否受到伤害会存在很大的个体差异，比如，一米深的泳池对正常的成年人来说并不危险，而对三岁的儿童来说就是一种危险。可见，危险具有相对性。同时，危险倾向于强调客观性，即潜在受到伤害的可能性的确是客观存在的。

显然，受到伤害是一种不理想的后果，人们总是本能地或者有意识地躲避危险。人们躲避危险的行为是从辨识危险源开始的。当人们试图躲避危险，有意识的管理行为便由此产生，构成了安全管理的起点。

危险源是指危险产生的来源，是对“风险”的具体化，试图回答的问题是“风险是从哪里来的”，这是风险管理行为首先面对的基础性问题。美国联邦紧急事态管理局（Federal Emergency Management Agency，FEMA）对“危险源”的定义是：“具有潜在的引起不幸、伤害、财产损失、基础设施损坏、农业损失、环境破坏、经营中断或其他类型损害或损失的事件或客观条件。”② 澳大利亚紧急事态管理署（Emergency Management Australia，EMA）对“危险源”的定义有三重含义：①潜在伤害的来源潜在地引起损失的形势；②潜在的或现实的可以引起对人们的伤害或对财产或环境的损害的条件；③与介质或过程相关联的能够引起伤害的固有能力。③

危险源常常用来作为对突发事件进行分类的最基础的标准，比如我们常

① Beck U.，*Risk society*：*Towards a New Modernity*，London：Sage，1992.

② “Multi-Hazard Identifciation and Assessment”，Washington，D. C.：FEMA，1997；Heath，Robert，“Dealing with the Complete Crisis—the Crisis Management Shell Structure”，*Safety Science 30*（1），1998：139－50.

③ EMA，“Austrialia Emergency Management Glossary”，Commonwealth of Australia：Better Printing Service，1998.

说的自然灾害、事故灾难、公共卫生事件、社会安全事件的分类，其本质的差别就在于造成各种事件的“危险源”是不同的。澳大利亚紧急事态管理署将“危险源”划分为自然危险源、技术危险源、生物危险源、民防/政治危险源四类。①

危险源并不代表危险已经发生，而是一种可能性、倾向性。危险源完全可以存在于一种相对安全的状态之下，如果管理得当甚至可以长时间地保持安全。危险源比较客观地描述了各种条件综合构成的具有发生危险和造成损害的潜在因素和固有能力，因此，危险源常常可以通过技术性评估的方法加以辨识和确认，并且不会存在较大的争议。同时，危险源也具有某种意义上的必然性，只要有合适的条件的催化和促成，这些潜在的因素和固有能力就能产生真实的负面后果。

危险源是各种潜在风险聚集的载体，危险源的形成代表发生负面后果的确定性增高，并且聚集在某些特定的物体（如易坍塌的山坡、危化品、流行性病毒、被污染的环境等）或者因素（如收入不平等、腐败行为等）上，“危险源”概念的提出使广泛而抽象的“风险”概念更加具体化了，使安全管理行为更进一步，为安全管理提供了基本的着力点。

3. 安全

“安全”是我们日常生活中使用频率颇高的一个词语。早在中国古代，便已有不少关于安全的论述，比如《易·系辞下》中有“安而不忘危，治而不忘乱，存而不忘亡”的论述，《左传·襄公十一年》中提出“居安思危，思则有备，有备无患”的思想，是古代治国安邦的重要历史经验。从字面意思来理解，“安”字指不受威胁，没有危险，可谓无危则安，“全”字指完满、完整或者指没有伤害、无残缺等。“安全”的意思是“有保障、无危险”。可见，安全是风险的对立面。

通俗地讲，“安全”是指免除了不可接受的损害或威胁的状态。更具体来说，“安全”是指人类及其生产生活活动相对处于没有危险和不受威胁、

① Koob, Peter, "Emergency Risk Management", Australia: Emergency Management Australia, 1999.

危害、损伤、损失的状态，以及保障持续无危、无损状态的能力，也是人的身心免受外界因素危害的存在状态（即健康状况）和其保障条件。从风险角度来说，安全是指不可接受的风险得以有效控制，免除了不可接受的伤害与损失的状态及保障能力。安全可以表示人类安全所处的静状态，也可以表示人类安全所处的动状态及其过程。“没有危险”是安全的特有属性和安全的本质属性。“无危则安，无损则全”是安全的定性内涵。安全的定量表达则用“安全性”或“安全度”来反映。安全是相对的，安全是将系统运行状态对人类生命、财产、环境可能产生的损害控制在人类可接受水平以内的状态，安全并非绝对无事故。

这里的定义似乎没有说明安全的主体因素，即没有回答是“谁的安全”问题。实际上，从汉字的起源上可以找到这一问题的线索。我国的许多汉字起源于古代的象形字，至今保留着祖先对自然和社会的朴素理解。“安”和“全”两个字都是象形文字，“安”是“家 + 女”，“全”则是“人 + 王”，这可以理解为“家中有女（有织有耕）为安，王者以人为上乃全”。这是因为在传统农业社会，女织是家庭生产的基础，以民为本则是历代政权稳定的基础。因此，“安全”两个汉字描绘的是“家”与“国”两个社会单元，揭示的是这两个单元各自与相互间维持安全局面所必需的治理方式，国家“安全”架构中两个单元的自然关系应该是“民安国泰”。可见，在古代的朴素哲学中，“安全”一个词就可以囊括“国民安全”和“国家安全”的双重含义。

在安全管理的实践中，人们为了更加明确安全的主体因素，常常增加对安全的限定词，衍生出有具体指向和边界的安全概念，构成了进行安全管理的具体领域，比如公共安全、国家安全、社会安全等。

4. 风险与安全的转化关系

风险与安全是对立统一的一对矛盾。安全状态下孕育着风险，风险发生是实现新的安全状态的必经过程，安全和风险常常相互转化（见图 1）。安全状态下存在的风险因素聚集在特定的物体或因素上形成危险源，在危险源未能得到有效管理的情况下，危险源中承载的风险可能演化为现实的突发事件，遭遇突发事件的个体或系统如果无力应对便会进一步引发危机，当危机得以控制、负面影响逐渐消除时，个体或系统又逐渐恢复到安全状态。在这个循环过程中，每一个环节都可能通过适当的管理行为使之恢复安全，也可能出现管理失效的问题，发生难以控制的链式循环，最终付出巨大代价才恢复安全。可见，公共安全管理贯穿在整个循环的各个环节之中，其中，风险是安全管理的首要环节，安全管理的根本目标就是要规避、降低和消除风险，降低发生突发事件和危机的可能性。

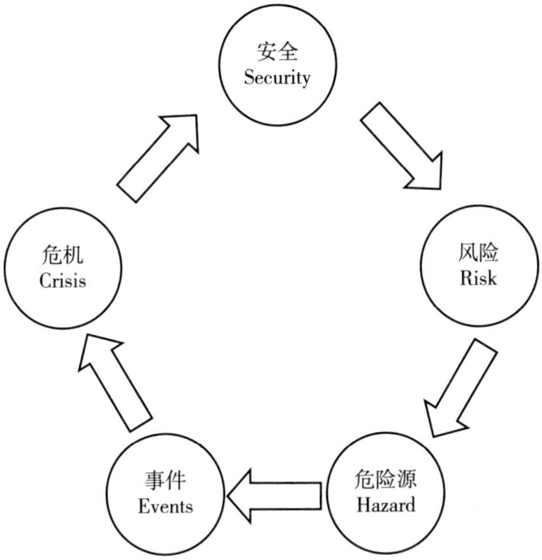

图 1　安全与风险之间的相互转化关系

（二）公共安全

“公共安全”在“安全”的概念上加上了限定词“公共”，限定了安全所涉及的具体对象和范围。“公共”可以理解为不特定的、多数人的、共同的，包含公有的、公众的、公用的、公开的等多种意思。特别值得注意的是，“公共”是与“个体”“个人”相对应的概念，一旦涉及不特定多数人，就不只是简单个体的汇总，而会涉及结构性和系统性的问题。

公共安全是实现社会和经济发展目标过程中的一个重要的影响因素。界定“公共安全”的内涵，一种思路是“秩序论”，侧重于从正面的角度描绘一幅安全的图景，如有的学者指出，“公共安全是指人们正常的生活和生产秩序状态”,[①] 有的学者认为，“公共安全是指社会公众享受安全和谐的生活和工作环境以及良好的社会秩序，公众的生命财产、身心健康、民主权利和自我发展有安全的保障，最大限度地避免各种灾难的伤害”;[②] 另一种思路是“威胁论”，侧重于从负面的角度细数各种不安全的因素，其首先定义了各种公共安全突发事件，包括“自然灾害事故、人为事故和由社会对抗引起的社会冲突行为，危害公共安全，造成或可能造成严重后果和重大社会影响的事件”，而公共安全是指一种可以有效避免危机事件的状态。[③] 有的研究指出公共安全是免受损害的状态，公共安全是指社会或公众不受灾害、事故等危险的威胁。就其保护对象而言包括与社会相关的人、财、物；威胁主要来自自然（如地震、海啸等自然灾害）、生产（如工业、农业、服务业等）、生活（如衣食住行等）和社会（如各类案件、突发事件和治安事件等）。[④]

这两种思路看似出发点很不相同，但是实际上殊途同归，恰好反映了“公共安全”概念中所蕴含的安全和风险对立统一的矛盾。有的学者则从正反两个方面综合起来界定“公共安全”，认为公共安全是指公众享有安全和谐的生活和工作环境以及良好的社会秩序；最大限度地避免各种灾难的伤害；其生命财产、身心健康、民主权利和自我发展有安全保障。安全问题由自然因素、生态环境、公共卫生、经济、社会、技术、信息等多重侧面组成。[⑤]

为了简化起见，综合现有对“公共安全”的定义，本文认为，广义的公共安全是指一个国家或地区的不特定多数人的生存和发展没有遭受到不可接受风险的一种状态。

其中的内涵可以从以下几个方面阐释。

---

① 夏保成：《西方国家公共安全管理概念辨析》，《中国安全生产科学技术》2006 年第 3 期。

② 吴爱明：《公共安全：公共管理不可忽视的社会问题》，《行政论坛》2004 年第 6 期。

③ 邓国良：《公共安全危机事件处置研究》，中国人民公安大学出版社，2005。

④ 何平、米佳、尹伟巍：《中国公共安全科技问题分析与发展战略规划研究》，《中国工程科学》2007 年第 4 期。

⑤ 张维平：《社会学视野中的公共安全与应急机制》，《中国公共安全》（学术版）2007 年第 2 期。

第一，公共安全关注的核心对象是人，是广大公众，这就突出了公共安全“以人为本”的根本宗旨，这个人群的范围是“不特定多数人”，而不是解决少数人或者个别人的安全，比如对特定公众人物的保护就不是公共安全问题，而是个人安全问题，因此公共安全是一个公共领域的问题。

第二，所有威胁到多数人的生存和发展的问题都可以归结为公共安全问题。这里的“生存和发展”是一个高度抽象的界定，涵盖了生命安全、健康安全和财产安全的内容。在最广泛的意义上，公共安全将不特定多数人的生命、健康、重大公私财产以及社会生产、工作生活安全都包括在内。狭义的公共安全主要包括自然灾害、治安事故（如交通事故、技术性事故等）和犯罪的侵害三个部分。[①]

第三，公共安全具有相对性、主观性和动态性的特点。安全是指免于危险的状态，而事实上绝对的安全几乎是不存在的，安全总是与“危险”“风险”“威胁”相伴而生，是一种相对安全。只有当这种潜在的“危险”“威胁”超出了多数人可接受的范围，才会进入一种不安全的状态。而威胁的可接受性本身是一个主观感知的概念，会随着经济水平和生活质量的提高而发生变化。因此，公共安全的外延也常常具有动态性。比如，轻度的雾霾天气从未成为一个公共安全问题而引起重视，而严重、持续、广泛的雾霾天气超出了人们的“可接受度”，也就演化成一个公共安全问题。同样，在人们追求经济发展的热潮中，很少有人将环境污染当作一个公共安全问题，而随着人们生活水平的提高，环境污染已经成为一个备受关注的公共安全问题。

第四，公共安全问题是在一个国家或地区范围内发生的，公共安全管理是国家不同层级的政府部门履行自身职责而进行的公共管理活动的一部分，虽然公共安全与国家安全密切相关，但是公共安全这一概念本身并不是从维护政权稳定、国家利益的角度界定的，而是每一个稳定的政治系统、行政系统都应该提供的一种公共服务。

---

① 郭济：《政府应急管理实务》，中共中央党校出版社，2004。

在上述定义下，图 2 试图通过不完全列举的方法说明“公共安全”的外延。图 2 的左端表示对不特定多数人的“生存威胁”，右端表示“发展威胁”。人类面临的生存威胁主要来自以下三个方面：意外伤害、疾病和饥饿。与意外伤害相关的威胁可能有（但不局限于，下同）自然灾害、交通事故、生产事故、治安事件、恐怖袭击、生态破坏等；与疾病相关的威胁可能有流行病、食品药品问题、环境污染、职业病等；与饥饿相关的威胁包括粮食短缺、经济崩溃等。图 2 的第四类公共安全问题既可能威胁生存，也可能威胁发展，包括政治动乱、群体性事件、网络秩序、舆论事件以及恐怖袭击等。收入财产问题和社会保障问题主要与人的发展问题相关。

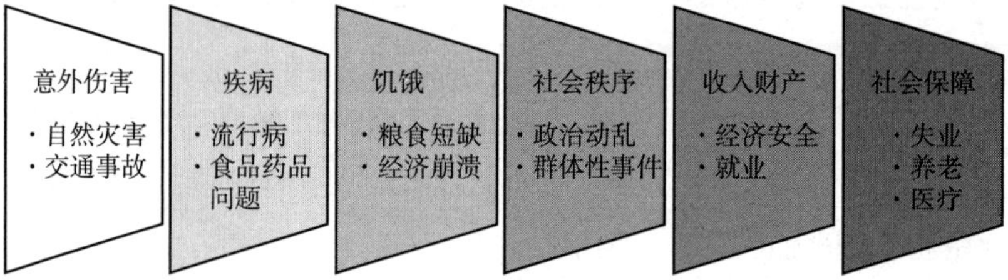

图 2　公共安全概念的外延图谱

（三）公共安全管理

与公共安全的概念相对应，公共安全管理也有广义和狭义之分。广义的公共安全管理是指一国或一个地区的政府为保障多数人的生存和发展不受潜在风险威胁的各项管理活动的总和。其中不仅包括维护稳定的公共秩序，保持正常的工作生活环境，还包括构建社会保障体系等涉及人的发展问题的管理活动。而狭义的公共安全管理仅指维护公共秩序，保障多数人的生命财产免受风险威胁的活动。公共安全管理的实质是政府公权用于对公共安全的保持、保护和恢复，是由政府提供的一种公共产品和服务。现代公共安全管理常常包括以下几个方面的特征：国家有完善的立法，政府成立专门的机构，自上而下有一整套工作程序和制度，并且有成型的指导性的理论体系。[①] 在

① 夏保成：《美国公共安全管理导论》，当代中国出版社，2006。

实践中，不同国家或地区界定的公共安全管理边界有所不同，是由一个政府的使命定位、组织结构、资源水平和管理能力等因素综合决定的。

“公共安全管理”具有以下几个方面的特点。①公共安全的目的和性质主要是为公众提供服务。②强调执行公共安全管理活动的主体主要是政府公共部门或公共服务机构，而不是私人机构。③强调公共部门所负的社会责任和义务。④强调公众的参与性。公共安全的整个活动过程和广大公众的利益有密切联系，这种参与主要表现在公众对政府安全决策的影响。⑤强调安全活动的公开性。公开性一方面说明政府部门官员的安全工作要有透明度，让公众知晓；另一方面说明要让新闻媒介和公众了解主要的安全管理工作，并随时接受检查、调查和监督。⑥运用管理的、政治的、法律的、军事的理论和手段对整个社会及其各个部分进行安全管理和提供安全服务。

与公共安全管理密切相关的两个概念是“公共安全政策”和“公共安全体系”，这两个概念是公共安全管理的具体化，政策是管理的工具，体系是管理的保障。

一般而言，公共政策是公共权力机关经由政治过程所选择和制定的为解决公共问题、达成公共目标、实现公共利益的方案。它包括：政策战略、政策系统、政策过程、政策分析方法及技术、政策文化、政策价值观、未来研究、战略规划、重大工程项目的论证与评估、从大政方针到各层次或部门的具体政策研究等。从某种意义上说，公共管理就是对政策的管理。公共安全政策是公共权力机关以实现公共安全为目标而制定的具体的实施方案。根据制定政策的主体不同，公共安全政策可以包括中央政策、部门政策、地方政策等。

公共安全体系就是政府依据相关法律法规建立的，意在为社会公众提供安全的生存与发展环境、确保社会公众生命和财产安全的一整套体制机制。公共安全体系包括以下几方面的内容。①行动主体：公共安全与社会中的所有个体和组织密切相关，在国家治理的视野下，参与公共安全管理的行动主体既包括行政部门等管理主体，也包括普通公众、企业和非政府组织等，行动主体是公共安全体系的基本单元。②组织机构：为公共安全管理建立的专门机构或者具有公共安全管理职能的行政部门，这些机构在不同的风险领域以及不同的风险发展阶段进行密切合作，形成了一个网络式的组织架构，是行使公共权力的主体，构成公共安全体系的核心。③物质资源：保障公共安全所需要的人、财、物以及科学技术方面的投入。④法律制度：制度化的法律法规是运用公权力保障公共安全的基本规范。

公共安全与公共管理关系密切。公共安全管理是公共管理的重要内容，公共安全也是公共管理的重要环境因素。公共安全管理是行政权力在公共安全领域中的适用过程，加之涉及公共安全的事件均具有规模大、风险高、后果重等特点，因此，进行公共安全管理是政府的责任所在，需集合社会整体的力量。强化公共安全管理，需要树立科学的发展观和科学的公共安全观，需要公共安全管理系统自身的完善和公共管理体系的完善。

二　公共安全管理相关术语概念比较

（一）国家安全与公共安全

国家是由生活在一定区域内的人民以某种价值观念组成的拥有主权政府的实体。国家安全是一个综合的概念，从利益的角度可以给国家安全一般性的界定：国家安全是指对内国家的社会状况、经济状况、环境状况等保持良性发展，对外国家主权不受侵犯、国家利益不受威胁。

党的十八届三中全会提出设立国家安全委员会，完善国家安全体制和国家安全战略，确保国家安全。2014 年 4 月 15 日，中共中央总书记、国家主席、中央军委主席、中央国家安全委员会主席习近平在主持召开中央国家安全委员会第一次会议时指出，坚持总体国家安全观，走出一条中国特色国家安全道路。首次提出“总体国家安全观”，并首次系统提出“11 种安全”，包括政治安全、国土安全、军事安全、经济安全、文化安全、社会安全、科技安全、信息安全、生态安全、资源安全、核安全。习近平总书记指出：“当前我国国家安全内涵和外延比历史上任何时候都要丰富，时空领域比历史上任何时候都要宽广，内外因素比历史上任何时候都要复杂，必须坚持总体国家安全观”，要“贯彻落实总体国家安全观”，既重视外部安全，又重视内部安全；既重视国土安全，又重视国民安全；既重视传统安全，又重视非传统安全；既重视发展问题，又重视安全问题；既重视自身安全，又重视共同安全。

国家安全委员会的设立标志着改革开放以来国家安全在我国国家的总体战略布局中上升到前所未有的高度。“总体国家安全观”的提出意味着我国国家安全战略的重大调整。那么“国家安全”与“公共安全”到底存在怎样的区别和联系？

“国家安全”是从国家使命的角度来定义，国家形成和建立的一项最高职责，即确保国家免于外来侵略，免受内部动荡，“国家安全”的目标既要维护政权稳定和国家利益，同时又是对本国人民提供的一项基本保障。而“公共安全”则是从政府职能的角度来定义的，是国家建立以后，国家的行政管理系统为大多数公众正常的生活、生产活动提供保障的一项公共服务。从涵盖的层面上来看，“公共安全”是“国家安全”之下的一个次级概念，“国家安全”的概念相对宏大，但这并不代表“公共安全”完全是“国家安全”的子集，比如涉及较多人数的一次交通事故是一个公共安全事件，一般情况下，很难上升到国家安全的高度。而有些问题则既是“公共安全”问题，又是“国家安全”问题，比如恐怖活动事实上损害了多数人的生命和财产，是一个公共安全问题，同时，又具有分裂国家的企图，也是一个“国家安全”问题。

当然，“公共安全”与“国家安全”存在交集，一次较大范围的社会安全事件，扰乱了当地的公共秩序，妨碍了当地人民正常的工作和生活，这显然是一个公共安全事件。同时，如果这一事件隐藏着更高层次的权利诉求或政治诉求，那么就应该从“国家安全”和“国家利益”的角度来分析和处置事件。习近平总书记指出，国家安全观“以人民安全为宗旨，以政治安全为根本，以经济安全为基础，以军事、文化、社会安全为保障，以促进国际安全为依托”。可见，“国家安全”和“公共安全”的根本宗旨都是从人民安全出发的，在根本目标上是一致的，而是否危及国家政权、是否危害国家利益、是否妨碍总体稳定，是判别“国家安全”和“公共安全”的标尺。一些公共安全事件越过这一分水岭，就有可能上升为国家安全。

（二）应急管理与公共安全管理

“应急管理”和“公共安全管理”很明显是来自两个不同的概念体系，但是我国解决公共安全问题的实践发展历程很特殊，使这两个概念在关联领域的运用中也存在混淆之处。

我国在“非典”之后构建了“一案三制”的应急管理体系，以应对自然灾害、安全事故、公共卫生事件和社会安全事件等四大领域中的公共安全事件。随着公共安全挑战的不断加深，原有的四大领域已难以覆盖，原有的事后应急模式也难以应对，因此，解决安全问题的思路向全灾种、全过程扩展和延伸。食品药品安全、反恐、环境污染等公共安全问题严格来说都不在原有的应急管理体系范围之内，而规避、降低、消除或转移风险的各种努力也是强调事后应对的应急管理体系难以概括的。正是在这个意义上，我国提出了“健全公共安全体系”的目标。

从概念上看，应急管理实际上是要处理“突发事件”或某些“紧急状态”，是从危险已经凸显、不安全状态已经呈现的角度来界定的。而公共安全管理则是从消除危险、保障安全的角度来定义的。从解决问题的方向上看，公共安全管理更加突出地强调了事前控制。

另一个需要特别指出的差异是，应急管理侧重于应对突发性事件和突变性风险，而公共安全管理涉及渐进性事件和蠕变性风险，有些安全问题并没有表现为某一次非常明确具体的突发事件，但是已经影响了不特定或多数人的安全，那么就应该进入公共安全的视野。比如，雾霾天气在没有进入重度污染的状态时，并不需要应急处置，但是对公众健康的危险是长期的、潜在的，应该列为重要的公共安全问题。

（三）概念间的时空关系对比

安全的概念表明安全总是某类主体的安全，例如地球的安全、国家的安全、组织的安全、个人的安全等。这些主体存在于不同的时空范围，身处不同的外部环境，具有不同的性质和功能，拥有不同的目标和任务，因此它们的安全状况及运行逻辑呈现很大的差异。也正因如此，在实践中存在不同的安全层次，在理论上亦形成了不同的安全研究领域。然而，这些不同的安全主体并非孤立存在，而是处于一种相互作用、相互影响的复杂的动态网络中。在不同的安全层次中，上位的安全状况影响甚至决定着下位的安全状况，而下位的安全状况又是上位安全状况的基础和构成要素。可见，不同的安全主体之间呈现明显的多样性、层次性、交织性和互动性，形成时空维度上复杂、动态的网络。①

当前我国致力于构建的国家安全体系在时间上覆盖风险演化的各个环节，在空间范围上覆盖国家和国际层面的总体利益，是确保国家核心利益的总体安全架构。目前我国已经初步建立的应急管理体系，着眼于突发事件的应对，当潜在风险演变出比较明显的征兆时，应急管理体系发挥作用，通过一系列控制风险的措施降低突发事件发生的可能性，在风险演化为比较激烈的突发事件时，应急管理系统及时应对处置，控制事态，使社会系统尽快恢复安全。公共安全体系在时间和空间范围上介于国家安全体系和应急管理体系之间（见图3）。

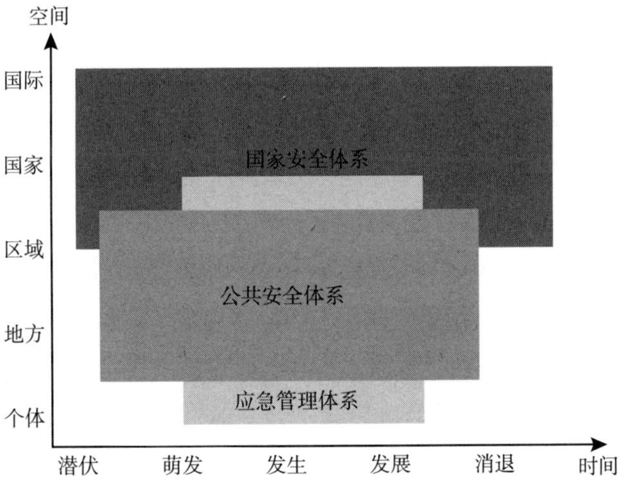

图3　国家安全、公共安全、应急管理概念之间的时空关系对比

① 赵汗青：《中国现代城市公共安全管理研究》，东北师范大学博士学位论文，2012。

三　结语

公共安全管理是一个年轻的学科，从 20 世纪六七十年代诞生到现在，它的许多概念仍然在发展和变化之中。公共安全管理在我国更是刚刚起步，其相关术语概念，在我国政治生活、社会生活、教学活动、科技研究、企业管理、国际交往、媒体传播实际使用中仍大量存在术语混淆应用情况。因此，需要对公共安全重要的、关键的术语概念开展基础性研究，为公共安全管理后续理论研究和实践工作奠定坚实的基础。

“私”场所与“公”场所的安全：职业安全、公共安全的界定与甄别*

翁翼飞**

摘　要： 职业安全是劳动者在作业场所中的安全与健康，公共安全是公民进行正常的社会活动所需的安全、稳定的环境和秩序。职业安全的主体是企业，公共安全的主体是政府。职业安全的客体是职业场所的安全和健康问题，公共安全的客体包括自然灾害、生产事故、公共卫生事件、社会治安事件。职业安全是准公共品，公共安全是公共品。职业安全管理属企业管理范畴，采用 B 途径实现；公共安全管理属公共管理范畴，采用 P 途径实现。总之，职业安全与公共安全分别是“私”场所与“公”场所的安全，政府应视情况促成或阻止二者之间的相互转化（嬗变）。

关键词： 职业安全　公共安全　“私”场所　“公”场所　社会安全福祉

在理论和实践中，可将安全分为职业安全与公共安全两类。一般而言，职业安全主要关注企业的安全和健康问题，属企业管理范畴；而公共安全主

* 本文受中央高校基本科研业务费（编号：3142015105）基金资助。

** 翁翼飞，应急管理部培训中心研究员，主要研究方向为安全监管学、公共安全与应急管理。

要关注政府为社会和公民提供的公共安全和健康产品及服务，属公共管理范畴。职业安全管理和公共安全管理共同构成国家安全治理体系。

界定与甄别职业安全和公共安全，是为了识别安全主体和客体，明确安全产品（含服务）的属性，厘清安全工作的责任、权利和义务，为分析二者之间的边界和转换奠定基础，并通过行政的（看得见的手）和市场的（看不见的手）手段，推动企业（特别是高危行业企业）提高职业安全管理绩效和安全生产水平，促进政府提高公共安全管理绩效和安全监管水平，全面提升国家安全治理能力，实现全社会安全福祉最大化，从而为实施安全发展战略、构建安全保障型社会、实现社会和谐稳定服务。

一　职业安全、公共安全的基本内涵

（一）职业安全的基本内涵

职业安全是指劳动者在作业场所中的安全与健康。职业安全包括生产安全（或曰安全生产）、职业健康（或曰职业卫生）、劳动保护、应急救援等与从业人员相关的安全与健康问题。与职业安全相对的概念是职业风险。①

一般而言，职业安全主要是指企业（或其他类型的组织）内部与劳动者安全和健康相关的活动，即“私场所”的安全。当然，职业安全也可能产生正或者是负的外部性，对企业外部产生有利或不利的安全影响。因此，职业安全具有“准公共品”属性（私人品和公共品双重属性）。②

我国职业安全问题较为突出，主要原因有：①安全法律法规和相关政策不健全，而且不能被企业落到实处；②企业更加重视生产和经济效益，而忽视安全投入和安全管理；③许多从事一线生产劳动的从业人员文化程度较低，企业对安全培训重视程度不够等。

① 翁翼飞、王幼莉、唐龙海：《安全监管学》，中国水利水电出版社，2012。

② 翁翼飞：《煤矿安全的准公共品属性与安全投入主体的责任》，《煤矿安全》2010年第6期。

（二）公共安全的基本内涵

公共安全是指公民进行正常的社会活动所需的安全、稳定的环境和秩序。公共安全包括与社会公众相关的自然灾害、生产事故、公共卫生事件、社会治安事件等涉及的安全和健康问题。[①] 与公共安全相对的概念是公共风险。

一般而言，公共安全主要是指由政府承担责任的与全社会公众安全和健康相关的活动，即“公场所”的安全。公共安全对全社会内的组织和个人都产生作用，具有“公共品”属性。

我国当前的公共安全问题较为突出，主要原因有：①体制转型期内价值观多元化，造成了一定的社会重构，加大了公共安全管理的难度；②收入差距拉大使社会心理出现失衡，产生了各种利益集团之间的冲突与矛盾；③大规模社会人口流动产生了附带性社会治安问题；④政府职能转换期内产生的社会调控能力尤其是公共安全治理能力弱化；⑤国际恐怖和犯罪等对国内公共安全形势产生不良影响等。[②]

二　职业安全、公共安全的主体

党的十八大报告指出：“强化公共安全体系和企业安全生产基础建设，遏制重特大安全事故。”[③] 这个论述在一定程度上区分了公共安全和职业安全在主体上的不同，指出了政府和企业分别对于公共安全和职业安全的主体责任。

（一）职业安全的主体

在市场经济条件下，企业是最常见的组织形式，职业安全活动和职业安

① 夏保成：《美国公共安全管理导论》，当代中国出版社，2006。

② 范维澄：《公共安全科技的思考》，中国科学技术协会网站，2011 年 9 月 26 日。

③ 胡锦涛：《坚定不移沿着中国特色社会主义道路前进　为全面建成小康社会而奋斗！——在中国共产党第十八次全国代表大会上的报告》，人民出版社，2012。

全问题发生的作业场所也基本是由企业（当然也涉及少量非营利组织）提供的，因此，一般而言，职业安全的主体是企业。或者说，政府通过经济性政策、社会性政策和法律法规，激励和约束企业承担职业安全的主体责任。

具体而言，第一，作为市场竞争的独立微观单位，企业是职业安全活动的组织谋划者；第二，作为生产过程的组织与控制主体，企业是职业安全工作的主要实施者；第三，从安全法律法规来看，企业是职业安全保障制度的全面执行者；第四，从职业安全的经济基础来看，企业是职业安全投入的主体；第五，从职业安全发挥的作用来看，企业是职业安全的最大受益者；第六，从责权利对等的角度来看，企业是职业安全违法行为责任及后果的基本承担者。①

（二）公共安全的主体

公共安全涉及面广，与公共利益息息相关，因此，一般而言，公共安全治理的主体是政府，包括中央政府和地方各级政府。公共安全问题处理不好，会影响改革、发展和稳定大局，影响社会和谐。有观点认为，“公共安全主体包括：政府、企业、社会组织和个人”，甚至“每个人都是公共安全主体”。在一定意义上，这些观点没错，社会中的每个组织和每个人的安全或危险行为都可能影响其他组织或其他人，具有一定的公共性。但是全面、系统地提供优质公共安全产品、保障人民群众生命财产安全和广大企业生产经营活动正常进行的，只能也必须是政府。

具体而言，第一，政府出台公共安全政策，包括经济性政策、社会性政策和法律性政策等，促进公共安全长效机制的构建；第二，政府引领公共安全要素和内涵建设，包括安全文化、安全法制、安全责任、安全科技和安全投入等；第三，政府加强公共安全体系建设，包括安全生产监管体系、防灾救灾减灾体系、突发事件应急救援体系、社会治安综合防控体系和食品药品安全保障体系等。

---

① 韩小乾、王立杰：《论市场经济体制下的安全生产监督管理工作》，《中国安全科学学报》2001 年第 5 期。

三 职业安全、公共安全的客体

（一）职业安全的客体

职业安全的客体是企业（或其他组织）的工作场所中存在的安全和健康问题，比如安全生产隐患、重大危险源、生产事故及其防治、职业危害、急性和慢性职业病等，即“私”场所的安全和健康问题。换言之，既然被称为职业安全，那么就是在工作场所发生的安全健康问题。企业是工作场所的最主要提供者，因而职业安全的客体可以视为企业内部的安全生产、职业健康和应急救援问题。

（二）公共安全的客体

公共安全的客体范畴非常广泛，影响社会公众安全和健康的问题都在其列，比如自然灾害、生态环境破坏、具有负外部性的生产安全事故、具有传染性的疾病、恐怖袭击、恶性犯罪、重大交通事故、社会踩踏事件等，即“公”场所的安全和健康问题。一般而言，公共安全客体可以分为四类，即自然灾害、生产事故、公共卫生事件、社会治安事件。一般的社会组织、企业或者个人都无法解决这些问题，只能依靠政府和国家机器的力量才能统筹协调解决，尤其是社会主义国家在这方面是具有优越性的。

四 职业安全、公共安全的产品属性

（一）职业安全的产品属性

按照私人品和公共品的性质考量，职业安全是“准公共品”，具有私人品和公共品的双重属性。理由是职业安全具有一定的非竞争性、正的外部性、一定的排他性和有限的公益性。[1] 具体分析如下。

① 翁翼飞、王幼莉、唐龙海：《安全监管学》，中国水利水电出版社，2012。

第一，一般而言，一些人对职业安全的“消费”（享有）不会减少其他人的“消费”（享有），即对企业提供的职业安全环境的受益不会因其他人的受益而减少，这表明职业安全具有一定的非竞争性；当然，有时（比如在事故或灾害发生时）对职业安全设备设施的使用也可能存在竞争。

第二，职业安全会对企业外产生正的外部性。比如，一个化工企业安全系数提高，不仅能够保障企业本身正常的生产经营秩序，提高经济效益和利润水平，同时也能够使所在社区乃至城市经济繁荣、社会稳定；又如，煤矿井下工作场所危险程度的降低会减少企业相关费用，降低人员流失率，保证企业和矿区稳定，进而能够提升煤炭行业形象乃至国家形象。

第三，职业安全一般是在某个特定生产环境内实现的，这使职业安全具有地域性，具有有限的排他性，即其受益和消费对象不是社会公众全体，而是一定范围的公众。例如，某企业给工人配备现代化的安全性能高的机器设备，将会降低事故发生的可能性或严重性，其所提供的职业安全环境，只是使在其所能涉及的特定范围内的个人、班组和企业受益。

第四，职业安全能够在一定范围内提高职工的生产生活质量，促进企业安全生产，带来“负负得正”的安全经济效益。同时，由于职业安全水平的提升能够提高人民群众的安全健康福祉，对人民生活幸福、经济发展和社会稳定具有一定的积极作用，因此，“职业安全”具有有限的公益性。

基于上述分析，职业安全具有准公共品属性，即具有私人品和公共品的双重属性。

（二）公共安全的产品属性

公共安全属公共品范畴，而且是一种典型的公共产品，理由是公共安全具有非竞争性、正的外部性、非排他性和公益性。具体分析如下。

第一，一些人对于公共安全态势和环境的消费（享有）不会降低其他人对此的消费（享有）。老百姓对公共安全不存在竞争关系，不是“零和博弈”“以邻为壑”，而是共赢、共同享有，即公共安全具有非竞争性。

第二，一个组织、社区或地方的公共安全形势好，会影响和带动其他组织、社区或地方的安全状况提高，具有扩散和示范效应，即公共安全具有正的外部性。

第三，公共安全不是某个人、某个组织、某个企业、某个行业、某个部门、某个社区单独所有，其他人被排除在外，而是全民共享，即公共安全具有非排他性。

第四，公共安全是政府对人民安全和健康权益的一种承诺，是公共利益之一，即公共安全具有公益性。习近平总书记指出：“平安是人民幸福安康的基本要求，是改革发展的基本前提。”当社会的发展超越了生存和温饱，人们对“公共安全”有着水涨船高的期待。舌尖上的安全、环境安全问题、网络信息安全、安全生产和职业健康……现在的公共安全概念，不仅包括打击犯罪、维护稳定的传统含义，更包含许多非传统性风险、新的甚至未知的挑战，“财富的社会生产系统地伴随着风险的社会再生产”，在现代化的加速推进中，中国也不可避免地进入了“风险社会”。[①] 而公共安全则是政府提供给社会和人民的一种重要的、典型的公共产品。[②]

基于上述分析，职业安全具有准公共品属性（私人品和公共品双重属性），公共安全具有公共品属性。正是由于职业安全和公共安全具有这样的产品属性，两种安全才有了相互转换的基础和前提。在一定条件下，二者之间能够跨越边界而进行相互转换。

五　职业安全管理与公共安全管理

（一）职业安全管理

一般而言，对职业安全的管理是企业管理、工商管理的范畴。需遵循利益最大化或所有者权益最大化原则，以及商业伦理原则。对其进行管理或治理宜采取考虑成本、效益、投入、产出的 B（Business）途径（Path-B）。

短期看，职业安全投入会增加企业成本，但长期看安全投入和安全费

① 《平安是最基本的公共产品——打造更高起点的“平安中国”之一》，《人民日报》2013 年 6 月 3 日。

② 张燕：《公共安全治理与政府责任》，《行政管理改革》2015 年第 1 期。

用如同给企业的安全生产投保，会预防与控制危险源、减少事故损失、减少职业危害、提升应急救援能力、提升企业形象，产生“负负得正”的效益。

职业安全管理绩效和水平的提升是企业管理水平的重要标志，属企业战略管理和管理伦理范畴，统率和影响着其他职能管理，日益发展为企业（特别是高危行业企业）的核心竞争能力之一。

（二）公共安全管理

一般而言，对公共安全的管理属政府管理、公共管理或社会管理范畴。需遵循社会福利最大化原则，以及社会公平和正义原则。对其进行管理或治理宜采取考虑公平、公正、福利、大众的 P（Public）途径（Path-P）。

公共安全管理的目的就是通过政府出台相关法律、法规、政策、措施，弘扬安全发展理念，营造安全文化氛围，谋求公共安全绩效的帕累托改善，提升国家安全治理能力，实现全社会安全福祉最大化。

公共安全管理绩效和水平的提升是国家治理能力和软实力的重要体现，是政府保护人民生命、健康和财产安全的衡量标准之一，是社会管理和综合治理的主要领域，与国内生产总值和环境治理等一道可作为各级官员政绩考核的指标。

六　结论

从职业安全和公共安全的基本内涵、主体、客体、产品属性看，职业安全是“私”场所的安全，而公共安全则是“公”场所的安全。因此，职业安全管理属企业管理范畴，公共安全管理属公共管理范畴，共同构成国家安全治理体系。二者分别遵循企业管理、公共管理原则和治理途径，但在一定条件下可相互转化（嬗变）。政府应视具体情况使用行政或市场手段，引导或阻止这种转化（嬗变），服务于国家安全治理能力和社会安全福祉最大化。

“彩虹圈效应”的原理分析与实用实例

周丹　陈安*

摘　要： 效应普遍存在于学术领域与社会实践的众多方面，对效应的研究是描述探索规律现象及其关系的前提。“彩虹圈效应”来源于一种弹簧玩具，其运动现象存在于管理学领域。本文对彩虹圈运动特点进行物理原理的分析，提炼出彩虹圈的基本形态由基本稳态、启动态、运行态、震荡态和新稳态组成，借此描述和定义“彩虹圈效应”。通过对城乡人口流动和舆情传播的案例分析，确定了“彩虹圈效应”存在的现实依据。

关键词： 效应　彩虹圈　物理原理　城乡一体化　舆情

“效应”是指一系列由一个行为引起并产生某些变化的现象。在自然科学、社会科学、管理科学领域中以及实践范畴里，各类“效应”被广为接受，普遍存在。例如，生态学中有边缘效应；气候学中有温室效应、蝴蝶效应；建筑领域存在短柱效应；物理学中有霍尔效应、热电效应、电致伸缩效应、塞曼效应等；城市中的气温明显高于外围郊区的现象，被称作城市热岛效应，城市中还存在“雨岛效应”；在社会经济学中，更是存在多米诺骨牌效应、马

* 周丹，中国科学院科技战略咨询研究院研究人员；陈安，中国科学院科技战略咨询研究院研究员、中国科学院大学教授。

太效应、鲶鱼效应、晕轮效应、木桶效应、青蛙效应等多个“效应”。

经过大量的文献资料研究和对比，不难发现，在不同的学科领域、行业领域中，普遍存在各自话语体系下的“效应”，用来描述某些特定的规律或现象。另外，许多“效应”并不只是存在于某一特定领域中，在跨学科领域也经常出现相同的“效应”。同时，在不同的“效应”之间还存在各种各样的衍生、承接等逻辑关系。并且，“效应”本身也蕴含一定的逻辑规律，“效应”的产生、发展都有其内在因素，“效应”的存在也需要一定的外界环境因素等。这些都是值得探讨的课题。

一　彩虹圈效应的来源

彩虹圈效应因其同玩具彩虹圈有着相同的运动规律和现实中的具象表达而得名。彩虹圈在国际上又名 Slinky，意为机灵鬼，是一种螺旋弹簧玩具。将其放在楼梯上，彩虹圈会在重力作用下且由于惯性沿着阶梯不断伸展再复原，自行“拾级而下”。

彩虹圈于 20 世纪 40 年代早期，由美国海军工程师理查德·詹姆斯发明和改进。当其在实验室研究强浪中弹簧对精密仪器的抗震作用时，他无意间碰掉了架子上的一只弹簧，恰好发现当有合适的钢和恰当的弹簧张力时，弹簧便可以首尾交替翻越，自行向前运动。之后，彩虹圈成为玩具上架并出现多种形式，比如 Slinky Dog、the Slinky Worm、Slinky Crazy Eyes 以及 Slinky Train Loco 等。

除了作为玩具，彩虹圈还被应用于教学、物理、声学、航天研究以及战争信息传送当中。在美国，高中教师和大学教授曾用彩虹圈作为教具讲解波的特征。在影视制作中，彩虹圈和一些与之类似的弹簧可用于制造类似“激光枪”的音效。在越南战争中，彩虹圈曾是美国军方用的便携式天线。NASA 甚至把彩虹圈带上了航天飞机，用于零重力下的物理实验。

在管理学中，彩虹圈成为一种效应。因其运动状态有其特定的规律，而试图使其为总结、研究现实当中的社会现象服务，我们称之为“彩虹圈效应”。

二　彩虹圈运动的物理原理

在探索管理学中存在的“彩虹圈效应”之前，首先必须了解彩虹圈的运动规律及其背后蕴含的物理学原理。用以制成彩虹圈的一类弹簧具有以下共同的特点：当弹簧不受力时，组成弹簧的所有螺圈都相互接触，因此它不能被压缩，只能被拉伸；整个弹簧非常柔软，十分容易发生形变。

彩虹圈的运动规律有两点非常有趣：第一，当用双手托起彩虹圈的两端，其中一只手缓慢上升时，可以发现彩虹圈的螺圈逐渐脱离上升的手并翻转到位于下面的手上；第二，当把彩虹圈的两端置于具有一定高度的层级台阶上时，放手后位于上层台阶的一端会突然跃起脱离台阶，旋转接近 180°的角度并翻转至下面的台阶，落地后，原本位于下层台阶的另一端会继续跃起并向前翻转，在没有借助任何外力的状态下拾级而下，不停“行走”。

为了研究彩虹圈弹簧这种特殊的运动规律，我们将彩虹圈所用弹簧看作连续体，以体密度 ρ 表示相邻螺圈之间的疏密程度，设 ρ_0 为弹簧变形前螺圈接触处的密度值，ε 为弹簧伸长所引起的轴线的形变。有：

$$\rho = \frac{\rho_0}{1 + \varepsilon}$$

当弹簧被弯成弧形时，螺圈之间由于间隙增大产生与应变成比例的弹簧反力矩 M，有：

$$M = K_{\varepsilon}$$

其中，K 为弹簧的力矩刚度系数。

通过对张角为 θ 的弹簧扇形微元体的力矩平衡方程进行分析可知，弹簧的密度分布规律为①：

$$\rho(\theta) = \rho_0\left[1 + (4\pi a^4 \rho_0 g / K)\sin\theta\right]^{\frac{1}{2}}$$

① 刘延柱：《奇妙的软弹簧——Slinky》，《力学与实践》1996 年第 3 期。

其中，a 为螺圈外缘的半径。

由密度分布规律可知，当 θ 逐渐增大，即从弯曲弹簧的底部到顶部的过程中，ρ（θ）逐渐减小，即弹簧的螺圈间的密度逐渐减小，而相邻螺圈的缝隙逐渐增大。且在顶部 $\theta=\pi/2$ 时有密度最小值 $\rho_{min}=\rho$（$\pi/2$），对应弹簧反力矩最大值 $M_{max}=M$（$\pi/2$）。

因此，当用双手托起彩虹圈的两端，假设左手缓慢上升时，位于左手的弹簧底端在自重和推力的共同作用下逐渐被压缩到密度最大，不能再被压缩的螺圈随着上升的过程张角逐渐增大，密度逐渐减小，即产生了螺圈缝隙最大的顶部向左手端移动的现象，左手的弹簧螺圈逐渐翻滚并在达到垂直后翻到右手的弹簧上面。

彩虹圈在台阶上拾级而下、不停行走是上述运动规律的另一种体现。当把弹簧的两个端面放在楼梯上高度不同的两个台阶上并松开双手时，如果台阶的高度差达到一定数值，位于上层台阶的端面会突然跃起并翻滚到下面的台阶，弹簧原先的左半部分变为右半部分，原先的右半部分变为左半部分。

在一定容许的高度差内，弹簧的左半部分与右半部分的重力大致相等，重力的差异是由未变形部分的螺圈数量的差异造成的。而当高度差超过某一临界值，即左右部分未变形的螺圈数相差过多时，位于上层台阶的变形部分与未变形部分重力的作用点相距过远，对弹簧左半部分进行约束的力就会消失，使左半部分在力矩 $M(\pi/2)$ 的作用下向上弹起，向前翻转并在越过右半部分后在重力作用下坠落，直至端面与下一级台阶表面相接触。弹簧就此完成了一个台阶的移动，而此过程并没有就此中断，而是继续进行，使弹簧可以连续不断地“下楼”直到最底层。这就是彩虹圈可以无须借力“行走”的物理学原理。

通过对彩虹圈运动物理学原理的描述，我们可以归纳出以下几点。

首先，彩虹圈能够进行这种运动归根结底是由于其本身是由柔软弹簧制成，具有可变性，容易在力的作用下发生形变。也就是说，彩虹圈本身的结构具有不稳定性。

其次，彩虹圈的运动是在多种力的共同作用或不同部分受力不同的条件下产生的，各个部分作用力之间的失衡使彩虹圈的弹性势能发生了变化。

再次，彩虹圈的运动是在力失衡的条件下产生的，而彩虹圈的运动也是一个不断寻求平衡的过程。当彩虹圈在台阶上翻滚时，在力的不同作用下，彩虹圈最终翻滚到最底层，失去了高度差带来的势能，从而停止了翻滚，达到了新的平衡。

最后，通过对彩虹圈的运动状态和受力的分析，可以提炼出彩虹圈的几种基本形态：基本稳态、启动态、运行态、震荡态和新稳态。基本稳态即彩虹圈在静止不动的情况下的状态，启动态指当彩虹圈受到外力作用或外部环境发生变化，超过了静止所需条件的临界值时，彩虹圈开始运动的状态。运行态是彩虹圈在力的相互作用下运动的状态。震荡态是彩虹圈在运动过程中受到了新施加的力的作用，或者外部环境发生了新的变化时产生的，有别于运行态的运动状态。当彩虹圈最终达到平衡时，其外部环境或力之间的关系已经发生了改变，因此称此时为新稳态。

三　彩虹圈效应的定义

从彩虹圈的由来、运动形式、所用学科范围结合管理学中的现实因素，我们对彩虹圈效应进行下述定义：“彩虹圈效应”是指具有不稳定性的主体，在多方共同博弈的过程中，因受环境变化的影响和自身惯性的牵引而不断改变自身状态以寻求平衡，却反而更加不稳定的现象。

彩虹圈效应当中涉及的“主体”必须是具有不稳定性特征的。正如彩虹圈自行运动的多种形式一样，效应中的主体会因社会环境改变、自身条件的制约以及利益相关者之间的力量制衡，而不断主动或被动地调整自身行为和发展走向。主体可以是人群主体，也可以是事物发展形势。

“博弈的多方”是指同研究主体之间存在相互作用、相互影响，具有一定的相关关系，通过 定的形式左右事件发展走向的因素。参与博弈的多方可以是主体人际关系中的个体、群体，也可以是社会环境下的政策、规约。

管理科学中的“环境”多指观念、制度、行为准则以及各因素相互作用形成的能量场等非物质的社会因素，产生彩虹圈效应的环境也同样为一定的社会环境。比如，舆情产生在一定的社会空间，其中包含其发展所需的突发事件、民众、社会管理者，他们共同组成了针对事件的态度、意见和情绪，构成了舆情发生、发展和变化的环境场。

彩虹圈因其自身弹簧的刚性和张力，在重力作用下形成惯性而不断“行走”，社会生活中同样存在主体因自身属性、思维惯性和行为模式表现出较为一致的言论和行为，有一定的规律可循。

不稳定性主体，受环境场和自身因素的影响、制约，同多方力量博弈，其最终目标都是寻求自身在所处环境中的平衡。这种平衡多为主体自身对身份、地位、生活水平、存在感和认同感，以及意见表达机会和受尊重等的维护和追求，使其在环境中进阶至更高层次而求得地位和心理的平衡。

四　彩虹圈效应的实用案例

在彩虹圈效应的来源、本质和定义的基础上，我们找到彩虹圈效应在公共社会生活当中的具体实例。在此，本文较为详细地列出公共管理学科领域内城乡人员流动的彩虹圈效应，以及应急管理学科领域内舆情发展机理的彩虹圈效应。

（一）公共管理学科领域内的彩虹圈效应

在我国社会转型期，城乡人员流动过程中的彩虹圈效应尤为明显。农民工在城市与乡村间季节性、周期性地循环往复流动的现象，与彩虹圈在双手间依惯性拉拽跳动的状态极为相似。该群体因符合彩虹圈效应对“不稳定性主体”的定义，于是我们以进城务工并拥有留城安家意愿的农民工群体作为公共管理范畴内彩虹圈效应的主体进行研究。

随着中国城镇化进程的逐步加快，城乡流动人口的规模日益扩大，大量进城务工人员逐渐表现出积极融入城市的意愿。然而，这种意愿受到自身与社会的双重阻碍，导致其在认知上发生身份错位，[①] 无法完全融入城市与享受应有的公共服务，这就说明效应主体受到了社会环境约束和自身条件限制。

正因为农村人员向城市实现稳定性转移的制度环境仍然没有形成，在这种彩虹圈式的就业模式下，农民工的跨地区和跨行业的流动性相当高，不稳定性突出，导致其和用人企业都普遍缺乏提高专业化劳动技能、完善人力资本积累的动力。两者合力，造成依靠低成本、低技能劳动力发展起来的劳动密集型企业过度发展、过度竞争，强烈的劳动力需求和有限的劳动工资提升空间这一对矛盾也由此而生。同时，从社会学的视角来看，农村人口在城市流动不仅是劳动力的流动或人口的流动，同时它还是一种社会学意义上的流动，即包括地域流动、职业流动和阶层流动在内的流动。现实中的中国农村人口从农村向城市的迁移，却表现出职业与身份的脱离，户籍制度、土地制度、社会保障制度等配套制度的缺位使农村人口缺乏开始城市化生活的前提基础和保障，[②] 较高的迁移成本和缺乏具有稳定预期的制度安排使农村人口理性地选择所谓“候鸟式”的流动就业形式。并且，城乡劳动力市场分割和劳动要素无法自由流动和有效配置的客观存在，使农村剩余劳动力在向城乡流动过程中很难真正实现由“候鸟式”流动转为“永久性迁移”。这便使多方博弈过程中呈现越发不稳定的社会现象。

效应主体试图留城安家以求得稳定，因自身和环境影响，在多方博弈过程中出现了主体行为更加不稳定，主要包括由城乡人员规模流动所带来的各种犯罪问题、子女教育问题、婚姻家庭问题、医疗养老保险问题等，社会矛盾浮出、社会风险加剧。至此，该问题当中彩虹圈效应形成要素完整。

（二）应急管理学科领域内的彩虹圈效应

在应急管理学科范围内，彩虹圈效应也反映在舆情发生、发展、演化直

① 童潇：《城乡一体化、城乡人口流动与社会管理创新——“后户籍制”背景下城乡人口流动管理体制改革和社会政策创新》，《贵州社会科学》2012 年第 10 期。

② 戎梅、白联磊：《户籍歧视影响城市经济增长的理论分析》，《城市与环境研究》2015 年第 3 期。

至终结的过程中，并呈现不同的形态。概括来说，包括基本稳态、启动态、运行态、震荡态和新稳态五个方面的内容。首先，从主体角度来看，舆情反映了事件当事人与旁观者对事件的态度和看法，每个人的态度和看法不仅因事件发生的时间、地点等客观条件而异，还因知识、经验、情感、价值观等主观条件而异，因此态度和看法不是一成不变的，因此舆情从产生之初便具有不稳定性。

舆情在发展过程中，不仅自身对外界产生影响，也会受到外界的影响。由于舆情常常涉及多个主体甚至涉及具有利益冲突的多个利益相关者，每一方都力图对舆论施加影响使其对自身有利，因此舆情发展的过程是在多方博弈和力量相互融合碰撞下发展的。舆情会不可避免受到外部环境变化影响从而改变自身的内容。

有学者发现，网络舆情事件的发展具有明显的阶段性特征，如潜伏期、初发期、爆发期、衰退期等。[①] 其实，舆情的发展也遵循事物的普遍规律，最终会走向消亡。舆情从无到有的过程，是一个不断熵增的过程，舆情因某一事件而产生，最终也会因该事件的平息而消失。事件在现实中的平衡促使舆论最终消失或静止，达到平衡的状态。

将舆情的上述特点与彩虹圈效应的定义进行对比，发现彩虹圈效应与舆情的传播十分吻合。彩虹圈效应在舆情中的体现是舆情可以被分为三个十分鲜明的阶段：产生阶段、供能阶段、终止阶段。突发事件的发生为舆情的传播提供了最初的动力，促使舆情从无（即平衡态）向有转变，即舆情产生的阶段，正是彩虹圈的“启动态”。舆情一旦产生，就会首先受到当事人与利益相关者的关注。利益相关者为满足自身利益而对舆情施加的影响，以及媒体对事件的不断跟踪报道与挖掘，推动舆论不断前进，影响逐渐扩大。在舆情发展的过程中，还可能受到其他事件或者其他方面的影响，使舆论的议题偏离事件，[②] 从而形成相较于原事件的震荡状态。这些影响可能是正面的，有利于事件的缓和和舆论的平息，也有可能是负面的，使事件的影响迅

---

① 徐勇：《网络舆情事件演变的动力学建模及预警预测》，《现代情报》2016 年第 4 期。

② 朱四倍：《突发事件中的网络舆情危机及应对机制研究》，《新闻界》2011 年第 2 期。

速扩大，舆情更加复杂、扑朔迷离。随着时间的推移，相关方面的辟谣、澄清或其他有助于缓解舆情的举措，以及受众的兴趣点转移，使舆情逐渐归于平静，形成了新的稳态。

五　总结

彩虹圈效应描述了不稳定性主体在自发动因和外界环境的共同作用下寻求平衡的现象。通过对城乡人口流动与舆情管理的案例分析可以发现，彩虹圈效应确实存在于管理学领域，并且值得进行深入研究。今后对于彩虹圈效应的研究将从深度和广度两个方面着手，继续深入挖掘城乡人口流动和舆情管理中彩虹圈效应启动、前进和停止的状态表达，用贴合实际的数据进行论证，继续寻找管理学其他领域和公共管理领域其他方面中可能存在的彩虹圈效应，丰富和发展彩虹圈效应的内涵，进而探索彩虹圈效应的内在机理和规律。

地区风险治理

上海全球城市管理与安全防护研究

李瑞昌*

摘　要： 未来30年，上海作为全球城市的城市管理与安全防护体系建设的愿景目标是“持续发展、有限安全”。持续发展指上海全球城市管理与安全防护的目的是经济社会全面发展、持续发展，即使遭遇重大安全事故也能恢复和继续发展；有限安全指无论是主体性安全、客体性安全，还是主体间安全，都需要追求有限安全感和相对安全感，而不是无限安全感和绝对安全感。

关键词： 全球城市　城市管理　城市安全　上海地区

全球城市首先是一个经济概念，是全球经济发展引擎；全球城市也是一个区域概念，是由全球都市圈和城市群构成的全球城市区域；全球城市还是一个社会概念，是不同种族、不同民族、不同文化、不同年龄和不同身份的人群共同生活和工作的场所；全球城市还是一个政治概念，是城市居民和全球公民享受公民权利的公共空间。因此，全球城市是一个综合性概念，具有多种指向。于是，全球城市管理是多方行动主体参与多种公共事务、多向度的共同活动；全球城市安全防护既是全球城市管理活动的一部分，也是全球

* 李瑞昌，管理学博士，复旦大学国务学院教授，主要从事风险管理、公共政策、政府治理模型研究。

城市治理的重要过程。

全球城市与普通城市的差异主要表现为城市发展要素和空间关系上的不同。全球城市中城市发展要素来自全球，与全球发展状况紧密相连。全球城市的空间关系正逐步被快速交通和便利的互联网所连通。因此，从宏观意义上讲，全球城市管理与安全防护的实质是城市发展的各种要素管理和安全保护。

一　建构上海全球城市管理和安全防护的必要性

（一）超级都市区呼唤优质的城市管理

未来 30 年，上海全球城市因人口多、产业体量大和资源要素密集，将会成为超级都市区。超级都市区将有两个明显变化。

1. 生活方式变化

信息等新技术革命推动着城市转变。国家与城市的基础设施建设以新技术为基础，形成由基础设施、互联网、信息网络、人际网络等各种网络构成的全网络，且这些网络未来将可能与生物技术相结合，正从一个无机体成长为有机体，决定世界运行方式与人们的生存形式。与此同时，经济与通信的全球化改变了我们的生产、消费、管理、信息发布及思考方式。如何管理城市并建立新的生活方式以适应新的生产方式与文化形态面临诸多挑战。这些挑战不仅来自由于人类生活方式改变而积累的功能性、社会性问题及环境问题等，还因为我们对所面临的转变缺乏了解。因此，建构适应超级都市区的优质的城市管理模式成为确保上海全球城市高效运行的条件。

2. 城市功能复杂化

未来 30 年，上海成长为全球城市后，不仅是全球城市网络中的一个重要节点，而且是长三角区域中城市圈的“领头羊”，也是长江经济带的“龙头”，成为长三角、长江经济带乃至全国城市群落内联外通的枢纽。全球城市不仅是一个地理空间，而且是一个流体空间。形成全球城市的决定因素不是规模，而是在全球经济最具实力国家中的枢纽地位，以及这座城市对世界其他地方的引力作用。全球化管理、生产、行政管理等高级职能集中于这些地区，城市功能变得异常复杂，这些高级职能发挥都需要优质的城市管理系统。

（二）开放城市需要缜密的安全防护

1. 全球城市是一个风险更加突出的城市

全球城市所面临的风险不仅有自然灾害等传统危险源，更具威胁性的是，因城市要素的迅速流动制造出来的非传统危险源。经济全球化使国家、公司及个人的财富依赖于全球资本的运动，依赖于全球一体化下相互联系的生产分配链及管理机构，因此减少了生产消费单元的独立存在机会。于是，全球城市之间形成了复杂的生产、运输和消费链条。城市链条越复杂则隐匿的风险越大，城市面对生死存亡的挑战越有可能，因此，全球城市也是一个风险更加突出的城市。

2. 安全是全球城市的底线

全球城市是一个与世界密集互联互通的城市，是一个城市要素流动无边界的城市。全球城市确实有自己的地理界域，并未拆掉有形的围墙，仍然有边境线及其相关防卫力量。因为全球城市首先必须是一个安全的城市，否则，全球城市将可能是人们安全感最低的城市。全球城市内部社会隔离制度的消失和各种要素流的涌现令每个人、企业或其他有感知的实体深深恐惧。安全是全球城市的底线，安全的城市才能让人宜居，才能让人放心进行贸易，才能让各种生产要素顺利流动。

二　全球城市的城市管理与安全防护特点和通行标准

（一）全球城市是一个立体化城市

全球城市之间相互关联成为各种循环圈，进而在地区、国家及全球范围内形成通信、无线通信与信息交流机制。但是，全球城市是由各种要素组合起来的，如信息、资本、技术、人和物质等。这些要素相互关联、共同作用构成了各种“流”，即信息流、资金流、技术流、人流和物质流，这些

“流”相互组合形成立体结构，从而形成立体化城市。从形式上来看，立体化城市表现在城市与国外联系、全球城市与国内区域联系、城市内部联系。

1. 城市与国外联系（联系的纽带、友好城市、跨国企业、国际组织）

城市政府与主要发展部门积极参与国际生活，城市的国际化清晰地反映于制度层面，主要通过三个机制：参与城市联盟、城市市场发展及其网络关系、国际事务的积极参与机制。

（1）全球城市与友好城市。衡量一个城市全球化水平的常用标准之一是友好城市数量多少。友好城市模式是城市政府相互交往的一种形式，但是，友好城市之间联系密切程度缺乏相关衡量标准。从总体而言，友好城市是全球城市形成的初级阶段。

（2）全球城市与跨国企业。跨国企业尤其是跨国企业的总部是衡量全球城市能级的常见指标。跨国企业总部是信息、技术和资金流输出与输入地，每天频繁地与世界其他各地发生交往，促使全球城市成为城市网络的节点。因此，对跨国企业总部的争夺本质上是跨国企业总部对城市声誉和地位的影响，而非跨国企业总部所带来的经济增长率和就业率的变化。

（3）全球城市与国际组织。随着国际组织在国际社会的功能越来越大，越来越多的城市偏向于将国际组织接纳到城市之中。全球城市与国际组织发生联系的方式有三种：一是全球城市是国际组织所在地，二是全球城市政府或社会组织与国际业务往来密切，三是全球城市是国际组织重要活动举办地。无论哪一种联系方式对于全球城市的地位而言，都是不无裨益的。全球城市是地方国际化的表现之一。传统上，城市的外部关系一直是由国家政府特别保护的；而现今，成长中的全球城市本身需要国际化提升，它们倾向于共同的跨国体制，成为地区性或世界网络或城市间组织的一部分或地方权威的一部分。全球城市政府促使城市双边和多边关系多样化，为城市外部关系升级积极行动，为吸引国际组织总部和国际性公私活动等提供政治和资金支持。全球城市政府促进城市间商务成本、行政成本削减，建立城市网络和创新平台。国家允许全球城市提升其在本区域和世界的地位，增强全球城市在区域间的竞争能力。全球城市政府支持跨政府部门（如联合国、地区性和经济性组织等）在城市中行动，协助城市和城市组织的合作伙伴们得到国际组织更大认可。国家应支持城市政府获得国际贷款、管理贷款或得到国际组织的帮助，要确保全球城市政府有能力成为国际生活中的一支政治主体，积极与国际组织开展互动，特别是在跨政府部门活动中有所作为。

2. 全球城市与国内区域联系

一般而言，全球城市热衷于与国外城市发生联系，而极容易与国内城市联系断裂。而民族国家政府恰恰希望全球城市与国内城市发生联系，全球城市被寄托成长为国内城市龙头的地位，它与国内其他城市之间构成相互依存关系。全球城市与国内城市之间联系有两种形式：一是经济带联系，二是联合结盟关系。

（1）经济带联系。在国内的一些区域中，由于经济相互联系而形成了经济带，经济带中的城市因产业相互关联而相互往来，形成了具有强大的竞争力的区域。

（2）联合结盟关系。城市因某种特殊事务处理的需要往往联合结盟，从而合作处理相关事务，如泛珠江地区城市应急管理联盟。

3. 城市内部联系（城市与区镇）

城市内部行政区划各不相同，城市内部发展方式也各不相同，于是，城市内部之间形成不同联系。总体而言，城市发展可以归为两类：一是摊大饼式发展，也称为城市蔓延模式；二是卫星城发展，也称为精明增长。不同发展模式中城市内部会形成不同的联系方式。

（1）大饼式的均质联系。从发展历史来看，上海全球城市经历了由城市向农村扩展、由中心向郊区扩张的过程。目前，内环中心城区到中环的次中心城区基本上是连续发展的，公共设施、公用事业和公共交通的设置跨越了行政区划，彼此相互联结紧密、形成整体。因此，中心城区之间也基本上属于大饼式均质联系。未来 30 年，上海中心城区将是高楼密集、交通拥堵但又人流如织、生活便利和服务完善的矛盾体。可以预测的是，中心城市经济发展模式将由生产经济转向消费经济，越来越多从事服务业（无论是低端还是高端）的人聚集在此。由于消费经济会产生大量的消费品冗余，如食物、衣服等，消费经济也导致大量富人更愿意施舍，于是，中心城区甚至成为穷人和流浪无业者的天堂。

（2）卫星城式的错位互补。上海市周边郊区将会有较多的独立的卫星城。它们依托产业定位和功能发展形成相对独立的城区，彼此根据自己的地理环境、人文环境和功能优势而错位互补发展。卫星城的特点是产城融合，工作场所、居住场所和商业场所融为一体。未来 30 年，上海将出现更多“创新城区”，这些创新城区是新技术、新产品、新业态和新模式的融合区。这些创新城区与城市空间位置无关，而与自身功能完善相关。因此，“创新城区”需要用卫星城建设的思维，形成工作、生活和休闲一体化的城区。卫星城通过公共交通与城市空间其他区域有限联系，于是，一旦卫星城的功能缺失，出现工作场所与居住场所分离，就必然造成城市居民晨夕中钟摆式的运动。

新技术是指可有效提升产品技术水平、改善产品工艺水平、降低社会交易成本、促进生产与服务融合、推进信息集成交互的技术。新产品是指在生产、生活方式转变过程中，为满足新的市场需求而生产的产品，既包括新技术催生出的“从无到有”的产品，也包括在新技术应用中传统产业“从有到新”的产品。新业态是指在新技术创新和应用潮流中，通过资源要素整合、渠道拓展、信息交互等新途径，为生产、生活提供多元、多样、个性化的产品或服务供给的业态载体。新模式是指在技术催化过程中，伴随着生产方式和生活方式的转变，为满足多元多样需求，提高资源的利用效率，打破原先垂直分布的产业链和价值链，挖掘要素集成的潜在价值等而孕育而生的模式。

（二）全球城市的城市管理与安全防护的特点

1. 国际规则与国内规定相互整合

贸易是全球城市构成要素流动的途径之一。全球城市加入国际贸易协议越多，那么，全球城市能级越高。因此，全球城市国际贸易不仅会遵从 WTO 规则，而且会接受其他各类区域性贸易规则等。于是，全球城市国内贸易将随着国际贸易向外延伸，国内外贸易规则就会相互整合。贸易规则整合的动力来自全球城市在各种国际贸易中面临的国际规则约束，全球城市政府会调整国内贸易规制政策，推动国际贸易规则国内化。

2. 国民待遇

全球城市的居民拥有不同国籍、不同户籍和不同住地，因此，全球城市不仅集中了大量人群和各种不同的活动，而且是个共生区域（政治权力和国民社会）和系统性区域（文化综合和提供其居民的共同身份，有商标价值或对外改变价值），变成我们这个时代对经济、政治和文化挑战有潜在反应的区域。于是，为了让全球城市居民更加快速地融入本地生活之中，城市管理者必然制定政策让不同民族、种族和国籍的人享受相同的待遇。

（1）取消超国民待遇。一些城市在发展过程中为了吸引投资或人才，赋予了非国籍的人才超国民待遇，从而造成社会撕裂；于是，取消超国民待遇是全球城市成为和谐之城的制度基础。

（2）消除种族身份泛化。种族身份泛化使用会将城市管理事务嬗变为政治事务，容易引发社会冲突，因此，消除种族身份泛化是确保城市管理有序和城市安全的重要条件。

（3）防止民族概念滥用。民族概念滥用犹如火药，不仅容易导致民族身份污名化，而且容易产生暴力和仇恨。污名、暴力和社会冲突是全球城市社会安全的长久隐患。因此，让全球城市中所有人享有和仅仅享受国民同等待遇，将有助于化解各种社会矛盾和社会冲突，保护全球城市社会安全。

3. 无缝隙管理

全球城市是一个复杂系统，要管理这个复杂系统就必然要实现无缝隙管理。随着信息公开、大数据公开，通信技术发展和制度公开破除了各种各样的壁垒，真正的无缝隙管理模式也就诞生出来。无缝隙管理包括三个层面：①组织无缝隙，即组织内部无缝隙和组织之间无缝隙；②流程无缝隙，即所有流程均相互衔接无缝隙；③事务无缝隙，即城市事务本质上是相互关联的，所有的管理方案按照事务相互关系实施无缝隙对接。

4. 人防与民防整合

尽管全球城市是一个开放性城市，但是，全球城市依然是一个设防的城市。它如同所有城市一样，既有军队设置的人防系统，也有地方政府建立的民防系统。在多数城市和多数情况下，这两套系统是分立的但又有合作。因为全球城市的功能庞杂，所以安全防护任务相对繁重，诸多全球城市从成本和业务需要考虑均将人防和民防两个系统整合在一起。当然，不同的全球城市整合的方式不一样，有些全球城市将其合并成一个系统，有些全球城市则建立联合机制等。总体而言，人防和民防的整合包括组织整合、业务整合和程序整合。

（三）全球城市的城市管理与安全防护的通用标准

1. “七标准说”

联合国人居署提出，健全的城市管理有七条标准，即：第 1 条，城市发展的各个方面的可持续性；第 2 条，下放权力和资源；第 3 条，公平参与决策过程；第 4 条，提供公共服务和提升当地经济发展的效率；第 5 条，决策者和所有的利益相关者的透明度和责任制；第 6 条，市民参与和市民作用；第 7 条，个人及其生活环境的安全。

2. “六原则说”

《加拉加斯宣言》提出六项原则。原则一：学会识别、加强和激励城区的动态发展；原则二：加强居民地位；原则三：实现居民的渴望和利益；原则四：改进公共行动；原则五：把行政和政治工作速度与社会工作速度联合起来；原则六：为保持追求的目标而建立筹集资金机制。

3. “三原则说”

原则一：城市权利；原则二：近似政府的国内国际合法性；原则三：市民权利的广泛宣传。

归纳起来，未来 30 年，上海全球城市管理与安全防护的通用标准可以初定为三条。标准一：以发展的可持续性作为城市管理的第一要务；标准二：以生活在城市中所有人的安全作为城市安全防护的第一目标；标准三：以善治作为城市治理水平衡量的基本标准。

三　未来30年全球城市的城市管理与安全防护发展趋势

21 世纪全球城市是多民族的、多种族的，是人们相遇和超越国家的政策和商业首创行动的所在地。因此，未来 30 年全球城市管理与安全防护呈现“一体化、协作化和合作化”趋势。

（一）一体化趋势

1. 常态管理与非常态管理一体化

目前全球城市将城市管理划分为常态下城市管理（简称常态管理）和非常态下城市管理（又称非常态管理或危机管理），这两种状态是以全球城市内部发生的突发事件为标志区分的，两种状态下城市管理的风格迥异。全球城市是处于城市网络节点的城市，于是，城市网络中任何一个城市发生突发事件都会因涟漪效应传递到全球城市。因此，全球城市能级越高，网络中城市发生突发事件对全球城市的影响越大。城市网络的共振效应让全球城市每天都会遭遇到突发事件。如此一来，常态与非常态划分将失去意义。一些全球城市通过在常态下预演非常态下的城市管理，推动常态管理和非常态管理一体化。

2. 各种管理体系之间一体化

全球城市中存在多种管理体系。从属性来看，既有政府的部门管理体系，又有非政府组织的管理体系，还有企业等营利部门的管理体系。因功能差异、资金来源不同等，城市管理体系的组织结构、运行机制和社会职责均不一样，每个管理体系均是城市管理中不可或缺的部分。为了协作管理全球城市，必须通过协作机制建设促使各种管理体系一体化，从而更加有机地确保全球城市正常运作。

3. 国内外规则、要素和原则一体化

全球城市是资源要素可以在城市网络中自由流动的城市，因此，全球城市运行的原则、规则要与国际规则一体化，减少要素流动的障碍。所谓原则、规则与国际规则（或与城市网络中其他城市运行的原则和规则）一体化并不是同一化，而是通过协商建立起一种相互承认的规则。换句话说，全球城市是被城市网络承认的城市，认可其配置资源和建章立制的能力，认同其正当性的地位。

（二）协作化趋势

1. 政府、企业和公民协作

协作化并不是全球城市所特有的趋势。今天诸多城市管理活动均已存在政府、企业和公民协作。但是，全球城市对政府、企业和公民协作提出了更高的数量和质量要求。从数量上来看，一个全球城市需要政府和市民之间合作、行政部门与公司之间协作，以及公共组织与市民协会之间协作，城市生活的一切领域皆可能成为公私合作和社会参与的机会，没有公私合作，就不存在经济提升、环境保护、公共安全、社会团结和文化容忍。从质量上来看，全球城市中各种要素超越了当前平面化组合，进入立体化重组状态，政府、企业和公民各自掌握的要素必须彼此分享才能发挥更大的功能，否则，全球城市管理质量难以满足所有的利益相关者的期望。

2. 国内与国际协作

在民族国家间谈判形成的全球规则框架下，私有企业与地方政府的联系是财富创造过程中最基本的制度与组织根基。在有关国际市场和适应国际市场的信息中，生产灵活性、商品结构、形成网络的能力决定成败，而不仅仅是过去获得的地位、积累的资金、自然资源或地理位置。因此，在全球城市管理中，不仅是政府要加强国际协作，而且很多企业、个人都应该加入协作之中，因此，国内与国际协作是全面的、深层次的合作。

3. 安全自治与共治

安全事务关涉多方，各方均需自我防护又需结成共同体，全球城市安全管理需要各方自治和共治并存。全球城市安全管理主体包括政府、非政府组织和公民等都参与其中。自治偏向安全预防，预防政策是最好的安全政策，但其有效性不仅依靠公共管理，也依靠所有居民个人和集体的责任。共治倾向于安全抵御，抵御是必要的管理行动，但有效的管理不仅仰仗政府，而且需要国际合作，需要世界各国、国际组织和跨国企业共同协作治理安全。

（三）合作化趋势

1. 共建游戏规则

国家必须保证一些基本原则，并确保这些原则能在国内各地区运用；与此同时，国家必须与城市一道共建公共管理的游戏规则。具体规则包括：其一，必须保证城市所有居民在享用平等公共服务方面的最低标准（如教育、健康、安全等）；其二，必须在立法和人权框架中保护和加强地方自主权；其三，必须通过立法活动和投资措施，促进区域收入的再平衡和再分配；其四，必须清晰透明地规定和区域政府（地方和地区）的合作关系。

2. 共享信息价值

信息的价值正在不停地被挖掘出来，不断地改变社会运行状态，这种趋势将会随着数据开放而更加富有影响力。未来 30 年，政府数据将会彻底开放，数据被加工为信息后所释放的价值成为经济增长点。全球城市是全球城市网络的重要节点，为了加快各种“流”的运行，必须实现信息乃至数据共享。未来 30 年，政府数据开放最终会诞生一个没有秘密的城市，一切现有的保护秘密的软硬技术均将失效，数据开放所生产的信息的价值将会被全球城市网络所共享。

3. 要素自由流动

要素自由流动是市场经济的基础，是国际国内贸易自由化使然。到 2050 年，阻碍要素流动的障碍均将随着各种协议的实施而烟消云散。全球城市将是要素完全自由流动的先行者、受益者，也是倡导者和推动者。要素通过在全球城市网络自由流动中创造价值，然后将创造出来的新价值率先在城市网络中分享，最后扩散到民族国家的其他区域，促使更多地区分享到要素流动的价值。

四　上海全球城市管理与安全防护现状、发展趋势和潜在风险

（一）上海全球城市管理与安全防护的现状

1. 松散的资源管理

上海是一个依靠资源输入的城市，安全因素直接影响到资源输入，直接制约着上海经济社会发展。“水、能源和食物”是城市居民日常生活的必需条件，也是城市运转的基础性资源。上海自身生产这些资源的能力不足，严重依赖外部供给。但是，上海并未对这些资源形成严密预防管理体系，也未有相应的替代方案。因此，一旦长江水质持续下降，天然气供给不足和电力输入系统出现故障，上海可能出现大面积瘫痪。而一旦发生紧急状态，上海食物短缺也可能造成人心恐慌。就此而言，上海松散的资源管理模式适合正常秩序下运行，但是，其隐藏着诸多风险。

2. 无差异的社会管理

第一，流动人口的存在使城市服务的供给压力加剧，为保证城市常住人口及其实际利用的城市基础设施供给，城市只有在得到上级政府特殊援助的情况下才能维持运转。第二，对流动人口缺乏合适的统计以及人口流动不规则，阻碍着城市服务规划设计的有效性。第三，城市所有市民与能够解决城市问题并维持其运转的市民间建立了某种扭曲的关系。目前的情形对流动人口与常住人口都不利。流动人口缺乏应有的权利，甚至时常试图违反法律寻找自己权利；而常住人口则发现城市实际人口与社区成员构成与官方公开情况不同，感觉自己权利受损，不满感随之上升。于是，城市市民的整体团结性被打破了。流动人口这一群体的发展与经济全球化直接相关，因此，他们构成了城市的新现状，对此城市还未找到解决办法。

3. 安全管理设防不均

上海有由全球最长的城市地铁、漫长的城市生命线、多种类型交通方式

构成的复杂交通系统和面积庞大、功能多样的人口密集场所，这些地方都是开放型的，安全管理设防程度低。但是，这些地方的安全是城市秩序的命脉，一旦出现问题必将波及整个城市运行。因此，加强对这些地方的防护将决定这座城市的正常运转。

4. 城市管理体系分割严重

上海全球城市的基础设施建设已经基本成型，城市管理已经进入精细化管理的新时代。但是，上海全球城市不仅基础设施标准不统一，而且管理体系分割严重。

（二）上海全球城市管理与安全防护的未来发展趋势

1. 管理全球化与反全球化管理同时并存

（1）消费的地域化和全球化。产品全球化的前提是消费的全球化。随着上海四个中心建成和健康运行，上海市民的消费全球化必将来临。消费全球化不仅是人员在全球消费而且是全球产品在本地消费。甚至全球产品按照本地的文化和习惯改造成自己的产品，从而赢得更多本地的消费者。就地方政府而言，保护本地产品和消费习惯也成为应对全球化的重要行动。

（2）文化的本土化和全球化。全球化的人口流动带来社会文化的多元化，尤其是城市地区文化的多元化。上海全球城市文化不仅有来自国内各个区域、各个民族的文化，而且有来自世界的文化，文化全球化将会更加明显。未来世界，通信变得全球化，有必要保持本土文化的独特性，进而形成属于自身社会的特性。

2. 区域化合作与区域化冲突同时并存

在经济信息时代，政治军事封锁的瓦解和国际合作形势的加强，塑造了世界范围内的新的政治空间。这种新形势既不比过去公平，也不比过去规范。相反，大的跨国经济集团活跃在残酷而反常的市场上。激进的、孤注一掷的民族主义和极端主义抬头，弱者在国际组织中找不到支持。与此相随，经济结构进一步分化，区域结构性差距进一步拉大，集体身份的空间和政治参与加强，人们面临的困难和挑战（如发展与环境、浪费与贫穷、可能的自由和真正的排外等）相应增加。

地方政府机构内部人才结构的优化、管理技术的现代化、金融资本存量的增加以及地方权威力量的提升将使其更趋灵活，进而在国家或国际级别的监护组织的合作与帮助下，管理全球化事务能力不断增强。

3. 管理气候变迁和适应气候变迁同时并存

气候变迁是全球可能面临的一种大趋势。气候变迁对海滨城市影响非常大，甚至可能带来灭顶之灾。上海在全球气候变迁过程中面临被海水浸泡和回灌的风险。与此同时，气候变迁带来极端气候的增多，导致上海面临缺水、能源紧张以及道路交通事故增多等一系列问题。

针对气候变迁，上海市只能采用管理气候变迁和适应气候变迁两种策略。管理气候变迁需要节能减排、尽量减少地下水抽取和避免高层建筑引发地面下沉。适应气候变迁则是需要根据海平面上升提前采取策略，如建立海上漂泊之城或加快填海造城等。

（三）上海全球城市可能出现的重大挑战

未来 30 年，上海全球城市安全运行可能存在以下薄弱环节。

一是自然灾害风险。上海陆地面积可能遭遇被海水浸没的风险。有三个因素正威胁上海全球城市运行安全；其一，全球变暖导致海平上升，上海面临海水回灌的风险；其二，由于长江上游堤坝增多，长江水流中泥沙含量减少，上海陆地面积扩大速度放缓；其三，由于开发地下空间导致地下水减少，地面沉降可能会加速。如果三大威胁持续恶化、碰头，那么，上海将面临严重的自然灾害风险。

二是基础设施老化风险。中国城市建筑有效寿命约 40 年，约使用 20 年后将开始呈现老化痕迹。上海市重要的建筑和基础设施均是 20 世纪 90 年代后陆续建设的。到 2050 年，标志性建筑物和地铁、高架桥等基础设施开始有老化迹象，这不仅给生产安全带来危险，而且对公共安全产生巨大威胁。因为重要建筑和基础设施也是人口聚集地，所以，上海全球城市生产安全问题最终会酿成公共安全问题，威胁多数人的生命和财产安全。地方政府的根本职责为培育、管理人口聚居地及其硬件设施从而为生产力的提高提供社会基础。因此，城市政府必然要对城市基础设施老化承担相应的责任，这将是一笔不小的公共支出。

三是二元结构的社会安全风险。二元化是过去、现在中国社会的典型特征，也将是未来城市社会的典型特征。只是过去与现在的二元化是城乡结构二元化，未来的二元化则是城市生活的二元化。其一，城市社会公民权利的二元化。未来 30 年，全球过半数人生活在城市，城市将成为多种生活方式展现的舞台，城市也将是社会矛盾系统性表现的场所。由于城市空间的限制、城市能力的限制与管控制度的约束，虽然全球城市人口越来越多，但是有人生活在城市却没有市民的权利。其二，财富分配二元化。全球化的成果是使城市重构不断加速，并与日益增长的地方社会的外部需求与目标保持一致，大多数城市政府越来越倾向于在全球范围内分配资源和满足全球竞争的需要。全球城市是财富聚集与管理全球网络的关键节点，于是，全球城市中部分居民在缺乏城市政府焦点关切下，极容易被全球化抛出财富分配体系之外，从而使财富分配二元化更加明显、更加极端。其三，智能使用者二元化。当信息化遍及城市每个角落，信息技术成为生产生活中的必备技能，全球城市中部分居民将成为技术的弱者，这些群体生活质量将受到影响。因此，全球化与信息化的城市也是智能使用者二元化的城市。

四是暴恐袭击的公共安全风险。到 2050 年，上海全球城市社会构成将比今天更为复杂，从而为暴恐袭击的公共安全风险孕育提供了温床。具体而言，源自以下原因。其一，从社会的人口构成来看，不仅城市少数民族人口比重将会增大，而且种族人口的比例也将大幅度提高，社会生活方式综合的难度将进一步加大，容易引发城市生活方式冲突，最终演化成为暴恐袭击。其二，从权利构成来看，不仅经济权利、社会权利和文化权利的实现要求更加全面，而且政治权利的诉求也会急剧增长，如游行、集会和示威等要求，不断地影响着人们的价值观和行为方式；一些严重的社会冲突极有可能发生，诸如因观念差异的斗殴、不同信仰的群体武力冲突和暴恐分子争斗等，社会和谐的可控性面临挑战。其三，从社会矛盾转移来看，自上海成为全球城市后，影响持续扩大，其他地区的社会矛盾将会寻找发泄口，最终导致一些其他区域的矛盾在上海演化为公共安全风险。

五是文化冲突风险。和谐社会是中国政府治理大规模社会始终追求的目标，社会和谐也是中国人与人之间社会关系、中国社会文化的本质特征。到2050年，随着上海全球城市人口结构变化，国内外的移民增多，文化冲突风险等级将会提升。其一，社会和谐的文化特质将面临多种族、多宗教的多元文化挑战，一些社会冲突的观点主张将会扩大传播。其二，主张平和与文明的沪原生生活文化将会进一步式微。随着各种文化侵蚀，原有沪文化的浓度可能变淡，本国其他区域文化和国际区域文化的浓度可能加深，城市文化冲突风险放大。异域文化侵入、各种宗教传入和社会矛盾导入，整个社会的可控性面临挑战，甚至严重影响上海社会稳定，需要重新寻找防护之策。

城市是一个有机体，是一个类人体。因此，城市运行安全需要两个内部条件和两个外部条件。两个内部条件是：其一，保持城市的血管（包括动脉和静脉）是通畅的，从而使各种要素能在城市的血管中流淌和发生各种反应；其二，增强城市的免疫系统能力，防范各种风险对城市生命体攻击和破坏。两个外部条件则是：其一，全球城市必须与国内城市实现功能互补，从而保障全球城市与国内其他城市能够发生要素流通，增强共同抵御风险的能力；其二，全球城市必须与国外城市进行功能增强活动，从而保障全球城市与国外城市联合抗击风险。

总之，未来30年，上海全球城市安全运行的薄弱环节会跟随着科学技术发展、全球化程度变化、中国国内政治环境变化以及全球气候变迁而变得难以预测、充满诡秘，唯一能做的也就是“大胆设想，提前防御”。

五　未来30年上海全球城市管理与安全防护标准和目标

（一）未来30年上海全球城市管理与安全防护建设的标准

1. “持续发展管理”成为上海全球城市管理与安全防护的常态

上海全球城市管理将逐步从市政管理走向持续发展管理。应不断改进城市发展的辅助系统和后勤运输系统，满足城市发展所需的资源输入；提前发展通信基础设施和拓深公共产品服务，为城市发展提供良好的基础。

2. “复合型预防管理”成为上海全球城市管理与安全防护的新思维

全球城市管理与安全防护的最高境界是预防，即构建安全防线。城市安全防线既有有形化的也有无形化的。具体而言，全球城市安全防护的五道防线为国际防线、国家防线、城市防线、社会防线和居民心理防线。这五道安全防线自外至内形成了复合型预防管理圈层。①国际防线。上海全球城市积极参与城市安全合作，如反恐、全球气候合作网络等，打造全球城市安全的国际防线。②国家防线。上海是全国的上海。因此，成为全球城市的上海并不拥有独立自主权和高度自治权，无论是防御国内外敌对势力还是应对各种灾害，都要借助国防、处理内务的武装力量，即国家防线来确保自身安全。③城市防线。全球城市自身安全防线是城市正常运行的最直接的保护层，也是最有效的防线，尤其是全球城市所在都市圈或城市群共同打造的安全防线，更加有深层次的价值。④社会防线。人民群众、社会团体和企业组织等参与城市管理活动，打造安全防线，对于整个城市安全具有重要意义。⑤居民心理防线。全球城市居民的安全感是城市管理与安全防护建设的显著成果，也是城市管理与安全防护建设的重要内容。可以通过不断提升居民安全感建设一个居民安心的城市。

3. “立体化推拉管理”成为上海全球城市管理与安全防护的新形象

全球城市是由多种要素排列组合成的立体化网络结构，各种要素不仅在城市内部呈现网络状组合而且与区域和节点中其他城市形成多维的立体结构。这种立体化网络不再是由中心牵引的力学结构，而是由各个要素之间相互作用力形成的推拉管理结构。全球城市政府要治理这所复杂的推拉结构的城市，必须有包括创新能力、运营能力、信息能力和合纵连横能力等多种能力结构，并善于将这些能力有机凝结成整体进行使用。这些能力也是紧密相关的，全球城市具有创造新知识并应用于经济活动中的能力，而这种能力来源于城市获取、运用具有战略意义的信息的能力。城市在与超地区化运作的公司或机构协商交流时，地方机构的内部管理能力与对外的自主性影响着城市经济能力。

4. “精致化管理”成为上海全球城市管理与安全防护的新特性

实现“管理四化新水准”即①区域管理差别化。不同区域行政功能不同、经济功能不同和文化功能不同，因此，应该设置差别化的管理形态，切忌因强调经济功能而导致区域管理的同质化和庸俗化，从而导致区域的特征丧失。②日常管理精细化。城市日常生活看似琐碎，却深刻地影响着城市居民生活，也往往决定着人们对城市管理的看法，是城市形象建设的重要组成部分。因此，城市日常管理需要精细化，着重于细微之处的管理。③社会管理精准化。城市社会有着不同群体，他们需求各异，尤其是弱势群体更应受到城市管理者的重视，因此，城市的社会管理应根据不同群体特征实现精准化管理。这样不仅可以有效解决社会问题，而且可以减少福利支出。④安全管理精确化。安全与自由是城市管理中难以平衡的一对矛盾。过多的安全管理措施势必影响到城市居民的行动自由，因此，城市安全管理应从宽泛的管制模式走向精细化管理模式，实现城市安全与自由的平衡。

5. “建管通标”成为上海全球城市管理与安全防护的新标识

①市政硬件设施规格一致。城市窨井盖、光缆接口等硬件设施的尺寸、规格应该统一起来，从而避免各自为政、互不共用。②市政基础设施承载年限统一。城市基础设施应根据科学测算规定统一的年限，避免不同类型设施更换后不能适配。同时，也可以避免年限不同而导致承载能力下降。③专业组织和统领组织功能趋同。城市管理中类型相近或相同的专业组织和统领组织，应设置相同范围的功能，避免功能不一而导致无法合作。④管理术语标准化互译。由标准委员会建立城市基础设施、道路和管理方式的标准术语，并采用多种文字通用。

6. “社区创新管理”成为上海全球城市管理与安全防护的新基石

居民是城市的主人，社区是城市构成的基本单元，社区创新是城市居民主动参与城市管理与安全防护的举措。社区创新管理不仅包括构建多条路径确保居民深度参与社区活动，而且引导居民成为安全防护建设的一部分。

（二）未来30年上海全球城市管理与安全防护建设的愿景目标

未来 30 年上海全球城市管理与安全防护体系建设的愿景目标是“持续

发展、有限安全”，持续发展指上海全球城市管理与安全防护的目的是经济社会全面发展、持续发展，即使遭遇到重大安全事故也能恢复和继续发展；有限安全指无论是主体性安全、客体性安全还是主体间安全，都需要追求有限安全感和相对安全感，而不是无限安全感和绝对安全感。

六　未来30年上海全球城市管理与安全防护的战略思路、实施路径和重点

（一）未来30年上海提升城市管理水平、完善安全防护的战略思路

未来 30 年上海提升城市管理水平与安全防护能力的战略思路是“推动全球化与本地化相互协调，平衡经济发展与居民生活质量关系，打造应急管理与风险预防相结合城市防护系统，最大限度地实现生活在全球城市中人的自由度”。简而言之，战略思路是“发展、安全与自由”。对策部分将从城市常态管理和城市非常态管理两个方面提出城市的软硬件建设。

（二）未来30年上海提升城市管理水平、完善安全防护战略的实施路径

1. 以人为本的全球城市管理与安全防护

全球城市必须是个博爱的地方。住在全球城市的所有人有而且必须有平等的政治和社会权利。不同民族、不同种族、不同年龄和不同性别都享有法律平等权利，拥有参与政治、经济社会生活的权利。没有社会排斥，没有群体歧视，城市配套的基础服务惠及所有居民，所有人都能实现工作的希望。

（1）从福利到权利：全球城市弱者管理。老人、妇女、儿童、残疾人、穷人和低收入人群往往被视为全球城市中弱势人群。在强调政治权力时代，对这些人群管理和服务被视为国家应当给予的福利。进入社会权利时代的全球城市，这些人群获得帮助将逐步成为每个生活在全球城市的个体的一项权利，而且针对每一种群体都有不同的管理政策。

（2）从便利到福利：外来人口管理。外国人、外来流动人口和游客常常被视为城市的外来者，为他们提供生活的便利是多数城市管理者的责任。而全球城市是一个包容性极强、流动性极快和移动性极速的城市，外来者数量甚至超过城市定居者，他们成为城市日常生活的重要组成部分，是全球城市管理的重要对象，因此，为他们提供服务是全球城市吸引人气的一项福利措施。以人为本的全球城市管理与安全防护的实质是社会整合或社会一体化管理，即通过恢复城市整合、对城市义务的认识和和平共存的改进，肯定市民价值。

2. 以基础设施为中心的全球城市管理与安全防护

（1）从节能到创能：上海全球城市能源管理。减少天然气依赖，增强创造能源的能力；推行智能电网，扩大绿色能源采集和使用范围；逐步从一个严重依赖外来能源的城市成长为一个依靠自身创新能源供给的城市。

（2）从节水到保水：上海全球城市水务管理。节约用水、循环用水；减轻建设对地下水的影响，保护地下水，防护地面沉降；逐步建立雨水保持系统，促进城市淡水资源二次使用。

（3）率先实现垃圾智能化管理：上海全球城市废弃物管理。垃圾分类从由人分类变为由机器人分类，率先实现垃圾智能化管理。

（4）留在文化记忆空间：上海全球城市文化事业管理。加强文化设施（包括博物馆、标志性文化建筑等）管理与安全防护，推动文化产业与文化事业协同发展。

（5）从快速到慢行：上海全球城市公共交通管理。快速通行是工业化时代的至上要求，而慢行则是信息化时代的基本特质。全球城市的信息化、智能化发展带来人们可居家上班、弹性工作，人们更多通过慢行放松精神上的紧张与压力，慢行成为人们日常运动或走动的基本方式，慢行道可能会成为人们思考的场所。

3. 以资源为基础的管理与安全防护

（1）从浅绿走向深绿：上海全球城市生态管理。上海全球城市绿化带正从平面绿色走向立体绿色，即将在屋顶和墙面逐步建立绿化带，从而改变城市绿色面积。到 2050 年，城市绿色管理与安全屏障将由“面”向“密度”和“深度”发展，即成片的树木、森林和观赏性花木将成为绿化的主流，整个城市将由浅绿走向深绿。

（2）从公共空间走向共享公园：上海全球城市公共空间管理。城市的进步反映在城市公共空间的量和质双重提高上。公共空间不仅必须得到除规划部门之外其他政府权威机构的认可，还要符合私人机构、制度机构或商业建筑的要求。全球城市公共空间既有城市广场、街道等建筑公共空间，也有城市内部公园、开放的休闲场所等。未来30年，上海规划的21座郊野公园将建成。位于城市郊区，有良好的自然景观、郊野植被及田园风貌，并以休闲娱乐为目的的郊野公园（country park），发挥着满足市民游憩、休闲、健身、科普等多样化户外活动的社会功能。作为拥有近2400万常住人口的特大型城市，上海在不断提升城市功能的同时，也面临土地资源紧缩和生态游憩空间缺乏等多重压力。推进以郊野公园为重点的大型游憩空间和生态环境建设，是上海实施可持续发展战略，保护和改善自然风貌，打造生态、宜居城市的重要任务，也是推进郊区功能发展、促进城乡发展战略转变的重大举措。

（3）从住房权发展为住宿权：上海全球城市私人空间管理。住房权是城市生活中的基本人权，也是城市居民的基本保障。为了满足城市居民的住房权，上海市已经采取了多种产权属性住房，如私有产权住房、共有产权住房、公有产权住房（廉租房和公租房）等，帮助户籍居民和拥有居住证的市民实现自身住房权。到2050年，上海全球城市需要构建一种新的权利形式——住宿权。所谓住宿权是指居住在房屋里的人并不一定拥有房屋和土地的产权，但享有使用房屋的权利，这项权利将随着房屋使用者的状态而存亡。之所以倡导住宿权，原因有三：一是由于部分私有产权房子70年产权结束，但居民仍需要使用，因此，必须满足其住宿权；二是共有产权房和公有产权房的归属未来需要制度性突破，防止继承中出现问题；三是流动人口增多以及人们权利观点的变化，导致居民越来越注重房屋的功能而非归属。因此，保护人们的住宿权将成为全球城市私人空间管理的新趋势。

（三）未来30年上海提升城市管理水平、完善安全防护的战略重点

未来30年上海提升城市管理水平、完善安全防护体系的战略重点是确

保城市管理有效、有力和有为，综合提升多种能力。

1. 城市资源能源供应安全的保障能力

资源能源供应安全是上海这座严重依赖外来资源能源的城市正常运行的基础。上海资源能源供应安全应采取立体化供给模式：一是“天上能源”，要借助太阳能和风能等绿色能源，逐步使太阳能和风能成为家庭与办公楼常用能源；二是“地上能源”，要逐步开发和利用道路摩擦和吸收的热能的技术，将道路上的热能转化为可使用的电能，减少热岛效应；三是“地下能源”，要保护外部输入性能源的管线安全，确保天然气管道、煤气管道和电力线路安全，防止无端消耗和损失。通过科技创新，发展立体农业、立体化种植以及家居化种植模式，提升城市生活资料自我供应能力。

2. 城市综合防灾、减灾和应急管理能力

灾害是城市运行安全的最大威胁。针对全球气候变迁新态势，上海不仅要提升灾害风险预测的准确性，而且要改变城市承灾体的脆弱性，提升承灾体的反脆弱性和强韧性，还要培养城市的弹性，改进城市的恢复力。具体而言，包括以下几个方面。一是建设“海轮城市”，强化综合防灾能力。在地图上，上海就像一艘停泊在长江口和东海上的海轮。从城市安全建设角度而言，海轮城市就是城市既要有坚韧的防护层又要有增强自身适应力的反脆弱性能，从而强化自身的综合防灾能力。具体而言，上海既要考虑自身作为海边城市面临台风、暴雨、海潮等自然灾害的威胁，做好海堤等防护设施建设，又要充分利用江海交汇城市地下水丰沛等优势，抵御海平面上升的全球气候变暖的灾害。二是建设“海绵城市”，增强减灾能力。海绵城市就是指城市像海绵一样，遇到有降雨时能够就地或者就近吸收、存蓄、渗透、净化雨水，补充地下水、调节水循环；在干旱缺水时有条件将蓄存的水释放出来，并加以利用，从而让水在城市中的迁移活动更加“自然”。上海属于雨水较多城市，每年都要遭受洪涝灾害，因此，建设海绵城市，充分发挥城市绿地、道路、水系等对雨水的吸纳、蓄渗和缓释作用，有效地缓解城市内涝，削减城市径流污染负荷，可以增强上海全球城市的减灾能力。三是建设“海鸥城市”，改进应急管理能力。海鸥因“海港清洁工”和“海上预报员”而享有盛誉，与此同时，海鸥是群居的鸟类。所谓海鸥城市就是增强城市自净功能和灾害预防功能，同时，与其他城市一道打造自己的应急管理能力。上海成为全球城市过程中，必须与其他全球城市以及长三角、长江经济带等城市群一道发展城市管理能力，与这些城市共同生存，并成为安全与发展的领头羊。

3. 睿智城市运营安全保障能力

未来 30 年，信息技术与生物技术更加发达，城市发展要素将因信息和生物而更加互联互通。城市宛如活着的人体，睿智而又有适应性和恢复力。睿智城市是由互联网等信息技术和基因等生物技术联结而成能自主思考的城市。睿智城市是由互联网等信息技术联结而成能自主思考的城市。睿智城市是快捷便利之城，也是脆弱风险之城。这不仅是因为密布的传感器和复杂的信息网络带来了信息通畅，而且因系统复杂性而使城市更加脆弱，稍有瑕疵就可能导致全城瘫痪，更为令人心惊胆战的是个人隐私因城市睿智系统而暴露无遗。因此，确保睿智城市安全运营成为全球城市建设的重要任务。

未来 30 年，上海全球城市管理要从“善政”走向“善治”新时代。随着全球公民运动风起云涌以及国内人民当家做主落地化，“大政府”时代，走向“小政府”“巧政府”的时代，政府职能进一步转变，善政将逐步衰微，善治必将风行，一种以合作、协作和共治为标志的新的治理模式引领上海全球城市管理格局。

云南沿边民族地区非传统安全问题调查研究

王 军*

摘 要： 目前云南沿边民族地区非传统安全议题主要表现在毒品问题、艾滋病问题、跨境人口流动及其管理问题、宗教问题、民族问题、生态安全问题、群体性冲突问题等问题上。这些议题具有集群化、非（弱）民族问题化、国际（性）化、与传统安全议题交织等特点。虽然目前各议题整体处于可控状态，但有些议题存在严峻的挑战，有些议题蕴含着潜在的危机，有的议题未来可能引发新的矛盾和冲突。这些非传统安全议题从多个维度考验着中国的发展模式，考验着中国软实力建设，需要慎重对待。

关键词： 非传统安全　民族地区　沿边地区　云南

一　问题意识与研究方法

本文是受四大政治社会背景及关联问题意识驱动所展开的，是笔者三次

* 王军，政治学博士，中央民族大学教授、博士生导师，主要从事民族主义与民族冲突管理、网络政治、国际政治理论研究。

赴云南调研的结果。[1] 第一，以 2008 年西藏"3·14"事件与 2009 年新疆乌鲁木齐"7·5"事件为背景，对比审视民族问题与民族工作的"云南现象"与"云南经验"，在了解云南民族工作的成就与启示的同时，聚焦于该地所蕴含的各种非传统安全威胁，以防患于未然。第二，以国家兴边富民政策为背景，考察云南沿边民族地区发展的成就与挑战。第三，以中国社会转型期为背景，关注云南沿边民族地区的主要社会矛盾与社会治理状况。第四，以中国和平崛起和周边外交为背景，考察云南沿边民族地区的跨境交往的现状、问题与挑战。在上述问题意识的基础上，本文以非传统安全议题为聚焦点和切入点，试图从非传统安全角度考察云南沿边民族地区发展中面临的威胁和挑战。

在正式论述之前，我们先要对传统安全、非传统安全与沿边这三个概念做出界定，提出工作定义。传统安全主要是指国家军事、政治、外交等方面的安全。非传统安全是相对于传统安全而言的，议题涵盖生态环境安全、信息安全、资源安全、恐怖主义、疾病蔓延、跨国犯罪、走私贩毒、非法移民等，即除传统安全外能对主权国家、人类安全形成威胁的因素。

沿边，是指靠近边境线的地带。沿边既可以指靠近国家边境的地带，也可指靠近省区边境的地带。在政治学上沿边指邻近一国边界、国界的特殊区域范围。对于中国来说，沿边包括西南、西部、西北、北部和东北靠近我国陆地边境线的广大地区。本次调研将沿边的基本单位界定为沿边县（县级市、旗），具体研究中根据需要适当扩大区划。

云南沿边民族地区有 8 个边境州（市）25 个县（市）。我们选择普洱市（重点是孟连县）、西双版纳傣族自治州（重点是景洪市）与德宏傣族景颇族自治州（重点是瑞丽市）、云南文山州（重点是麻栗坡县）作为主要调研地，于 2012～2014 年三个暑期多次开展调研。

本次调研主要采取座谈法与访谈法。座谈包括政府部门座谈、学者座谈、村民座谈，其优点是能够在短时间内获取大量信息，不足是深度信息发

① 2011 年，青觉教授及其研究团队申报了名为"沿边民族地区经济社会发展与国家安全研究"的课题，课题设计了新疆、西藏、内蒙古、东北三省和西南两省沿边经济社会发展与国家安全五个子课题，其中云南调研属于子课题的内容之一。

掘不够。访谈包括政府工作人员访谈、学者访谈和各类边民访谈，由于访谈的私密性更强，互动性更强，它能弥补座谈法的不足。此外，我们强调文献收集法，在调研过程中，搜集了大量的文献资料，包括统计年鉴、地方志、政府工作报告、出版物等。

二 云南沿边民族地区非传统安全问题中的主要议题

目前云南沿边非传统安全议题主要有毒品问题、艾滋病问题、跨境人口流动及其管理问题、宗教问题、民族问题、生态安全问题、群体性冲突问题等。

（一）毒品问题

德宏州、普洱市和西双版纳州是近年来云南毒品问题非常严重的区域，其中德宏是中国毒品蔓延最为严重的区域。德宏是重要的贩毒通道，该州吸食毒品的人数也非常多。经各方努力，德宏吸毒人员总量有所下降（2005 年 23242 人，2009 年下降到 13375 人），但新增吸毒人员在增加（2007 年新增 299 人，2008 年新增 567 人，2009 年新增 933 人）。[①]德宏一些无毒村寨面临巨大的毒品渗透压力，德宏州瑞丽市边境线附近的帮养村一位村干部指出，“本村是周边几个村寨中唯一的无毒村寨，但这一荣誉很难保持”。[②]

普洱市毒品问题不如德宏州严重，但毒品是困扰普洱发展的重大问题，且情况还在恶化。综合各种调研信息，当前云南沿边毒品问题的挑战主要有五个。第一，传统毒品数量不减，合成毒品增长迅速，导致替代种植的成效大打折扣。传统毒品主要是罂粟与吗啡，新毒品主要是冰毒与海洛因。第二，云南沿边面临贩毒全线渗透。在孟连县调研时，我们发现县城大街小巷还存在不少毒品枪支买卖的非法小广告。第三，枪毒同源。近年云南沿边武

① 杨玲等：《云南省德宏州 2005～2009 年禁毒防艾情况调查》，《中国艾滋病性病》2011 年第 4 期。

② 2012 年 8 月访谈资料。

装贩毒和武装对抗现象增强。由于缅北局势动荡，区域内枪支管制失控，该区域购买大宗毒品可以免费送一支枪。第四，云南沿边毒品问题出现了复合国际化局面。这一特点主要体现在新毒品的制造和贩运上。新毒品原材料在国境内外相互输入输出。第五，境外一些势力依赖毒品，以毒品作为核心经济来源，出现了以“毒”养“恐”（恐怖主义），以“毒”养“黑”（黑恶势力）的现象。上述挑战导致云南沿边区域毒品问题难以遏制，禁毒任重道远。

（二）艾滋病问题

云南是国内艾滋病高发区，2003 年云南提出打一场“禁毒和防治艾滋病的人民战争”的战略。云南沿边艾滋病问题具有差异性，如怒江州沿边 3 县由于高黎贡山和怒江大峡谷的天险阻隔，较之于低山丘陵河谷地带的德宏、保山、临沧、普洱、西双版纳等，无论是毒品吸食和走私贩毒活动，还是艾滋病蔓延传播和感染者人数，都相对较少。课题组重点调研的普洱与德宏的艾滋病问题非常突出，尤以德宏为甚。截至 2011 年 10 月底，德宏艾滋病感染者和病人达到 26700 例（德宏州人口总数为 118.5 万），占云南省的 28.5%。普洱市的艾滋病问题情况比德宏稍好，截至 2010 年 12 月，普洱市累计检测 5.1 万例，发现 HIV 感染者 3742 例，阳性率为 0.73%，累计报告艾滋病人 600 例，死亡 260 例，病死率 43.33%。感染者以青壮年为主，20～49 岁占 89.42%，男性占 58.82%，女性占 41.18%。主要传播途径为性接触（69.56%）和静脉吸毒（26.19%）。

云南沿边艾滋病问题严重原因有三。第一，艾滋病问题与吸毒问题相互交织，加剧了艾滋病病毒蔓延的态势。到 2009 年底，德宏登记在册的吸毒人员达 3.87 万人（含在吸人员 1.34 万人），其中陇川县景颇族最为严重，该县景罕镇曼胆景颇族村朋生一队共有 62 户 263 人，登记在册的吸毒人员就有 75 人，2007 年初，已因吸毒和感染艾滋病累计死亡 43 人。另外，自 2000 年以来，在德宏州陇川、盈江两县不少景颇族村寨，陆续出现人口零增长甚至是负增长的现象。

第二，近年来性传播导致艾滋病感染病例在云南沿边地区不断增加，这一态势一定程度上与地缘、历史以及某些民族的社会生活习惯有关。有调查显示，19～45岁傣族农村男性是云南边境地区感染HIV的主要人群，传播方式以性传播为主，这与其特殊的社会、文化、风俗以及地理位置有关，西双版纳傣族自治州也有类似情况。普洱市孟连县某些干部也证实了这一点。[①]

第三，缅甸艾滋病泛滥具有一定的外溢效应。德宏州陇川、盈江两县均与缅甸接壤，而缅甸作为受西方长期制裁的国家之一，资金缺乏、医疗设备落后、防艾工作体制不健全，再加上缅甸中央政府控制力十分有限，导致缅甸的防艾工作难以有起色。

（三）跨境人口流动及其管理问题

云南沿边国界线长4060公里，约有90个边民互市通道和103个边贸互市点，小道和便道不计其数，边民出入境非常方便，造成跨境人口流动频繁及相关人员管理难的问题。

1. “三非”人员

云南边境州县，都存在一定数量的“三非人员”（非法入境、非法居留、非法就业），尤以保山、德宏、临沧、普洱、西双版纳5州为多。2009年，在清理“三非人员”中，西双版纳州清出1383人，普洱市清出1133人，临沧市清出299人，保山市、德宏州清出3000多人。有人估计中缅边境沿线地区“三非人员”至少在万人以上。[②]近年来云南沿边“三非人员”开始出现由边境小城向内陆大中城市进驻的趋势。一些地区出现“三非”人员聚集地，给边境地区社会治安管理带来诸多不便，一些“三非”人员为追逐暴利在边境地区从事违法犯罪活动，使国家安全受到威胁。

2. 新老难民

云南边境地区的难民包括新老难民两部分，前者是20世纪70年代后期

① 2012年7月访谈资料。

② 罗刚：《云南边境民族地区人口非法流动法治对策研究》，《河北法学》2011年第9期。

产生的，后者是近年来缅北冲突带来的；前者具有确定性，后者由缅北局势决定，具有一定的流动性和不确定性。

老难民主要来自越南。1978 年越南排华造成难民流入中国，云南安置难民约 3.8 万人，目前数量在 5 万余人，主要分布于文山、西双版纳、红河州等地的农场。

新难民源自缅北。1988 年缅甸政府军大举进攻克钦民族武装，大批缅甸边民涌入中国境内章凤镇一带，形成 2000 余人的难民村。这些难民吸毒成风，其中一些人为牟利将毒品偷运入中国境内，并引诱、教唆他人吸毒，致使中方一些边民也逐渐染上吸毒习性，如畹町镇在缅难民营形成后吸食海洛因的人数是这之前的 12 倍。[①] 2009 年 8 月的果敢事件造成约 3 万新难民入境，这些难民成分复杂，有逃难边民，有缅北武装人员，也有一些罪犯，部分难民极易获得枪支弹药，对中国西南边境地区的安全也带来了隐患。[②] 随着果敢局势逐渐恢复平静，到 9 月初大量难民回到缅甸境内，这部分难民带来的挑战基本化解。2011 年 6 月 9 日，缅甸政府军与少数民族武装克钦独立军发生军事冲突，从腾密公路至拉影长达数百公里的缅中边境地区出现了大量难民（进入中国的难民较少）。只要缅甸政府未能与北部民族武装真正达成和解，缅北就不可能有持久的和平，难民问题将持续影响中国云南边境的安全和稳定。

3. 中国边民外迁回流

新中国成立后不同时期都有一些云南边民外迁，并引发一系列问题。1958 年，云南边疆地区推进“民主补课”，在当地民族群众中引发不安，一些边民迁居境外，这一时期外迁少数民族约 1.3 万人。“文化大革命”期间，边境社会动荡导致部分边民外迁，1969～1972 年，云南边民外迁约 4.3 万人。[③] 20 世纪 90 年代，佤邦在与缅甸政府达成和平协议后，制定迁移 10 万人到泰缅边境定居的“南迁计划”，提供一系列优惠政策，吸引我国部分

① 刘稚：《中国—东南亚跨界民族发展研究》，民族出版社，2007，第 140、231～232 页。

② 罗圣荣、汪爱平：《缅北果敢冲突与中国西南安全》，《世界民族》2011 年第 1 期。

③ 邹建达：《独具特色的佤族边寨——云南沧源县勐董镇永和社区调查报告》，社会科学文献出版社，2012，第 105 页。

边民参加。普洱市澜沧、西盟、孟连三县就有佤族、拉祜族、哈尼族边民2832人迁移到缅甸辖区。

上述外迁边民时断时续回迁并引发了一系列问题。譬如，有些人土地户口还在，但有的土地户口都没有了，回来后有的和亲戚一起种地，有的打工，但他们的户口、土地问题一时难以解决；另外回迁边民需要接受相关安全调查（是不是被敌特组织利用，有没有其他目的）。还有，边民在境外不受计划生育限制，一户三四个小孩回来后户口难以落实。就小孩落户而言，还要解决国籍问题，即要看他有没有加入缅甸国籍，但他们多数提供不了相关证明。

4. 外籍新娘

云南沿边外籍新娘（主要是缅甸新娘，也有越南新娘和老挝新娘）现象比较普遍。事实上，该现象是云南边民跨境通婚的历史延续，同时又形成了一些新的特点，并对边境治理形成了一定挑战，目前没必要上升到国家安全角度审视之。我们要注意跨境婚姻后面隐含的各种类型的冲突因素，譬如它可能引发某些经济纠纷，诱发拐卖妇女现象，造成管理的不便（国籍问题、户籍问题和后代的国籍和户籍问题），以及非和平时期的国家认同问题。

（四）宗教问题

云南沿边宗教问题整体可控，但宗教问题局面复杂、挑战严峻。

1. 宗教发展速度过快，现有宗教管理体制应对困难

近年来沿边民族地区信教群众的人口结构、知识结构、地域结构悄然改变，给现有宗教管理体制带来严峻挑战。在普洱市，20世纪80年代普洱有75个基督教活动场所，而现在是284个，过去信徒1.3万，现在是10多万。普洱某民宗局负责人指出，“当下宗教管理体制较为僵化，宗教活动场所不能满足激增信教群众的需求，这为私设宗教活动场所、搞非法宗教活动提供了契机”。[①]

---

① 2012年7月访谈资料。

2. 国外宗教势力渗透威胁着沿边民族地区宗教安全

国外反华势力针对沿边各阶层采取不同方式进行宗教渗透，如针对党员干部、知识分子、白领阶层等社会精英的所谓“洗脑工程”，针对基本信教群众的所谓“松土工程”，针对我国西部大开发战略的所谓“福音西进计划”，针对云南跨境民族的所谓“哈尼撒种计划”等。普洱宗教渗透主要集中于三个方面，一是反华势力利用邻国作为基地，通过神学院免费培养教职人员，并为其发放往返的路费，吸引了一些初中毕业生到境外去学习，学成归国后从事宗教活动；二是哈尼撒种计划；三是国外敌对势力针对中国宗教场所建设资金投入不足的现状，利用帮助投资修建寺庙的机会向中国进行宗教渗透。另外，云南沿边民族地区傣族群众普遍信奉小乘佛教，基本上每个寨子(自然村）都有庙宇，因而有着巨大的神职人员（当地称“佛爷”）需求，但我国小乘佛教神职人员自生产能力薄弱，虽然也开展过组织人员出国培训的活动，但效果欠佳，造成“佛爷”主体是从缅甸与泰国输入的局面，这在文化安全上是巨大隐患。①

3. 宗教管理缺陷

第一，中国宗教管理部门相对薄弱，以普洱市为例，全市负责宗教管理的干部约 50 人，无力应对日益庞大的信教群众的需求。同时近年普洱市各县统战部部长都由县委副书记兼任，但副书记事务太多，这种干部配备的方式表面上提高了统战部门的地位，在一定程度上却弱化了统战部。第二，宗教组织虽然已在各县市建立，但组织运行制度还不够完善，组织经费保障也不明确。第三，宗教经费缺乏。周边国家的宗教场所硬件设施相对较好，部分信教群众对经费缺乏有负面反应。第四，政府管理宗教的思维固化，服务信教群众的意识不强。在宗教领域，一些党政机构常以管理者身份出现，缺乏为信教群众服务的理念。

① 普洱、德宏民族宗教部门官员都对这一现象有提及，也表示了忧虑，他们谈到，关联机构曾选派数百人赴缅甸佛教机构进行培训，但那些人回国后 60% 以上的人并没有入寺庙做佛爷，而是从事其他职业。由于社会观念的变化，信仰佛教的傣族群众多数不愿去寺庙做和尚，不愿成为专职的僧侣。

4. 基督教文化侵蚀民族传统文化

在普洱，基督教侵蚀民族传统文化主要表现在三个方面：一是基督教教规、教义、仪式逐步取代少数民族的传统民俗，如在举办婚礼时，信教群众逐渐放弃本民族风俗习惯，而改用基督教的形式来举办婚礼，在举行丧葬活动时，也倾向于采用基督教礼仪来安葬亡人；二是导致民族认同感弱化，因为基督教教义强调只要加入了基督教，大家都是兄弟姐妹、上帝的子民；三是在信仰基督教的地方少数民族节日淡化，信教群众往往认为自己传统节日可过可不过，但基督教节日诸如圣诞节、复活节一定要过，且一定要隆重庆祝。现在信仰基督教的地区，很难听到少数民族唱本民族的歌，跳本民族的舞，流行的是基督教赞美诗。

（五）民族问题

整体上云南沿边区域民族问题并不十分严重，民族关系相对和谐，但未来存在民族问题凸显、激化的可能。

1. 沿边各民族存在发展不平衡问题，可能引发安全问题

云南沿边民族地区近年经济发展取得长足进步，但县域间、民族间、城乡间甚至同一民族内部存在发展不平衡。以孟连傣族拉祜族佤族自治县为例，其民族居住格局大体是傣族居住在坝区，拉祜族和佤族居住在半山区和高寒山区。因此坝区基础设施改进较快，而山区则进展得慢些，坝区寨子里的傣族经济收入更高，而山区拉祜族和佤族相对比较贫困。历史上，该区域傣族与汉族通婚，傣族有些歧视拉祜族与佤族，基本上不与拉祜族和佤族通婚，现在傣族也很少与拉祜族、佤族通婚，这说明族际歧视仍然存在。

在政策层面，有些少数民族得到了大力度的政策扶持，而有些民族则认为扶持不到位，其中不是自治县、自治民族的，交错杂居的民族成员往往扶持不到位，使民族发展出现不平衡，一些民族成员由此产生一些不好的想法，这是不稳定因素。

2. 民族人口结构的巨大变化可能对县域内不同民族间的资源和权力配置形成冲击

云南沿边民族地区多为少数民族聚居地，汉族人口所占比重原来较小，

但新中国成立以来各区域民族人口数量和结构发生了一些变化，有些区域还发生了比较大的变化，这种变化如果与某些民族意识相结合可能诱发一些民族冲突。

以孟连为例，它是傣族拉祜族佤族自治县，起初三个主体民族都是少数民族，汉族人口很少（见表1）。新中国成立以来，上述四个民族人口变迁中有两个趋势值得注意，一个趋势是傣族人口排名逐渐后退，经过几十年的变化，傣族人口已列第四位，佤族和汉族人口先后超过傣族；另一个趋势是改革开放以来汉族人口增长迅猛，如果该趋势继续，该县汉族人口迟早要排名第一。

表1　孟连县主要民族人口及其变化情况

单位：人

年份	傣族	拉祜族	佤族	汉族
1955	12842	13589	13199	1071
1982	18801	34393	22302	8572
1990	22075	31384	26451	13643
2009	25332	35506	28473	27265
2010	25735	36521	29137	30959

资料来源：《孟连县志》《孟连统计年鉴2010》。

目前这一民族人口结构变化未造成巨大的社会问题，这既与傣族民族性格比较平和有关，还与该区域民族居住格局大体稳定有关，还与该县整体人口数量不大（县域能够涵养这么多人口）有关。倘若该县域人口继续增加，城市化进程加速的话，可能导致区域内资源竞争加剧，进一步则可能引发较大的民族冲突与矛盾。历史与现实上，这些民族间也存在诸如森林纠纷、水资源纠纷之类的矛盾。

3. 迪庆藏族自治州民族问题仍然比较微妙

本次调研中，迪庆藏族自治州并不是重点，课题组只有一人赶赴迪庆做了一些访谈。在云南座谈和访谈中，人们非常肯定迪庆民族关系和民族工作，因为“3·14事件”后只有云南的藏区没有出现大规模暴力行动。而课题组访谈得知，从民族舆情角度看，迪庆藏族自治州情况不能盲目乐观，因为在与一些藏族精英私下访谈时得知，他们并没有对这一差异表示认同与肯定，有人反倒因为迪庆藏族没有行动而感觉到焦灼甚至是耻辱。

另外，与云南相关的境外民族分离分子仍处于活动中，从传统安全与非传统安全两个面向对西南边境构成挑战。还有，一些跨境民族的跨境宗教活动也挑战着西南边境的传统安全和非传统安全。

（六）生态安全问题

从云南沿边民族地区的情况来看，随着基础设施建设的拓展、大型水电建设的层级推进、热带经济作物的种植面积的扩大，其生态安全面临较大挑战。

1. 基础设施建设引发生态安全挑战

云南基础设施比较落后，近年来公路、铁路、机场、通信等设施的建设对生态环境造成了一定程度的破坏。课题组在云南调研之时，恰逢雨季，一路上大大小小的泥石流数不胜数。

2. 水电开发引发生态和资源安全挑战

云南水电资源充沛，澜沧江流域水电开发加速，一定程度上会带来生态安全隐患和挑战，也引发东南亚一些国家的安全担忧。首先，它们担心渔业资源安全。澜沧江—湄公河的鱼类资源不仅种类多样，而且数量丰富。流域内淡水鱼年捕获量达 180 万吨，为世界上最大的内河淡水渔业。区域内大部分人直接或间接地以鱼类资源为生，这也是他们家庭收入的主要来源。以柬埔寨为例，全国人民 80% 以上的蛋白质摄入都来自湄公河的鱼类资源。而老挝全国 GDP 的 13% 来自湄公河的鱼类资源。其次，一些人担心水电开发或加剧湄公河流域极端天气。2009 年底以来，整个湄公河流域遭遇大旱，一些媒体和人士将矛头指向了中国的水电开发和大坝建设，为此中国外交系统相关人员做出了回应和解释。[①] 此外，一些东南亚人士担忧中国在澜沧江修建的大坝犹如下游各国头上悬着的一个定时炸弹，在战争时期，中国可能

① 顾时宏：《中方否认澜沧江水电开发导致湄公河流域干旱》，中新社，2010 年 3 月 11 日。

将之作为一个重要的武器。

3. 某些经济作物大面积种植可能引发生态安全挑战

为有效开发“热”资源，云南沿边区域都在推进热带经济作物种植。其中橡胶林和桉树林对生态环境安全挑战不容忽视。2010 年云南橡胶林面积达 600 万亩，桉树林规划面积更达到 3000 万亩。这两种经济林木的大面积种植的负面后果正逐渐显现出来。首先，这两种作物的大面积种植使种植区其他植物种类很难生长，对生物多样性的冲击是显而易见的；其次，孟连、景洪等地橡胶种植者说，橡胶林及割胶对当地地下水品质有负面影响，一些胶农甚至只能到其他地方打水或买水喝。还有研究资料显示，大面积种植橡胶林导致西双版纳旱季用水短缺。①

（七）群体性冲突问题

云南沿边城市化率较低，城市化导致的群体性事件不如内地多。云南沿边区域水电资源、林业资源、矿产资源丰富，这几方面引发的社会矛盾和冲突事件表现突出。以普洱市为例，其自 2003 年引进华能集团开发水电，形成了 7.4 万水电移民，并引发了一系列社会问题，普洱市移民局介绍，近年上访群众中，约 80% 与移民有关。云南沿边区域由矿产资源引发并产生重大社会影响的群体性事件有 2006 年文山马关“5・02”事件、2008 年文山“洒西事件”。2008 年孟连事件主要由林地资源纠纷引发。

2008 年 7 月 19 日，孟连公安武警与胶农发生暴力冲突，致使两名傣族群众死亡，事件还造成 41 名公安民警和 19 名群众受伤，9 辆执行任务车辆不同程度损毁。“孟连县 7・19 事件，表面上看是警民冲突，实质是胶农与企业的经济利益长期纠纷所引发的一起较为严重的群体性社会安全突发事件，是人民内部矛盾在特定条件下的集中表现。”在孟连事件酝酿与发展进程中，有两个至关重要的因素与机制，其一是橡胶公司实质上与部分孟连地方政府官员形成了利益共同体。其二是胶农通过信访和司法途径维权不畅。

① 《大面积种植橡胶林导致西双版纳旱季用水短缺》，http://www.bioon.com/biology/plant/515605.shtml。

勐马镇芒海村村民告诉课题组，胶农多次通过信访等途径要求政府出面协调他们与橡胶公司的利益冲突，但效果很差；不得已两个乡镇的胶农试图通过法律途径来解决问题，他们每人都上交了律师费，但诉讼未能成功，他们说律师被收买了。

这两个因素彰显了胶农为何将矛头从橡胶公司转为政府部门，也从一个个案例中展示了沿边民族地区群体性事件中比较常见的矛盾源头与群体利益博弈机制。即在市场化进程中，由于产权关系不明确、法治意识淡薄、职权定位不明确，市场力量中的公司企业（领导层）常与一些官员形成利益同盟关系，而农民力量相对单薄，在理性维权方式成本过高或受阻后，后者往往采用非理性的方式维权，而吊诡的是，在这种背景下非理性维权方式似乎才是最理性的（用他们的话说是，只有事情闹大了，惊动了更上一级机关，问题才能解决）。值得庆幸的是，云南省准确把握了孟连事件的深层根源，不仅撤去孟连相关领导人的职务，更以新的“群众路线”修复政府与社会之间的紧张关系，通过彻底的林权改革厘清了橡胶公司与胶农的权利关系。通过改革，孟连地方政府放弃了与民争利的公司行为，回归了公共产品提供者的角色，在法治的基础上为企业和胶农的互动提供服务平台和仲裁平台，从而使政府、企业与胶农形成了比较良性的互动平衡关系。一度非常紧张的政府—胶农关系恢复正常，而孟连工作模式也得到中央的肯定。

三　云南沿边民族地区非传统安全问题的特点

云南沿边民族地区非传统安全议题具有集群化、非（弱）民族问题化、国际（性）化、与传统安全议题交织、凸显软实力建设软肋和困境等特点。

（一）议题集群化

所谓非传统安全议题集群化，是指各议题并非孤立存在，而是一些议题具有程度不一的关联性与伴生性。譬如，艾滋病、毒品与贫困问题具有强关联性（伴生性），民族问题与宗教问题具有强关联性（伴生性），跨境人口流动一定程度上与民族问题和毒品问题具有一定关联性，生态环境安全与群体性事件具有一定关联性。

在思考各议题的关联性时，要避免认识简单化与定型化，要结合逻辑与事实来考察关联关系及其变化。譬如通过防艾禁毒工作，云南沿边区域毒品与艾滋病的伴生特征有弱化的趋势。又譬如，毒品与贫困问题的伴生性机制比较复杂，有些人因为要改变贫困而种植和贩卖毒品，有些人因为吸食毒品而返贫，有些人因为富裕后思想发生变化尝试吸食毒品等。还譬如，目前云南群体性冲突中少数民族群众没有以民族的方式进行动员，此后不排除他们以民族方式进行动员，结果导致一些与民族因素联系比较弱的议题（水库移民、艾滋病、资源与生态安全）与民族问题产生更强的关联性。

（二）议题非（弱）民族问题化

除民族和宗教问题外，云南各级政府与社会力量多将上述各非传统安全问题“非民族问题化”或“弱民族问题化”，这与西藏、新疆和内蒙古的情况差异较大。在政府层面，各级政府自觉地将属于广义民族问题而不属于狭义民族问题的议题，或只与狭义民族问题存在较弱联系的各非传统安全问题“去民族化”，或“弱民族化”。在民族问题上的界定上，它们往往从狭义上来理解并将之与工作实际相结合。它们知悉民族问题是社会问题的一部分，能够较好地分清楚云南民族地区和少数民族群体中的一般社会问题和民族问题，它们感觉到要是什么问题都扯上民族，问题就不好解决了。这也许是云南民族工作的重要经验，也是云南民族关系比较和谐的政府因素。

在社会层面，云南沿边少数民族成员较少具有通过民族动员来解决个体与群体利益冲突的思维习惯和行为习惯。云南沿边区域民风淳朴，民族居住格局稳定，民族关系比较和谐，少数民族整体政治诉求比较少。如孟连事件中，在政府—橡胶公司—傣族胶农的互动中，一度十分被动的傣族胶农也没有以民族的方式进行集体维权和集体动员。孟连傣族拉祜族佤族自治县民族人口结构发生了巨大变化，调研中没有发现傣族同胞有明确的民族危机意识，相反他们比较自信，由于经济比较发达，生育理念比较现代，他们不愿意多生小孩。

（三）议题国际（性）化

云南沿边民族地区非传统安全议题具有很强的国际性，包括问题的国际输入与成因的国际关联，要警惕的是民族和宗教方面的国际渗透、国际干预与国际竞争。第一，有些非传统安全问题是由国际人口输入造成的，譬如跨境人员流动及其管理问题中，新老难民、“三非”人员与合法国外移民管理等都是由国际输入人员引发的管理问题和安全威胁。第二，云南边境对外交往比较畅通，这意味着双向人流与物流的国际通道畅通，这为毒品贩运、枪支走私、境外赌博等问题提供了比较好的自然条件，也导致这些问题具有复杂的国际关联机理。第三，在宗教问题上，云南沿边区域面临美国、韩国等国家的基督教宗教渗透，也面临缅甸等国家的文化竞争（缅甸佛教文化的竞争力，不仅表现在佛教场所的规模和数量上，也表现在佛经神职人员培训上）。一些境外的宗教势力试图干预中国事务，譬如孟连事件中就有境外宗教势力试图干预。第四，在民族问题上，由于沿边各民族往往跨境而居，一些民族分离势力还在境外活动，一些境外势力试图利用民族问题来制约影响中国，或将一些非民族问题民族化。第五，由于澜沧江—湄公河是国际性河流，澜沧江的水利水电建设对下游河道资源和生态环境安全有一定影响，从而引发部分东南亚国家的关注与担忧。

（四）与传统安全议题交织

上述非传统安全议题与传统安全的关联性还不是很强，但有些议题已经与传统安全关联起来，有些议题有着关联的潜力。目前来看，云南沿边民族地区民族宗教问题与传统安全关联性最大。譬如国际宗教势力的渗透与中国意识形态安全、政治安全有着关联性，云南沿边民族问题与境外民族分离分子相勾连，可能引发领土主权挑战和军事安全威胁。缅北局势动荡产生的新难民影响着中国的边境安全。此外，云南沿边民族地区由于水电开发引发周边国家对生态安全和传统安全的担忧。

（五）凸显软实力建设软肋和困境

上述非传统安全考验着中国的软实力，也暴露了中国在现代化进程中软实力建设上的软肋。如在宗教问题治理上，深层次挑战是中国无法充分因应云南沿边民族地区群众多样化、国际化的宗教需求，中国在与缅甸、美国等国家展开宗教文化竞争上也存在不少弱点。在群体性冲突问题上，展现的是国家—市场和社会之间利益关系、职权关系存在扭曲和矛盾。我们比较聚焦于贫困问题的解决，而对脱贫致富后的新社会问题相对缺乏解决思路；云南沿边邪教具有一定市场也与整个区域民众文化素养较低高度关联；艾滋病、毒品从深层次上讲也与人的素养和社会环境相关；跨境人员流动主要考验我国的社会管理能力。

四　结论与建议

云南沿边民族地区非传统安全议题具有多样性、复杂性与国际性，虽然目前各议题整体处于可控状态，但有些议题挑战严峻，有些议题蕴含着潜在的危机，有的议题未来可能引发新的矛盾和冲突。这些非传统安全议题从多个维度考验着中国的发展模式，考验着中国软实力建设。

吸毒、贩毒和艾滋病等议题形势比较严峻，特别是毒品问题仍呈现上升势头，但它们尚属于社会问题范畴，与传统安全议题关联性还比较弱。

民族问题与宗教问题目前虽然处于可控状态，但两领域现实与潜在的威胁、挑战有增加的势头，部分民族宗教议题已与传统安全相缠绕。特别紧迫的是，在宗教问题上，不仅出现了沿边区域民众日益增长的宗教需求与云南沿边区域宗教供给之间的矛盾上升的局面，也出现了挑战中国主流意识形态安全和宗教政策自主的苗头和趋势，这将考验中国的宗教政策和宗教治理。云南沿边民族地区邪教也有一定的市场和表现，它与宗教信仰关系较弱，应从提升民智层面来化解。

跨境人口流动问题包含不同次级议题，“三非”人员管控困难，老难民问题相对好解决，新难民具有一定的不确定性和流动性，在云南实施桥头堡战略背景下潜在挑战可能来自日益增加的合法入境人员的管理。

云南沿边贫困问题仍比较突出，各县域之间、县域内部贫困存在巨大差异，这些贫困问题在某种程度上有些夸大，而部分地区脱贫致富后引发的新社会问题值得我们关注和警惕，这些问题在未来会进一步增加。

在群体性利益冲突和事件中，云南沿边面临的挑战主要是水电移民问题、因矿产资源和林地资源引发的群体性冲突。这方面曾出现过惨痛的教训，目前的治理有了较大的进步。但随着城市化进程和工业开发的提速，群体性冲突仍是影响社会稳定的巨大潜在威胁。由于云南特定的地理条件，加之资源开发和基础设施建设的加速，其生态环境安全挑战比较大，这些生态安全议题还可能发展为群体性事件或民族问题。

针对云南沿边民族地区的非传统安全议题的现状与特点，笔者提出以下六点化解思路。

第一，强化问题研究意识，加强研究能力建设。科研机构与云南各级政府部门加强合作，深化研究云南沿边民族地区非传统安全问题，客观科学地归纳当地在处理和应对这些议题上的经验、不足和教训。具体合作方式包括课题设置、成立传统安全专家库、成立调研基地等。

第二，自觉自信地总结、反思和发扬云南沿边区域党政工作中已建立的优势理念、机制和方法。在民族宗教工作方面，云南沿边有比较好的基础，各级政府应继续保持云南沿边民族地区社会问题“去民族化”的趋势，防止民族地区社会问题“民族化”的倾向。

第三，聚焦于软实力建设，通过社会管理创新来化解云南沿边各类威胁、危机和挑战。各级政府要真正落实科学发展观，努力创建良性的政府、市场、社会互动机制，从而有效地预防和化解各类矛盾和群体性事件。各部门不能将上述非传统安全问题过于安全化，应聚焦于从社会管理创新等软实力建设层面来化解各类威胁和挑战。

第四，以大局意识为统领，以云南沿边差异化、地方化需求为工作的基本落脚点。政府部门落实沿边区域民族宗教政策时既要有大局意识，又要深入民族地区的实际，因应各地区不同民族和同一民族内部的差异化、地方化诉求。譬如，在宗教问题上，焦点是解决沿边民族群众日益增长的宗教信仰需求与相关供给不足的矛盾，安全和统战部门要防止和治理外部势力的干预、渗透和邪教的侵蚀。

第五，立足中国社会转型，前瞻性地抓住云南沿边各类社会问题的生成与新的变化。沿边民族地区各类非传统安全议题是历史与现实地生成的，各部门要把握和理解中国社会转型在民族地区的表现和过程，引导市场和社会力量认识这一过程，前瞻性地抓住一些不好的苗头和趋势。譬如富裕后的社会冲突及其治理、富裕后引发的群体事件的可能性，譬如一些社会问题通过复杂的国际国内互动而被“民族化”，譬如防止民族人口结构变化可能导致新的负面后果，譬如云南沿边城市化进程加速可能带来新的挑战等。

第六，强化国际意识，通过学习与能力提高拓展相关国际合作，展开国际竞争。云南沿边各类非传统安全议题往往有程度不一的国际因素，此类问题的化解与消弭，离不开国际合作与国际竞争。在各类涉外议题中，不能因为问题敏感和担心渗透而关闭各类国际合作通道，要培训各类官员学会与国外不同势力打交道，并从舆论和机制上引导国内市场和社会力量与国际势力沟通合作。

社会风险治理

投资项目社会稳定风险评估的社会学思考

周伟文*

摘　要： 社会稳定风险评估制度实施以来出现的一些问题，是由这一制度设计的先天性缺陷所致，即制度设计理念、目标等深层问题，如以维稳为目标的基本思路、作为责任主体的政府的矛盾身份、缺少人文关怀和利益主体的评估过程与方法等。与以往的信访维稳模式不同的是，社会稳定风险评估被罩上了科学化和规范化的外壳，因而引入社会影响评价的理念与方式，将社会稳定风险评估改名为社会风险评估或社会风险评价，提升第三方评估队伍的专业素养，将是改善社会稳定风险评估质量的一种选择。

关键词： 社会稳定　风险评估　社会影响评价　投资项目　社会学

一　问题背景

社会稳定风险评估，是指与人民群众利益密切相关的重大决策、重要政策、重大改革措施、重大工程建设项目，与社会公共秩序相关的重大活动等

* 周伟文，河北省社会科学院社会发展所研究员，河北省社会学与社会发展研究会原副会长，主要从事社会发展、人口社会学、社会风险治理等研究。

重大事项在制定出台、组织实施或审批审核前，对可能影响社会稳定的因素开展系统的调查，科学地预测、分析和评估，制定风险应对策略和预案。为有效规避、预防、控制重大事项实施过程中可能产生的社会稳定风险，为更好地确保重大事项顺利实施，2010年10月，党的十七届五中全会《中共中央关于制定国民经济和社会发展第十二个五年规划的建议》中，对建立社会稳定风险评估机制提出了明确的要求："健全党和政府主导的维护群众权益机制，完善人民调解、行政调解、司法调解联动的工作体系，整合各方面力量，建立调处化解矛盾纠纷综合平台。"

在局部层面，对社会稳定风险评估的探索始于21世纪初。当时，一些重大投资项目涉及征地拆迁等关乎群众切身利益问题，引发了不少社会矛盾和群体性事件，引发局部地区的社会稳定危机。为了缓解这一危机，四川遂宁等地开始探索一种长效的制度化的方法，这成为国内社会稳定风险评估的起因。在国家层面，正式将社会稳定风险评估作为制度推出是在2012年。2012年8月16日，国家发改委下发了《关于印发〈国家发展改革委重大固定资产投资项目社会稳定风险评估暂行办法〉的通知》（发改投资〔2012〕2492号）和《国家发展改革委重大固定资产投资项目社会稳定风险评估暂行办法》，这是国家发改委根据党中央和国务院的要求，基于中国经济的快速发展、社会的急速转型等一系列变化，对中国经济社会发展面临的环境和条件进行科学判断后进行的一项制度建设。社会稳定风险评估依据合法性、合理性、可行性、可控性等四个要素，对重大事项与现行法律、法规、规章、党和国家的方针政策，国家、省委省政府的战略部署、重大决策以及暂行办法，各省、各系统近期和长远发展规划适应性，当地经济社会发展规律和以人为本的科学发展观的适应性，以及是否兼顾了各方利益群体的不同需求，考虑了地区的平衡性、社会的稳定性、发展的持续性，考虑了所需的人力、财力、物力的承受力及保障措施等进行评估，特别是对项目所涉及区域、行业群众利益和生产生活的影响，群众对影响的承受能力，引发矛盾纠纷、群体性事件的可能性等其他有可能引发不稳定因素的问题进行评估。

具体到投资项目建设的社会稳定风险评估，即指与人民群众切身利益密切相关、牵涉面广、影响深远、易引发矛盾纠纷或有可能影响社会稳定的重大项目，都应开展社会稳定风险评估。具体评估事项包括：涉及土地等保管、利用、征集方面的事项，涉及重大政府法规政策的事项，涉及重大违法案件处罚的事项，涉及重要的违法案件和档案行政处罚的实施等事项，涉及党政系统多数干部职工切身利益的事项，涉及较多人民群众利益的重大事项。

从《关于印发〈国家发展改革委重大固定资产投资项目社会稳定风险评估暂行办法〉的通知》下发之日起，社会稳定风险评估报告成为审批全国各类项目建设的必要条件，各级政府对此高度重视，一些地区将此作为政府工作考核的重要指标，并实行一票否决制。近年来，投资项目的社会稳定风险评估在全国普遍实施，随着这一评估的社会影响、效果、问题的逐步显现，理论界对于这一社会稳定风险评估的研究和讨论也随之深入展开。

对于社会稳定风险评估制度出台的意义和作用，理论界给予了充分的肯定。唐钧认为，在我国转型期，社会稳定风险评估机制的建立健全，虽任重道远，但意义重大，是在民主法治社会实施善治（Good Government）的先决条件。唐钧将社会稳定风险评估划分为粗放阶段、规范阶段、精细阶段和人性阶段。粗放阶段的社会稳定风险评估，指仅评估项目或政策等待评事项是否具有可能引发群体性事件的风险。规范阶段的社会稳定风险评估，指在政策、项目、活动的制定或实施之前，通过全面科学地分析可能影响社会稳定的因素，预测其损害程度，预估责任主体的承受能力，进而综合评定风险等级。精细阶段的社会稳定风险评估，指系统应用风险评估的科学方法，全面评估待评事项可能引发的社会稳定风险，客观预估责任主体和管理部门对社会稳定风险的内部控制和外部合作能力，科学预测相关利益群体的容忍度和社会负面影响，提前预设风险防范和矛盾化解的措施，进而确定该待评事项的当前风险等级，并形成循环。人性阶段的社会稳定风险评估，指同时兼顾两个维度：一是民众抵触和抗议的最小化，即底线思维的反对最小化；二是民众满意度的最大化，即人性化导向的满意度最大化。[1]马小丁等人认为，社会稳定风险评估制度的建立，是投资项目管理理念和方式的重大转变，是适应社会主义市场经济体制的基本要求，建立新型的投资管理体制，政府作为全社会代表，在发展过程中扮演双重角色，发挥两种作用——维护社会公共利益的管理者和提高社会公共福利的投资建设者，对投资项目的外部性影响进行管理和控制，营造良好的发展环境和条件，建立综合化、多元化的管理模式，采用更加有效灵活的管理手段——规划约束、产业政策引导、行业准入标准限制、土地合理利用、环境保护控制、资源综合利用、节能评估和审查、社会风险控制等——对投资项目的外部性影响进行管理和控制。[2]

也有一些研究对在社会稳定风险评估实施过程中逐步暴露出的一些问题进行了分析。[3] 在认识层面，一是应付性稳评及形式主义现象严重。项目单位和地方政府开展项目稳评工作，只是为了应付国家申报项目的要求而不得不为之。二是地方政府对稳评工作没有真正发挥责任主体作用。地方政府作为承担工程项目涉稳风险的责任主体，需要按照《关于印发〈国家发展改革委重大固定资产投资项目社会稳定风险评估暂行办法〉的通知》要求，对评估主体、评估程序、评估内容等方面的规定，开展本地区的拟建项目社会稳定风险评估工作，但是由于项目稳评机制设计在行政隶属关系上存在明显缺陷（国家投资主管部门并不是地方政府的直接上级主管部门），无法直接要求地方政府开展项目“稳评”工作，各地方政府在对待这项工作的态度和执行力度方面，都难以真正发挥责任主体的作用。三是项目稳评缺少具体实施的科学依据。目前国家发展和改革委员会出台的稳评办法和编制大纲针对投资项目社会稳定风险分析和评估的内容提出了一般性的原则要求，但缺乏具有可操作性的工作规范或业务指南。各地在开展项目稳评工作时，只

---

① 唐钧：《社会稳定风险评估与管理》，北京大学出版社，2015。

② 马小丁：《社会稳定风险评估——建立一个什么样的社会风险防范体系?》，《中国投资》2013 年第 6 期。

③ 《动态稳定与和谐社会——访中共中央编译局副局长俞可平教授》，《中国特色社会主义研究》2006 年第 3 期；童星：《公共政策的社会稳定风险评估》，《学习与实践》2010 年第 9 期；黄杰、朱正威：《国家治理视野下社会稳定风险评估的意义、实践与走向》，《中国行政管理》2015 年第 4 期。

能按照在有关部门举办的培训班上学到的方法或案例进行模仿操作，撰写完成在形式上符合要求的可行性报告。事实上，一些以赚钱为目的的培训班讲课人的水平参差不齐，有些分析思路、稳评框架或研究方法甚至是错误的，有的只是适用于局部地区和个别项目，不具备普遍参照意义，产生诸多因简单照搬固定模式而导致对本地投资项目社会稳定风险分析和评估的误判，产生诸多负面影响，特别是使社会稳定风险评估的可信性和权威性下降。四是不正确的方法导致错误的评估结果。目前我国各地普遍使用的项目稳评分析框架包括调查工程项目的社会稳定风险、识别单因素风险、确定主要的风险因素、估计主要的单风险因素、确定单因素风险程度、确定项目初始整体风险等级、提出风险防范和化解措施、确定采取措施后的单因素风险程度、确定采取措施后的项目整体风险等级、提出结论和建议。这一分析框架将风险等级作为整个分析框架的核心导向，必然产生诸多问题。因此有学者认为，这种分析框架和计算方法，尤其是采用综合风险指数法判断项目整体风险等级，在方法上和逻辑上都存在严重的错误，其计算结果没有任何实际意义。[①] 这种错误方法在社会上广泛传播，严重误导和损害了稳评的严肃性和科学性。

上述研究对社会稳定风险评估问题的分析，从工作的角度切中了一些主要存在的问题，却没有涉及实质性问题，即制度设计本身。笔者认为，社会稳定风险评估所显现出来的这些问题，是由这一制度设计的先天性缺陷所致，即制度设计理念、制度设计目标等深层问题。自 2012 年起，笔者以社会学者的身份，被邀请参加了数十个项目社会稳定风险评估报告的评审工作，阅读并评审了数十个社会稳定风险评估报告，接触到了各类与社会稳定风险评估相关的人群，如政府工作人员、项目建设方、第三方评估团队、利益相关方代表，并参与了部分实地考察，对这一问题的思考始于这些实际的经历。

---

① 李开孟、彭振武、徐成彬：《我国项目稳评机制存在的问题、原因及对策》，《创新与创业管理》2013 年第 1 期；徐成彬、李开孟、彭振武：《以问题为导向的投资项目社会稳定评估新框架》，《技术经济》2014 年第 1 期。

二 现实问题引发的思考

从社会学角度观照目前重大投资项目的社会稳定评估，我们至少有以下几点思考。

（一）从社会风险与社会稳定风险的差异看评估导向

现代社会中的社会风险是一种导致社会冲突、危及社会稳定和社会秩序的可能性以及引发社会危机的可能性。现代社会的风险与现代性联系在一起，现代化的快速发展使利益分化加剧，人与人之间、个人与集体或个人与社会的价值关系发生重大的变化。德国社会学家乌尔里希·贝克认为，当前“现代性正从古典工业社会的轮廓中脱颖而出，正在形成一种崭新的形式——（工业的）‘风险社会’”。[①] 他认为：“风险概念是个指明自然终结和传统终结的概念；或者换句话说，在自然和传统失去它们的无限效力并依赖于人的决定的地方，才谈得上风险。”[②] 英国学者安东尼·吉登斯也认为，风险概念标识了现代社会与前现代社会的根本差异；在自然和传统消亡后生存的世界，其特点是从“外部风险”逐渐向“人造风险”转移。[③]

当中国进入风险社会之后，官方语言在社会风险中间加上“稳定”二字，虽然只多了两个字，却与一般意义上的社会风险有很大差异。这一差异不仅仅是字面的差异，而且包含着具有中国特色的诸多内涵。社会风险概念，是对风险社会中存在的可能导致社会危机和社会失范不确定因素的客观表述，泛指社会中存在的各类不安定因素，没有特定导向。而社会稳定风险则明确指明是危害社会稳定的那些风险，而稳定与政治安定、管理有序几乎是同义语。很明显，社会稳定风险是从统治者、管理者角度提出的风险概

---

① 〔德〕乌尔里希·贝克：《风险社会》，何博闻译，译林出版社，2004，第2页。

② 〔德〕乌尔里希·贝克、威廉姆斯：《关于风险社会的对话》，路国林编译，载薛晓源、周战超《全球化与风险社会》，社会科学文献出版社，2005，第303～304页。

③ 〔英〕安东尼·吉登斯、克里斯多弗·皮尔森：《现代性——吉登斯访谈录》，新华出版社，2001，第194～195页。

念，主要指那些威胁政权稳定、社会秩序等方面的各类风险，如社会冲突、群体性事件等。社会稳定风险概念使社会稳定风险评估具有了一种先天性缺陷，即这种风险的评估与防范，基本的思路与导向必定更多的是考虑到执政者的利益、管理者的便利。因此，它依然是强化政府进行社会管理的一种手段，而不是以关注和满足利益群体诉求为出发点，从协调各类群体利益、促进社会公平与和谐共融的人文关怀理念出发的、科学的社会风险防范策略，与以往的信访角度维稳模式不同的是，社会稳定风险评估被罩上了科学和规范化的外衣。①

这样的一种社会稳定风险评估思路和导向必然会影响到这一评估的具体方式。在实际的操作中，从政府、企业到稳评编制方，对这项工作的理解无一例外地按照传统的维稳思路进行，不同的是需要按照国家和省的通知要求，对社会稳定风险评估报告的合法性、合理性、可行性、可控性进行评估，最后得出各方都希望看到的低风险可控的结论。

（二）政府的双重身份问题

从评估自身含义看，它应当是具有客观性、公正性的，社会稳定风险评估的性质却决定这一评估与政绩和任务密切相关，在这个意义上，保证社会稳定就成为政府的利益，因为政绩大小包含了政府的得失，因此，政府在社会稳定评估中无法保持客观公正的立场。政府在这一评估中，具有双重身份和角色，政府既是维护社会稳定的责任主体，也是发展经济的责任主体。社会稳定和发展经济都是考核政府政绩最重要的指标，政府希望多争取投资项目，不愿意看到因为存在社会稳定风险而取消投资项目，因此在社会稳定项目评估中，政府的态度往往是自相矛盾的：在表面上，政府要求项目建设方要落实国家、省关于社会稳定风险方面的文件，要尽量发现风险、预防风险；在实际上，政府希望在项目审批过程中，将风险减少到最低程度，以保证项目的顺利通过。而项目方、评估方对政府的意图则心知肚明，在这点上它们与政府的立场和利益是一致的，也必须是一致的。社会稳定风险评估能

① 孙立平：《走向积极的社会管理》，《社会学研究》2011年第4期。

够通过，项目方能够获得项目而得利，评估方也因满足了政府和项目方的意愿，也能顺利地拿到报酬而皆大欢喜。在政府意图的引领下，三方在不言而喻中将社会稳定评估当作一个认真走过场的仪式。

政府既希望投资项目来拉动本地经济发展，也希望保持当地的社会稳定。在投资项目中，政府重视社会稳定的工作可以有两种态度，一种是如实地正视风险、化解风险，另一种是通过各类方式掩盖风险、消灭风险，从文本上看不到风险。在急功近利追求经济效率的背景下，很多政府已经习惯了选择第二种方式对待社会风险，一方面，它们往往抱有侥幸心理；另一方面，一旦风险出现，它们往往习惯采取临时应急的高压手段进行处理。

项目建设中社会风险主要来源于征地拆迁补偿、环境等引发的利益问题，对待项目建设中的利益相关方的正当诉求，政府也可以有两种态度：一种是通过满足利益相关群体的正当需求，从维护弱势群体利益出发，达到减少风险的目的；另一种是从政府利益出发，通过行政手段和严格的管理，让利益方不得、不敢表达自己的诉求，达到矛盾减少、控制稳定风险的目的。多项社会稳定风险评估实际案例表明，政府相关部门一般不愿意采用时间长、成本高、见效慢的第一种方式，而是多采取后一种方式来解决问题。在一些项目进行社会稳定风险评估中存在隐瞒真相、回避敏感问题等现象，在信息不对称的情况下，公众参与和利益受损人群的利益表达有名无实。

农村基层组织无法代表群众的利益与项目方进行博弈，作为乡村基层组织的村委会，在项目建设中的身份也是模糊的。它们作为村民利益的代表，在与上级政府和项目方进行谈判的过程中，往往无法代表村民发声，有的只是争取由村干部掌控的村经济组织的利益或者本家族的利益，有的得到项目方的好处而放弃为集体和村民的利益发声，项目的社会稳定风险评估过程，那些利益真正受损的村民实际被排除在外，无法获得真实的信息。

（三）第三方评估者的专业素养问题

投资项目社会稳定风险评估主要是征地拆迁补偿等，这些都涉及利益相关者的切身利益、弱势群体的可持续生计、社会公平与正义等问题，需要社会稳定风险评估者有社会责任意识、人文关怀视野与情怀，具体的问题与居民的生产、生活秩序、就业状况、收入水平、社会保障、公共空间、社会交往、公共参与等问题密切相关，需要评估者具有社会学、人口学、人类学等方面的专业素养；社会风险评估的依据，除了文献外，最重要的依据是实际社会调查，投资项目的社会调查，需要除了运用社会学、人口学、人类学的问卷法、座谈法、访谈法、统计法、观察法等方法外，还需要根据项目的特点增加一些特殊的调查方法。国务院关于实施社会稳定评估的通知自下达以来，没有对承担这一评估的第三方队伍的专业资质有严格的要求，实际上这一任务基本由各类工程咨询公司承担，这些工程咨询公司的人员基本由一些理工科工程咨询人员组成，他们大多是与道路、交通、桥梁、房屋方面有关的技术人员，这些人大多从事项目可行性研究报告、项目招标、环境评估等工作，社会稳定评估成为这些公司扩大业务范围的新门类，为了开展这一工作，大一些的公司一般会派人进行短期培训。据了解，这类培训一般会请一些专家进行社会稳定风险评估的文件精神解读、案例分析、模板讲解，参加学习的人员一般能掌握社会稳定风险评估的基本流程和文本写作基本要求。

从对近百个投资项目社会稳定风险评估报告的分析中笔者发现，目前我国的社会稳定风险评估普遍存在缺少人文关怀视角、社会学理论与专业知识欠缺、社会调查方法不正确导致调查结果不真实的现象。首先是社会稳定风险评估报告大部分缺少“以人为本”的意识，在整个报告中，几乎看不到将利益人群作为主体进行分析的部分，对项目背景的介绍，很少涉及利益人群的具体描述，如人口状况、就业收入状况、社会保障状况等，通篇都是站在项目方与政府的立场上，有的报告将利益相关群众描写为违法人群、暴乱分子，有的报告甚至还有意隐瞒敏感问题，明明有征地问题，整个报告中却只字不提补偿问题。对于项目背景的描述，只写天文地理、生态环境，对利益人群的生产生活等社会生活背景的描述则不描写或轻描淡写。分析利益群体的情况时，缺少社会学与人类学的基本视角，对人口的社会保障、基本人权、公共参与、公平正义、知情权与参与权等方面的理论缺乏基本了解，无法从客观公正的、以人为本的视角去进行相关的问题分析。其次，在社会调查方面，由于不懂得基本的调查方法，在问卷设计、调查样本量、调查方式、调查分析等方面都存在严重问题，一些调查问卷缺少针对性，例如，对利益相关者和非相关者用同一张问卷；涉及方圆数十里、受影响人群近万人的项目，调查样本量只有 10 人左右；有的调查问卷基本是男性，有些调查对象基本是老年人，甚至还有多名 80 多岁的老人；有的在调查实施后面基本没有调查分析，有的分析与调查基本不符。这些情况，都直接影响到调查结果的准确性，导致风险评估结论的不可信。最后，行业恶性竞争导致稳评成为事实上的走过场。社会稳定风险评估作为项目申报必备文件，成为各咨询公司的新业务和新财源，在投资项目缩减、经济不景气的情况下，争取社会稳定风险评估项目，也就成为各公司竞争的内容，为了竞争成功，很多公司不惜一再压低价格，以至于获得评估项目的价格只够 1 ~ 2 人写报告文本的经费，根本无法到实地进行社会调查，仅仅依靠从网络上下载的一些项目背景资料，和一个现成的模板，完成一个报告交差。还有一些皮包咨询公司由于资质不够，采取借用大公司资质、找关系帮忙等方法得到评估项目，写出的报告粗制滥造、漏洞百出。很多报告甚至连项目地的背景资料也懒得参考，直接将外地某项目的报告整块复制过来，结果弄出地名、人名、时间不相符的笑话，这些现象使社会稳定风险评估成为一种没有实效的形式与走过场。

三　社会影响评价：值得借鉴引入的方法

社会影响评价（Social Impact Assessment，SIA）包括分析、监测和管理，由预计干预措施（政策、项目、计划、工程）所引发的，任何社会变化过程的社会影响，包括预期的和预期之外的、正面和负面的社会影响。其基本目标是促进一个可持续的和公平的自然和人类环境。西方社会影响评价经过多年的发展，已经从单一的分析工具演变成为一个保证人权，改善社会公平，对机构部门改革、公民自治及社会包容的综合分析体系，公共参与成为社会影响评价过程中的一个核心部分。世界银行的一项研究表明，如果项目中应用了社会影响评价，项目的社会满意度将从 51% 增加到 74%，如果项目有社会发展专家参与管理、全程进行社会影响评价，则这一比例会增加到93%。即使从经济收益方面来看，在进行过社会影响评价的项目中，基本接近或超过预期经济收益率的比例大约是85%。

社会稳定风险评估为什么可以借鉴社会影响评价，至少有以下几个理由。

（一）关涉公平正义的核心价值

社会影响评价的核心价值包含：人类平等地享有基本人权，这种权利超越了文化、性别等界限；人们享有基本人权的权利受到法律保护，人人都可公平、平等地获得正义；人们有权在一个有益于健康和高品质生活的环境中工作和生活，这种环境有助于人类和社会实现其潜能，社会环境是人类健康和生活品质的重要组成部分，特别是（但不限于）和平、无恐惧感、良好的社会关系和归属感等；人们有权参与到影响他们的干预措施的决策中，当地的知识和经验是有价值的，可用以增强干预措施的效益。社会影响评价的核心价值观表明，作为评价主体，在进行任何一个项目建设时，需要站在一个较高的层面去认识项目与受影响人群的关系，从根本上理解项目建设的目的和意义。事实上，任何一个项目的建设如果与提高人们对生活水平、健康水平的目标相悖，与提升社会公平正义的目标相悖，那么这个项目建设就是没有意义的。虽然社会稳定风险评估的主导思想中也不乏这样的价值理念，重要的是将这种价值理念真正落实到实际的评估过程、评估内容和评估方式上。

（二）嵌入保护受影响人群利益的基本思路

社会影响评价主要关注受影响人群的人口变化、就业问题、经济保障和对家庭生活的影响。在社会影响评价的理念中，所有对人类的影响（直接或间接）都与社会影响评价相关。社会影响评价关注人们的生活方式——他们每天如何生活、工作、娱乐和与他人互动；他们的文化——他们共享的信仰、习俗、价值观和语言或方言；他们的社区——它的凝聚力、稳定性、特征、服务和设施；他们的政治体系——人们参与决策的程度、民主化的层次，以及为这些目的所提供的资源；他们的环境——空气和水的质量、食物的供给和质量、面临风险的程度、环境中的灰尘和噪声、卫生条件、人身安全，以及对资源的获取和掌握；他们的健康和适应状态——健康是一种生理、心理、社会和精神上的完全良好状况，而不仅仅是无疾病和不虚弱；他们的私人和财产权利——特别是人们是否在经济上受影响，公民自由是否受到侵犯；他们的担忧和渴望——他们对于自身安全的认知、对社区未来的担忧，以及对自身和孩子的未来的期望。① 社会影响评价的理念对于投资项目的社会稳定风险评估的借鉴意义在于：以受影响人群为本，切实保护他们的权利和利益，在减少社会矛盾、降低社会风险方面，比起单纯维稳的方式更为有效与持久。

（三）引入全程跟踪的评价方式

与社会稳定风险评估只在项目前期进行评估的方式不同，社会影响评价对受影响人群的关注是全过程的，包括项目运行前期评价、项目中期评价、项目后期评价。以世界银行对中国的高速公路贷款建设项目为例，修建一条高速公路，项目方需要聘请由独立的社会学家、人口学家、人类学家组成的专业团队，对受影响地区人群的生活水平、就业收入状况、社会保障状况、公共参与权利表达、社会交往、生产生活方式的持续性等问题进行前期、中期、后期的跟踪评价，尤其强调项目建设后沿线居民的上述状况与前期状况的比较，将受影响地区居民生活状况的改善、收入水平的提高，作为项目建设的目标之一，体现了以沿线居民利益为本的价值取向。与社会影响评估相比，社会稳定风险评估仅仅限于立项阶段，以保证项目顺利获得批准和投入建设为目的，这一带有明显政府政绩利益倾向性的评估，在实际运行中则会产生急功近利、弄虚作假、走形式走过场的现象，在很大程度上导致新的不稳定因素出现，增加了社会矛盾和冲突发生的可能性。借鉴社会影响评价的

① 李强、史玲玲：《“社会影响评价”及其在我国的应用》，《学术界》2011 年第 5 期；陈红爱：《借鉴社会评价理念与方法完善我国社会稳定风险评估机制》，《信访与社会矛盾问题研究》2012 年第 3 期；洪富艳：《欧美社会风险管理制度的借鉴与思考》，《哈尔滨工业大学学报》（社会科学版）2014 年第 1 期；廉如鉴、姜丽萍：《重大工程社会稳定风险评估中的“接入性扰动”》，《中国行政管理》2014 年第 7 期；郭秀云：《重大项目：从“社会影响评价”到“社会稳定风险评估”》，《中国社会公共安全研究报告》2015 年第 1 期。

全程跟踪的评价方式，其通过延长和扩大评估范围，从关注短期群众利益到关注长期的利益，有利于改变政府的社会稳定观，从具体操作层面对于破解社会稳定风险评估流于形式的困局具有积极意义。

（四）不同名称具有差异性价值

“社会影响评价”这个名称从字面上看是一种客观的、中性的，没有政治性、功利性倾向的名称，而“社会稳定风险评估”则不同，由于稳定在中国是一个敏感的政治词汇，政府、企业、评估方，就会将社会稳定风险评估作为政治任务来完成，一些想争取非正当利益的人也会借此提出无理要求，并以此要挟政府和建设方。如果在名称上去掉“稳定”二字，改为社会风险评估或社会风险评价，这样会使投资项目的社会稳定风险评估效果更客观真实。

（五）专业性评价团队具有差异

社会影响评价的专业团队，都是具有社会学、人口学、人类学背景的专业人员，这些专业人员不仅具有人文情怀、社会责任感，而且具备专业的理论知识和社会调查知识，能够为最终的分析结果提供真实可靠的调查资料与数据。而社会稳定风险评估的专业团队如前所述，是不具备这样的专业素养的，短期的培训无法达到项目评估需要的素养。如果从国家层面要求来看，从事社会稳定风险评估的机构中应该有社会学、人口学、人类学等专业的人员，同时扩大社会稳定风险评估机构资质范围到全国各大学的社会学、人口学、人类学院系，各研究机构的社会学、人口学、人类学研究所以及这些专业性的学会等学术团体，这对于提高投资项目的社会稳定风险评估质量将是一个不错的选择。

技术、法制、文化：社会稳定风险评估范式探讨*

罗华兰**

摘　要：社会稳定风险评估作为源头治理社会风险的一种重要手段，迄今在我国已经实施10多年，既取得了积极成效，也存在诸多问题，目前正处于一个尴尬的十字路口，一个重要原因是社会稳定风险评估的理论不足。本文试图对社会稳定风险评估展开一个全景式的理论认识，分别从现实主义、制度主义和建构主义的视角出发，对作为"技术"、"法制"和"文化"层面的社会稳定风险评估进行深入的解读和评估，认为社会稳定风险评估具有这三重属性，急需从技术、法制和文化层面对社会稳定风险评估进行完善。

关键词：社会稳定　风险评估　研究范式　技术　法制　文化

研究范式是指由一整套符合逻辑的概念和假设所组成的分析问题、解答问题的基本方式，是研究者习惯使用的一系列工具的组合。当前风险社会的

* 本文为2015年四川省哲学社会科学重点研究基地"社会发展与社会风险控制中心"项目"社会稳定风险评估的实践总结与理论反思"的阶段性成果。

** 罗华兰，四川省社会科学院法学研究所助理研究员。

理论已经形成了现实主义、制度主义和建构主义三种范式，本文尝试运用这三种范式对社会稳定风险评估的研究范式进行探讨，力图构建一个社会稳定风险评估的研究框架。

一 问题的提出

自人类成为风险的主要生产者以来，风险结构就从自然风险转向了人为风险，具有现代意义的风险社会就开始出现了。人类在生产风险的同时，也在努力地控制风险，社会稳定风险评估就是一种防范化解人为风险的手段。改革开放以来，由于市场经济带来利益分配的不确定性、利益调整的快速变化以及对人们观念的深度冲击，社会稳定问题一直伴随着改革开放并且逐步加深。以“群体性事件”为主要表现形式的社会稳定问题成为 40 多年来经久不衰的热门话题和敏感话题，政府为“维稳”付出了高昂的代价。痛定思痛，我们发现有很多事件是由投资项目决策不当所引发的，因此在实践中出现了对投资项目进行社会稳定风险评估的做法。

2005 年，四川省遂宁市率先制定出台了《重大工程社会稳定风险预测评估化解制度》，探索社会稳定风险的源头治理。几年后，又把评估范围扩大到重大活动。2008 年，遂宁市委、市政府出台了《重大活动社会稳定风险评估办法》，建立健全了评估工作情况报送制度、联席会议制度、报告备案制度、目标管理制度、监督检查制度，促进了社会稳定风险评估工作的常态化和规范化。遂宁市的实践探索获得了中央有关部门的肯定和推广。2007 年 4 月，中央维护稳定工作领导小组办公室对遂宁运用社会稳定风险评估机制、从源头上化解矛盾维护社会稳定的做法进行深入调研总结。2007 年 5 月，中央将遂宁市社会稳定风险评估机制的创新举措向全国推广。随后，江苏、上海等省市相继把重大事项社会稳定风险评估制度建设引入维稳工作中，各地因地制宜、积极探索、大胆创新，在组织领导体制、评估内容和流程等方面具有不同的特色，形成了不同特点的评估模式，为在全国推行重大事项社会稳定风险评估制度提供了宝贵的经验和有益的启示。

2012 年 1 月，中共中央办公厅、国务院办公厅联合发布《关于建立健全重大决策社会稳定风险评估机制的指导意见》。2012 年 8 月，国家发展改革委印发了《国家发展改革委重大固定资产投资项目社会稳定风险评估暂行办法》，要求“国务院有关部门、省级发展改革部门、中央管理企业在向国家发展改革委报送项目可行性研究报告、项目申请报告的申报文件中，应当包含对该项目社会稳定风险评估报告的意见，并附社会稳定风险评估报告”，“各级地方发展改革部门可参照本办法，建立健全本地区重大项目社会稳定风险评估机制”，明确指出“评估报告认为项目存在高风险或者中风险的，国家发展改革委不予审批、核准和核报”。2013 年 2 月，国家发展改革委又印发了《重大固定资产投资项目社会稳定风险分析篇章和评估报告编制大纲（试行）》，对重大投资项目社会稳定风险的分析与评估做出了具体规定与指导。在“以项目为王”的投资建设大潮中，各地政府迅速开展社会稳定风险评估。此后，国家“十三五”规划，党的十八届三中全会、四中全会都要求建立健全社会稳定风险评估机制。在 10 年时间内，社会稳定风险评估从地方实践到全国普遍推行，从单一的重大投资工程项目到重大决策事项评估，从立项评估到阶段性专项评估，在时空上不断扩展，在内容上不断丰富，在主体上不断多元，对于强化政府决策的风险意识、提升风险应对能力发挥了积极作用。

但是，社会稳定风险评估也存在不少问题，不少人批评其仅仅是项目立项的一个无奈的程序，没有多大的实质意义，而且加大了企业、基层单位的成本，与简化行政审批的主流改革不符等，因此有人主张在项目审批中取消社会稳定风险评估。从我们的实际调研情况看，社会稳定风险评估虽然仍然在大力推行，但是确实存在形式主义的问题，再加上操作化、实用化、规范化、法制化不足，已经成为一道看上去管用，但实际效果不大的药方。可以说，社会稳定风险评估正处于一个或者逐渐消失，或者重获新生的十字路口。出现这些问题的原因很多，也很复杂，但是其中的一个重要原因是社会稳定风险评估来源于基层实践，缺少理论指导。在社会稳定风险评估广泛推广时，人们对社会稳定风险评估的理论基础也没有深入挖掘，认识不充分，理解不到位，以致在实践中出现了若干偏差。对此，本文试图从理论上解读社会稳定风险评估，给出一个合理的认识和研究框架，以夯实其理论基础，努力提出解决问题的思路。

二　文献综述

社会稳定风险是一个具有中国特色的概念，国外文献一般谈的是社会风险，在社会风险中包括本文谈到的社会稳定风险。国外许多著名的社会学家，如贝克、吉登斯、卢曼等都对社会风险进行过深入研究。他们认为，工业化和科学技术的发展使人类社会正在从“外部风险”向“人造风险”转变，进入了一个不同于传统威胁的风险社会。著名政治学家亨廷顿认为，转型国家的社会风险非常大，其社会不稳定的风险往往爆发在经济开始增长的阶段。

中国学者对社会稳定风险评估（简称“稳评”）的研究与我国“稳评”的实践紧密相连。按照“社会稳定风险评估”的主题模式，从中国知网上搜索，发现对社会稳定风险评估的研究开始于2009年，当年有9篇文献，2010年有18篇，2011年猛增到45篇，从2011年到2015年共有406篇文献，平均每年达到81篇，呈现“井喷式”增长。但是，由于社会稳定风险评估的实践面比较窄，专业研究的人员很少，总体上来看，其文献总量较少。我国学者们对“稳评”的研究主要从以下几个方面展开。

一是对社会稳定风险评估进行理论思考。童星认为公共政策传统的“成本—收益”之比的评价标准已经被“收益—风险”的评价标准所取代，提出了“风险—灾害（突发事件）—危机”的理论分析框架。黄杰、朱正威从国家治理现代化的视野出发，认为社会稳定风险评估是创新社会治理体制的重要突破口，是各级政府积极回应治理危机和增强风险治理能力的重要体现，是创造动态社会稳定和有效国家治理的一项基础性工程。[①] 朱德米试

① 黄杰、朱正威：《国家治理视野下的社会稳定风险评估：意义、实践和走向》，《中国行政管理》2015年第4期。

图基于社会理论视野，在国家与社会、决策与评估、抗争与参与、战略与预见、风险与管理五个层次勾勒出“稳评”的理论图景，为“稳评”提供学理基础。[①] 曹峰等提出基于社会生态系统的“环境—行为”视角建构社会稳定风险评估框架和方法。[②]

二是对社会稳定风险评估进行操作设计的研究。杨芳勇根据社会燃烧理论的三要素，建立了测量社会稳定风险的指标体系和评估模型。[③] 赵心田、李盈等人研究了“稳评”的指标权重、具体方法、规制路径、模型建构等。研究这些问题的学者往往有从事“稳评”的实践经验，相当一部分是从事工程咨询的专家。

三是对社会稳定风险评估存在的问题进行总结分析。在实践探索中，“稳评”也存在不少问题。刘泽照、朱正威、廉如鉴等学者认为科学认知尚不到位、行政干预行为突出、模糊环境下负面效应凸显、考核问责能量释放受限；童星、张乐认为存在政策目标偏离、主体权责模糊、客体不明晰、法制化水平不高、系统性不强等问题。[④]

四是对完善社会稳定风险评估提出建议。刘泽照、朱正威认为未来需要进一步强化政府主体责任，创新探索政府—社会协同路径；[⑤] 杨雄认为需要建立一个科学指标体系，必须认真体现“风险识别”和“风险控制”等核心环节；刘红春、唐均等人提出要健全法律保障。

从可收集到的文献来看，发达国家关于社会稳定风险评估的研究文献往往包含在社会风险、社会影响评价、风险管理研究之中，这与当前我国处于社会转型大背景下社会矛盾凸显、利益冲突复杂的现实背景差异极大，但是对于我国研究社会稳定风险评估具有理论上的借鉴意义。

---

① 朱德米：《社会稳定风险评估的社会理论图景》，《南京社会科学》2014 年第 4 期。

② 曹峰、邵东珂、李贺楼、彭宗超、薛澜：《我国社会稳定风险治理的评估框架与方法——基于社会生态系统的“环境—行为”视角》，《经济社会体制比较》2014 年第 4 期。

③ 杨芳勇：《论社会燃烧理论在“重大事项”上的应用》，《中共浙江省委党校学报》2012 年第 4 期。

④ 童星、张乐：《国内社会稳定风险评估政策文本分析》，《湘潭大学学报》（哲学社会科学版）2015 年第 30 期。

⑤ 刘泽照、朱正威：《掣肘与矫正：中国社会稳定风险评估制度十年发展省思》，《政治学研究》2015 年第 4 期。

从总体来看，社会稳定风险评估源于地方政府对防范、治理社会风险的积极探索，作为一种制度安排和提升决策过程科学化和民主化的途径，与其在实践上的快速推进相比，对“稳评”的理论研究、建构和反思一直以来相对薄弱。从现有社会稳定风险评估的研究文献来看，多为对具体评估项目的评估指标体系进行讨论，包括交通建设项目、征地项目、水利建设项目等投资项目及其重大决策社会稳定风险评估。针对社会稳定风险评估理论设想、研究范式、方法论以及价值取向、发展方向、框架分析等内容的理论研究成果偏少，仅有的少量探讨也只是集中在政治学、公共管理、行政管理等学科领域内，缺乏社会科学宏观视角，尤其是社会学的讨论与分析较少，制约了社会稳定风险评估机制的良性发展和功能发挥，需要夯实“稳评”理论基础，端正对“稳评”的态度。

三　研究思路与调查概况

（一）研究思路

无论是地方政府对“稳评”的初始探索，还是中央政府在全国范围内的大力推行，其基本动机都是积极避免和减少社会稳定风险。社会稳定风险是社会风险的重要类型，它是指在一定时空范围内，对安定有序、利益平衡的社会状态构成重大破坏的可能性。在转型国家，社会稳定风险成为一种主要的社会风险类型，甚至可能引发政权更替、国家分裂，因此，对社会稳定风险的治理是国家治理范围的一个重要组成部分。虽然社会稳定风险主要发生在“社会”领域，但实际上可以由政治、经济、文化等各类“人为”行为所引发，是一种综合性极强的风险，需要“国家”“社会”等多主体进行综合治理。从源头治理社会稳定风险的举措之一就是对重大决策事项进行社会稳定风险评估，低风险的决策才能被通过和实施，中风险和高风险就暂停实施或者不得实施，这样就避免了由重大决策所引发的社会稳定问题。

“稳评”工作的全局性、综合性和可操作性决定其既需要理论范式的基础，也需要实践范式的指导，因此本文试图寻找“稳评”的理论范式、实践范式，构建“稳评”的研究范式。在风险社会理论的知识谱系中，大致形成了三种理论范式：现实主义理论范式、制度主义理论范式和建构主义的理论范式。[①] 本文主要从这三种理论范式出发，结合笔者对相关问题的实地调查（问卷调查和质性访谈）结果，展开对这一问题的探讨。

（二）调查概况

由于力所不逮，本研究无法对全国各地进行实地调研，而是选择了笔者所在的四川省作为调研地点。因为四川省是社会稳定风险评估的发源地，有丰富的实践经验，因此，以此为“麻雀”进行解剖具有典型性。2004 年，遂宁“广源事件”后，遂宁市政府开始探索建立重大项目社会稳定风险评估机制。2005 年初，遂宁市针对当时最易引发“群体性事件”的重大建设项目，在全国率先制定出台了《重大工程社会稳定风险预测评估化解制度》，制度中明确规定新建重大工程须进行“稳评”，凡是未经风险评估的不得盲目开工，评估出有“涉稳”重大隐患尚未化解的项目不得擅自开工，这是地方政府正式启动“稳评”的开创性标志。随着社会矛盾冲突形式的变化和不稳定事件诱发因素的演变，2006 年 2 月，遂宁市在重大工程社会稳定风险预测评估试点工作的基础上，进一步拓展评估范围，制定出台了《重大事项社会稳定风险评估化解制度》。2007 年 6 月，遂宁市委、市政府又出台了《深化规范社会稳定风险评估机制的意见》。2008 年，遂宁市委、市政府出台了《重大活动社会稳定风险评估办法》。这一系列制度要求政府在作决策、上项目、搞改革以及其他事关群众利益的重大事项出台前，都必须组织开展社会稳定风险评估，避免或减少因决策失误或时机不成熟给社会稳定带来冲击和负面影响。[②] 在总结遂宁模式的基础上，四川省人民政府于 2010 年颁布了《四川省社会稳定风险评估暂行办法》（四川省人民政府令第 246 号），这是国内首部关于社会稳定风险评估的省级政府规章。2014 年四川省又发布了《四川省社会稳定风险评估责任追究暂行办法》。2014 年四川省

---

① 张云昊：《社会风险的整合治理机制与模型建构》，《南京农业大学学报》（社会科学版）2011 年第 4 期；杨雪冬：《风险社会理论述评》，《国家行政学院学报》2005 年第 1 期。

② 《四川遂宁推行社会稳定风险评估》，《人民日报》2006 年 6 月 6 日。

开展社会稳定风险评估的数量为6782件。2016年8月，四川省政府发布了《四川省社会稳定风险评估办法》，经过补充完善，替代了原来的暂行办法。

本次实地调查的对象是参与过“稳评”工作的人群，包括政府的维稳部门、企业和中介服务机构等。由于参与“稳评”工作的群体有限，同时，样本框的分布也比较分散，本次调查采用了立意抽样（按照经济发达程度）的方式，在四川省内选择了经济比较发达的地区（成都、绵阳）、一般地区（遂宁、广元、宜宾）和比较落后的地区（凉山州）。最终获取样本369个，包括重大事项的决策部门、“稳评”的组织实施部门、编制“稳评”报告的机构的专业人员和“稳评”报告的评审专家。

2016年3月至6月，课题组先后到成都、绵阳、遂宁、广元、宜宾、凉山等地，与当地维稳办、大型企业、咨询服务机构召开座谈会7次，重点访谈21人（其中政府机构7人，其他机构14人）。发放调查问卷369份，回收有效问卷360份，有效问卷回收率为97.57%，最后采用SPSS软件对问卷数据进行统计分析。

（三）调查样本的基本情况

由于政府维稳部门和企业、咨询机构从事“稳评”工作的人多为男性（需要经常到现场处理“维稳”事件或者开展现场风险调查），因此样本中的男性比例随之也较高。样本（被访者）的平均年龄为42岁，符合我国目前劳动人口的年龄分布状况（30～50岁是劳动人口最集中的年龄段）。被访者的受教育程度较高，主要原因是“稳评”专业技术含量高，以脑力劳动为主。无论是政府决策部门、维稳部门，还是咨询评估机构（国有事业单位和民办咨询机构）和具体实施“稳评”的企业单位，都需要较高文化程度的人才，因此本次调查对象的文化程度偏高，硕士研究生及以上学历的比例占到40.8%，符合这个行业的基本特征（见表1）。

在样本中，参加“稳评”项目的平均次数接近5次（4.96次），最少的为0次，最多的达到30次（见表2）。完全没有参加过“稳评”项目的是政府公务员（有6人），但是他们基本了解“稳评”的情况，也纳入样本中。被访者都了解“稳评”，可以保证问卷的有效性。

表 1　核心样本的情况

连续或虚拟变量			
男性	0.69	(-0.464)	
年龄	41.56	(-9.956)	
参加“稳评”项目的次数	4.96	(-5.559)	
分类变量			
您的职业		您的受教育程度	
公务员	33.3	初中及以下	0.0
国有事业单位人员	25.8	高中、中专或职中	0.8
国有企业人员	17.5	大专、大学本科	58.3
民营企业人员	20.8	硕士研究生及以上	40.8
其他	2.5	其他	0.0
参与“稳评”工作的身份		参与“稳评”的类别	
重大事项的决策单位	13.3	重大政策出台	9.9
负责组织“稳评”的单位	20.8	重大工程项目(如:工业、水电、房地产等)	63.1
具体编制“稳评”报告的单位	20.0	重大改革措施	12.8
配合参与的单位	25.0	重大活动	10.6
评审单位(专家)	15.8	其他	3.5
其他	5.0		

注：连续或虚拟变量报告的是均值和标准差（左边为均值，括号内为标准差），分类变量报告的是百分比。本文表内数据均来源于本调查，后同。

表 2　参加“稳评”项目的情况

单位：次，%

参加“稳评”项目的次数	频数	百分比	累计百分比
2 次及以下	156	43.3	43.3
3～5 次	105	29.2	72.5
6～10 次	45	12.5	85.0
11 次及以上	54	15.0	100.0
合计	360	100.0	—

四　作为“技术”的社会稳定风险评估

社会稳定风险评估首先是基于具体的、客观存在的社会稳定风险的发生为前提的，出于认知、评价和解决这类风险的需要而出现的，与现实主义的社会风险理论范式是一致的。现实主义的理论范式以劳（Lau）的新“风险”理论为代表，主张对可观察的、客观存在的、可预见的、具体的社会风险进行研究，试图通过对这些具体风险的性质、类型、特点、过程、趋势等进行分析，运用多学科的交叉视角提出一个较为系统的、量化的、具有可操作性的对策方案。① 在现实主义理论范式的基础上，形成了社会风险的“工程—技术”治理模式。这种模式认为各种风险都可以运用科技发明、工程技术以及系统性知识进行防范和化解，这些科学技术知识依赖于专家，因此这种模式也称为专家治理模式。

从现实主义的理论模式看，社会稳定风险评估就是对直接关系人民群众切身利益且涉及面广的重大事项，在决策之前，对有关社会稳定的风险因素进行梳理，对风险等级进行量化评价，从多学科的角度提出防范化解风险的措施等活动，是一种带有技术操作性的防控措施，因此，需要一整套技术规范、技术标准和专家团队。为此，本文从“技术”范式的角度对当前的“稳评”进行了测量，发现还远远没有形成规范的技术体系。

作为“技术”的“稳评”要求贯彻“应评尽评”和“全面客观”原则，但是调查数据显示（见表3），只有15.0%的被访者认为落实应评尽评原则“很好”，高达32.5%的被访者给出了消极评价（包括“一般”、“较差”和“很差”）；只有7.5%的被调查者认为落实全面客观原则“很好”，高达31.6%的被访者给出了消极评价。

表3 对“稳评”工作原则实施效果的评价

单位：%，人

“稳评”原则	很好	较好	一般	较差	很差	合计
应评尽评原则	15.0 (54)	52.5 (189)	22.5 (81)	9.2 (33)	0.8 (3)	100.0 (360)
全面客观原则	7.5 (27)	60.8 (219)	28.3 (102)	2.5 (9)	0.8 (3)	100.0 (360)

注：括号内的数字为频数，括号外的数字为百分比（后同）。

① 张云昊：《社会风险的整合治理机制与模型建构》，《南京农业大学学报》（社会科学版）2011年第4期。

作为“技术”的“稳评”要求评估范围明确、评估内容适当、评估程序规范、评估方法科学、专家中立、对相关利益群体的界定清楚，但是调查数据表明（见表4），只有很少的被访者认为当前的“稳评”在这些方面“不存在”问题。37.5%的被访者认为“评估范围不明确”的问题“很严重”和“比较严重”；40.9%的被访者认为“对相关利益群体的界定不明”的问题“很严重”和“比较严重”。在最能体现科学性的“评估方法”和“评估程序”的调查中，只有7.5%的被访者认为不存在“评估方法不科学”的问题，高达92.5%的被访者认为存在“评估方法不科学”的问题，而且15.0%的人认为存在的问题“很严重”和“比较严重”。被访者对“评估程序是否规范”的认识也与此相近，只有13.3%的人认为不存在“程序不规范”的问题，高达86.7%的人认为存在“程序不规范”的问题。

表4 对“稳评”工作存在问题的严重性评价

单位：%，人

“稳评”工作可能存在的问题	很严重	比较严重	一般	轻微	不存在	合计
评估范围不明确	2.5 (9)	35.0 (126)	26.7 (96)	23.3 (84)	12.5 (45)	100.0 (360)
评估内容不适当	0.8 (3)	6.7 (24)	33.3 (120)	46.7 (168)	12.5 (45)	100.0 (360)
评估程序不规范	0.8 (3)	10.8 (39)	39.2 (141)	35.8 (129)	13.3 (48)	100.0 (360)
评估方法不科学	0.8 (3)	14.2 (51)	34.2 (123)	43.3 (156)	7.5 (27)	100.0 (360)
具体实施评估的机构或者评估专家不中立	6.7 (24)	11.7 (42)	28.3 (102)	34.2 (123)	19.2 (69)	100.0 (360)
对相关利益群体的界定不明	4.2 (15)	36.7 (132)	36.7 (132)	15.8 (57)	6.7 (24)	100.0 (360)

五　作为“法制”的社会稳定风险评估

以贝克、吉登斯为代表的制度主义风险社会理论认为，经济制度、政治制度、法律制度、科技制度是风险制造的源泉，人类身处其中的现代性充斥着“有组织的不负责任”、等级秩序的混乱和缺乏制度上的一体化。① 他们倡导反思性现代化，从整个宏观社会结构和制度建构上探讨规避和治理社会风险的策略，强调从组织和制度层面进行变革以应对风险社会。

从制度主义风险社会理论来看，社会稳定风险评估的出现是对以往旧制度反思的结果，需要建立一个新的制度来支撑和维持社会稳定风险评估的持续发展，因此社会稳定风险评估的法制化十分重要。为此，我们设计了对“稳评”法制化的评价的调查问题。调查数据显示，29.1%的被访者认为法制化“较差”和“很差”，有46.6%的人认为“很好”和“较好”(见表5)。

表5　对“稳评”工作的法制化评价

单位：%，人

项目	很好	较好	一般	较差	很差	合计
法制化	8.3 (30)	38.3 (138)	24.2 (87)	15.8 (57)	13.3 (48)	100.0 (360)

实际上，在总结实践经验的基础上，国务院部委和各地政府也制定了一些有关社会稳定风险评估的法规政策。本课题组调查了部分规范性文件的实施效果，总体来看实施效果不甚理想（见表6）。认为实施效果“很好”的人数比例从高到低为：《国家发展改革委重大固定资产投资项目社会稳定风险评估暂行办法》（19.2%）、《四川省社会稳定风险评估暂行办法》(11.7%)、《四川省社会稳定风险评估责任追究暂行办法》（4.2%）、《重大水利建设项目社会稳定风险评估暂行办法》(3.3%)。

我们还对落实“稳评”内容的合法性进行了测量（见表7），数据表明87.5%的被访者认为落实得“很好”和“较好”。前后两个数据对比说明，在实施“稳评”政策法规时的效果较差，但是被评估的项目在遵守法规方面的状况比较好。这更进一步说明，稳评工作的法制化比较差，不仅制度建

① 贝克：《风险社会再思考》，《马克思主义与现实》2002年第12期。

表 6　对部分规范性文件实施效果的评价

单位：%，人

序号	法规政策	很好	较好	一般	较差	很差	不知道	合计
1	《四川省社会稳定风险评估暂行办法》	11.7 (42)	54.2 (195)	21.7 (78)	3.3 (12)	0.0 (0)	9.2 (33)	100.0 (360)
2	《四川省社会稳定风险评估责任追究暂行办法》	4.2 (15)	31.7 (114)	32.5 (117)	14.2 (51)	1.7 (6)	15.8 (57)	100.0 (360)
3	《国家发展改革委重大固定资产投资项目社会稳定风险评估暂行办法》	19.2 (69)	44.2 (159)	19.2 (69)	1.7 (6)	0.0 (0)	15.8 (57)	100.0 (360)
4	《重大水利建设项目社会稳定风险评估暂行办法》	3.3 (12)	30.8 (111)	30.8 (111)	4.2 (15)	0.8 (3)	30.0 (108)	100.0 (360)

设的层次较低，而且现有的政策法规也落实得不好。从现有的政策法规体系来分析，目前“稳评”的立法层次较低，最高的是省级政府层面的“政府规章”或者国家部委层面的“部门规章”，权威性不够，目前主要依靠政策来实施。

表 7　对落实“稳评”工作的合法性评价

单位：%，人

项目	很好	较好	一般	较差	很差	合计
合法性	38.3 (138)	49.2 (177)	10.8 (39)	1.7 (6)	0.0 (0)	100.0 (360)

法制的维度要求规范化。调查数据显示（见表 8），30.8% 的被访者认为社会稳定风险评估的规范化做得“很差”和“较差”，只有 5.0% 的人认为做得“很好”。86.7% 的被访者认为评估程序不规范，11.6% 的被访者认为评估程序存在“很严重”和“比较严重”的问题。无论是基层政府还是项目业主单位都谈到，不知道“稳评”工作到底怎么评，目前缺少规范的评估制度。

表 8　对“稳评”工作的规范化评价

单位：%，人

项目	很好	较好	一般	较差	很差	合计
规范化	5.0 (18)	35.8 (129)	28.3 (102)	15.8 (57)	15.0 (54)	100.0 (360)

六　作为“文化”的社会稳定风险评估

以玛丽·道格拉斯和斯科特·拉什为代表的风险文化理论认为，由于人们认知风险的途径和程度增加了，通过社团性的“风险文化”的建构，扩大和加剧了社会风险，因此其又可以称为建构主义社会风险理论。建构主义不赞成风险社会是一个由制度支撑的、有等级的社会秩序，反而认为风险文化存在于非制度性的和反制度的社会状态之中，由此他们主张应对风险的关键是谁认知了风险，谁强化了风险意识和观念，要依靠理念和信念治理风险，而不是依赖法律条文。

从建构主义来看，风险文化的发达程度本身就预示着对风险防范的重视程度，甚至决定了治理成效。对社会稳定风险评估的认知、传播也是风险文化的一个组成部分，从实际调研情况看，社会各界对“稳评”的知晓率很低。四川省统计局 2015 年的调查数据表明，公众对“稳评”的知晓率仅为 10.1%，其中城镇的知晓率为 11.5%、农村为 6.7%。本次实地调查中发现，了解“稳评”的人群十分有限，主要是政府的维稳部门、参与过“稳评”工作的企业和从事“稳评”服务的中介机构。

我们在了解“稳评”工作的业内人士范围内，测量了其对部分政策规章的知晓情况。对“稳评”政策规章的认知是开展“稳评”工作的基础，有关“稳评”的政策规章比较多，在国家层面主要是《关于建立健全重大决策社会稳定风险评估机制的指导意见》（中办发〔2012〕2 号）以及各部委（如国家发改委、水利部、教育部等）制定的部门规章和政策，在地方主要是省市州县各级政府出台的“稳评”规定。在省级层面，有的以政府规章的形式颁布，有的以政策文件的形式发布，省级部门往往也发布了适用于本区域内的政策文件。我们分别列举了2个省级和2个部门的规范性文件，其中一个为《四川省社会稳定风险评估暂行办法》，这是我国最早的有关“稳评”的地方政府规章，统计结果如表9所示。

表9　对部分政策规章的知晓情况

单位：%，人

序号	法规政策	很多	较多	较少	很少	不知道	合计
1	《四川省社会稳定风险评估暂行办法》	39.2 (141)	39.2 (141)	15.0 (54)	5.8 (21)	0.8 (3)	100.0 (360)
2	《四川省社会稳定风险评估责任追究暂行办法》	22.5 (81)	35.8 (129)	25.8 (93)	7.5 (27)	8.3 (30)	100.0 (360)
3	《国家发展改革委重大固定资产投资项目社会稳定风险评估暂行办法》	46.7 (168)	19.2 (69)	21.7 (78)	5.8 (21)	6.7 (24)	100.0 (360)
4	《重大水利建设项目社会稳定风险评估暂行办法》	10.0 (36)	19.2 (69)	33.3 (120)	12.5 (45)	25.0 (90)	100.0 (360)

结果显示，知晓度最高的是《四川省社会稳定风险评估暂行办法》，只有0.8%的人“不知道”；其次是《国家发展改革委重大固定资产投资项目社会稳定风险评估暂行办法》，有6.7%的人“不知道”；知晓度最低的是《重大水利建设项目社会稳定风险评估暂行办法》，高达25%的人“不知道”。我们原以为四川是水资源大省，水电开发相对较多，在参与“稳评”工作的人群中，知晓度应当比较高，结果出乎意料，大多数人并不知道该文件，其只是在水电开发企业和水电开发集中地区的人中知晓度较高。尽管《四川省社会稳定风险评估暂行办法》的知晓度最高，但是，作为四川省最高层级的“稳评”规范性文件，还是有20.8%的人知道“较少”或者“很少”。对《四川省社会稳定风险评估责任追究暂行办法》，有33.3%的人知道“较少”或者“很少”，还有8.3%的人“不知道”。因此，总体上看，业内人士对“稳评”政策规章的认知程度不高。

对“稳评”的重视程度是风险文化的直接体现，对此我们的调查问卷设计了三个相关问题，统计数据表明重视程度很不够（见表 10）。高达 46.7%的被访者认为“流于形式，没有真正成为决策依据”；35.8%的被访者认为在“稳评”中“责任追究不力”；高达 55.0%的被访者认为“领导并没有真正重视”。

表 10　对“稳评”工作存在问题的严重性评价

单位：%，人

序号	“稳评”工作可能存在的问题	很严重	比较严重	一般	轻微	不存在	合计
1	流于形式，没有真正成为决策依据	11.7 (42)	35.0 (126)	30.0 (108)	19.2 (69)	4.2 (15)	100.0 (360)
2	责任追究不力	10.0 (36)	25.8 (93)	48.3 (174)	9.2 (33)	6.7 (24)	100.0 (360)
3	领导并没有真正重视	20.0 (72)	35.0 (126)	22.5 (81)	16.7 (60)	5.8 (21)	100.0 (360)

七　结论与讨论

当前我国的“稳评”在技术、法制和文化层面上都存在严重不足，主要源于对这三个层面的理论认知不足，对其实践运用的研究和探索不够。本文认为社会稳定风险评估不仅是一个实践问题，也是一个理论问题，既存在理论范式，也存在实践范式，并且还存在个案的具体运用。现实主义、制度主义和建构主义虽然是三种不同的理论范式，但是它们分别解释了“稳评”的个案应用、法制支撑和文化心理基础，形成了理解、分析和整合“稳评”理论和实践的研究范式。从理论范式看，“稳评”存在现实主义、制度主义和建构主义三种范式；从实践范式看，分别对应着“技术”、“法制”和“文化”三种范式，每一种范式都存在具体应用，因此包括内容要求和实现路径。“技术”的实践范式要求“科学、客观”，通过设置科学的标准和合理的流程来实现，明确操作化步骤；“法制”的实践范式要求“规范、权威”，通过制定高层次的法律法规，特别需要上位法作为支撑，通过明确规则来实现；“文化”的实践范式要求“认知、重视”，可以通过广泛宣传，增加公众的知晓程度和领导的重视程度来实现（见表11）。

表11　社会稳定风险评估的研究范式

理论范式	实践范式	内容要求	实现路径
现实主义	技术	科学、客观	设置科学的标准和流程
制度主义	法制	规范、权威	制定高层次的法律法规，明确规则
建构主义	文化	认知、重视	广泛宣传，加大公众的知晓程度和领导的重视程度

当然本文建构的社会稳定风险评估的研究范式还是初步的，还需要理论上的进一步论证和实践上的进一步检验，特别是对实现路径的设想还很粗糙，需要进一步在实践中探索，这样才能让社会稳定风险评估持续发展和完善。

农民工就业歧视感的代际风险比较*

杨桂宏**

摘　要：农民工代际比较研究是近年来农民工问题研究的一个热点，本文通过调查数据分析，就农民工就业歧视感、就业满意度及其所带来的社会风险进行代际比较研究，得出新生代农民工就业歧视感强于第一代农民工，就业满意度低于第一代农民工。当遭遇不公平对待时，两代农民工的社会行动表现出明显差异。因此，对农民工就业歧视现象，尤其是新生代农民工的就业歧视，应给予充分重视、疏导，减缓社会矛盾，促进社会和谐。

关键词：农民工　代际　就业歧视感　工作满意度　社会风险

一　研究背景与文献综述

目前，我国的农民工群体不再是一个具有高度同质性的群体，自 20 世纪 90 年代中后期以来，该群体发生了显著的分化和分层，年轻一代的农民工纷纷涌入劳动力市场，而第一代农民工群体随着年龄渐长，逐步退出农民

* 基金项目：国家社科基金面上项目（15BSH125）和北京市教委项目一般项目（SM201610005005）。

** 杨桂宏，博士，北京工业大学人文学院社会学系教授，2011 社会建设与社会管理协同创新中心研究人员，主要研究方向为社会管理与社会发展。

工队伍，因此第二代农民工逐渐成为这个队伍的主力军。据统计，2013 年全国农民工总量达 2. 69 亿，其中新生代农民工已经占到农民工总数的 70% 以上。新生代农民工与老一代农民工，其人生经历的社会环境和家庭环境都发生了根本性的变化，这在很大程度上决定了这两个群体在文化、观念和行为上有明显的差别。由于成长环境和接受教育的不同，这两代农民工有不同的社会认同感和生活期望值，导致他们在“留城”和“回乡”的选择上有着不同行为选择。新生代农民工与老一代农民工相比，他们在诉求上主要有 3 个方面的变化：由过去进城挣钱、回乡发展，向现在进城就业、融入城市发展转变；由过去主要要求足额支付劳动工资，向现在要求参加社会保险转变；由过去主要要求改善劳动条件，向现在要求分享企业和分享城市发展成果转变。[①] 总的来说，新生代农民工对融入城市有强烈的愿望。

2011 年，中国城镇人口超过 6. 9 亿，城市化率首次突破 50%，达到 51. 3%。[②] 但是，在城镇常住人口中，占有一定比例的农民工虽然长期居住在城市，但是他们并没有实现真正意义的城市化，他们还只是处于“半城市化”。[③] 据国家统计局 2012 年 4 月 27 日公布的 2011 年我国农民工调查监测报告，2011 年，全国农民工总量达到 2. 5 亿，比上年增加 1055 万人，增长 4. 4%。其中，外出农民工 15863 万人，增加 528 万人，增长 3. 4%。[④] 如此数量庞大的农民工群体，在就业城市化的过程中，并没有实现城市社会融入。究其原因，主要是农民工城市融入的强烈愿望与融入城市的制度空间和城市社会对农民工的拒斥态度间还有着较大的距离。在维权和自我意识逐步增强的新一代农民工看来，城市社会对他们在城市就业生活过程中态度如何直接影响着他们对城市的认同。因此，在农民工与城市社会的互动过程中，城市社会对他们是接纳还是排斥，不仅直接关系到农民工与城市社会间的关系，也直接关系到我国城市化的质量问题。因此，2012 年，党的十八大新

---

① http://edu. people. com. cn/n/2014/0220/c1053 - 24416559. html.

② 国家统计局：《2011 年国民经济和社会发展统计公报》，2012。

③ 王春光：《农村流动人口的“半城市化”问题研究》，《社会学研究》2006 年第 5 期。

④ 《统计局：农民工数量继续增长　去年总量超 2. 5 亿》，http://finance. sina. com. cn/nongye/nygd/20120427/16421 1945526. shtml。

一届中央政府提出加快我国城镇化进程，尤其是人（农民工）的城市化进程。在农民工逐步成为产业工人的主力，且大多处于“半城市化”状态的现实状况下，研究阻碍农民工城市化问题的意义尤为凸显。因此，本文就两代农民工就业过程中被歧视问题及其所带来的风险进行比较分析，提出促进新生代农民工城市化的对策和建议。

为了能够让这些农民工真正融入城市，成为城市居民，社会各界进行了大量的努力，学者也从各种视角进行了深入研究。例如，王春光研究员认为，新生代农民工在城市融入上面临三大难以化解的张力：政策的“碎步化”调整与新生代农民工越来越强烈的城市化渴望和要求之间的张力；新生代农民工对城市化的向往与他们实现城市化的能力之间的张力；中央政府城市化政策与地方落实城市化措施之间的张力。李培林和田丰的研究发现，生活压力的变化和个人权利意识的增强，对新生代农民工的社会态度和行为取向具有非常重要的影响。刘传江等人①对新生代特征及市民化进程进行研究，比较两代农民工的差异（见表1）。

表1　第一代与第二代农民工的特征比较

比较的特征	第一代农民工	第二代农民工
成长的社会环境	改革开放前	改革开放后
成长的家庭环境	多子女家庭	独生子女或不多于两个孩子的家庭
年龄层次	出生于1980年前	出生于1980年后
文化程度	以小学和初中文化为主	以初中及以上文化为主
人格特征	吃苦耐劳特征较强	吃苦耐劳特征较弱
打工的主要目的	为家庭，以生存为主	为自己，追求生活质量
对城市的认同感	较弱，多以同乡为主要交往对象	较强，向往城市生活和融入城市
与外界的信息交流	以口信、书信为主，信息量少，频率低，速度慢	以电话、网络为主，信息量大，频率高，速度快
与家庭的经济联系	大量的收入寄（带）回农村老家	汇（寄）钱回家比例较低，有时向家庭要钱
生活方式	与传统农民接近	与现代市民接近

① 刘传江、王婧、董延芳：《第二代农民工的新特征及其市民化进程研究》，《发展经济学研究》2012年第1期。

续表

比较的特征	第一代农民工	第二代农民工
对工作的要求	能够挣到比种田多的钱即可	向往体面的工作,或者对将来在城市生存有帮助的工作
务农的经验	有比较丰富的务农经验	没有或缺乏务农经验
对未来的期望	多数人在年龄较大后返乡劳动	多数人不愿返乡务农

在二代农民工社会融入的比较上，周莹认为，相对于老一代，青年城市融入“失范”性而非“规范性”更加严重。由于青年受教育程度更高，目标的功利性更强，消费特征也趋向于城市化的水平，及时获利和出人头地的想法远超于老一代。但是，目前无法消除的城市制度壁垒仍是他们难以逾越的障碍，导致他们具有远超于老一代的心理反差，从而造成青年在融入过程中对待各种问题和事务的容忍度较低，更易形成的“无根”的心理状态。①

二　调研情况与研究假设

（一）调研情况

本文所使用的数据源于北京工业大学“城市化进程中农民工就业歧视及其社会风险研究”课题组于2013年1~2月在全国进行的抽样问卷调查数据。该调查采用多阶段分层随机抽样方法，在全国东、中、西部7个城市的40多家企业进行了“农民工就业歧视及其社会风险”的社会调查。课题组选取农民工就业比较有代表性的城市——北京、温州、广州、成都、西安、郑州、烟台，针对农民工较为集中的行业，如建筑、制造、批发、零售等进行问卷调查，调查共发放问卷1000份，回收有效问卷958份，回收率95.8%。在有效样本中，平均年龄35岁。男性占总数的60%，女性占总数的40%；已婚占总数的61.1%，未婚占总数的36.8%，离婚或其他占总数的2.0%；小学及以下文化程度占总数的6.7%，初中文化程度占总数的32.7%，高中文化程度占总数的21.2%，中专文

① 周莹：《青年与老一代农民工融入城市的代际比较研究》，《中国青年研究》2009年第3期。

化程度占总数的16%，大专及以上文化程度占总数的23.4%。

本文根据学界定义以33岁为界限划分第一代和第二代的农民工，其中第一代农民工有421个，第二代农民工有537个。通过数据统计分析，两代农民工群体的基本情况差异不仅表现在年龄结构的不同，在性别比例、文化程度等方面也有显著差别。第一代农民工男女比例相差很大，女性比例（37.1%）远远低于男性比例（62.9%）。到第二代农民工，虽然还是男性农民工较多（男性58.6%；女性41.4%），但男女之间的比例差距缩小了，男性农民工比女性农民工高17.2个百分点，比第一代25.8个百分点的比例大大降低。同时，第二代农民工的文化程度相对较高，一半以上（54.5%）是中专及以上的文化程度，其中大专及以上文化程度的比例高出第一代农民工17.3个百分点。而第一代农民工一半以上（67.6%）是初中和高中文化程度，其中以初中文化程度者居多，达47.3%。具体见表2。

表2　不同代际农民工与文化程度的交叉表

单位：%

农民工代际	文化程度					合计
	小学及以下	初中	高中	中专、技校、职高等	大专及以上	
第一代农民工	12.4	47.3	20.3	14.7	5.3	100.0
第二代农民工	1.9	21.8	21.8	31.9	22.6	100.0
总体	6.4	32.8	21.1	24.5	15.1	100.0

（二）研究假设

对于农民工的城市化，学者和政府更多是从政策角度，如户籍制度改革、土地制度改革、社会保障制度改革等角度进行推进。为了能够更好地制定和改革现有政策，本文从农民工主体视角出发，通过比较不同代际农民工就业中被歧视感来解析新生代农民工在城市融入问题上的困境与对策，并提出思考与建议。研究首先将第一代农民工和第二代农民工进行比较，找出与农民工代际相关的就业因素，比较他们的就业情况，以及他们就业满意度、歧视感的异同；其次分析影响第一代和第二代农民工群体就业歧视感和工作满意度的因素；最后分析就业歧视给两代农民工群体造成的影响。

根据学者对农民工代际比较研究，本文在农民工就业歧视及其相关社会风险方面提出几个研究假设。

假设一：被歧视感假设。由于新生代农民工自我的权利意识比较强，而农民工就业状况及相关的福利保障并没有根本性的改变。因此，新生代农民工就业过程中的被歧视感强于老一代农民工群体。

假设二：就业满意度假设。由于新生代农民工对就业的自我期望较高，而就业结构和产业性质基本决定了农民工就业岗位，因此新生代农民工就业满意度要低于老一代农民工。

假设三：社会风险假设。新生代农民工就业歧视感强于老一代农民工，就业满意度低于老一代农民工。因此，新生代农民工因就业歧视所带来的社会风险要大于老一代农民工群体。

（三）变量设计

本文研究的变量如表 3 所示。

表 3　变量说明

项目	变量编码	变量标签
个体特征	*q*1	性别
	*q*4	文化程度
	*q*5	婚姻
就业情况	*q*8	务工动机
	*q*22	求职渠道
	*q*27.2	求职中是否遇到过用人单位规定的与求职岗位无关的限制性条件
	*q*20	行业
	*q*21	职业类型
就业待遇	*q*28.1*a*	2012 年您全年外出工作几个月
	*q*28.1*b*	上个月您实际的假期是几天
	*q*28.1*c*	工作日中，您平均每天工作几小时
	*q*28.2	加班、在休息日或法定休假日工作，能拿到超过工资标准的报酬吗
	*q*30.3	是否能足额按时领取到工资
就业福利	*q*29	您参加社会保险（养老、医疗、失业、工伤和生育等五险）的情况
	*q*30.4	您是否享受过带薪休假等福利

续表

	变量编码	变量标签
职业变迁	q19.2	之前换过几次工作
	q31.2	您与单位是否发生过纠纷
	q32.1	对单位的管理您是否有发言权
	q32.2	您是否参加过单位的技术培训
	q32.3	您在本单位是否有过升职
主观感受	q23	工作满意度
	q24	工作与预期相比
	q30.5	目前我国城镇职工月平均工资约3600元，与之相比，您认为自己的收入水平
	q30.6	您对自己的收入满意吗
	q33	您认为在工作中存在歧视吗

三　农民工就业歧视感的代际比较

（一）就业歧视感及其来源的代际比较

从整体来看，农民工代与代之间，有被歧视感的比例差异明显，并且代际与被歧视感之间存在显著相关（见表4）。

表4　农民工代际与就业歧视感相关分析

项目		代际	您认为在工作中存在歧视吗
代际	皮尔逊相关	1	0.092**
	签名（双尾）		0.008
您认为在工作中存在歧视吗	皮尔逊相关	0.092**	1
	签名（双尾）	0.008	

注：** 表示在0.01的水平上相关性显著（双尾）。

但从描述性统计来看，有64.9%的农民工在工作中不存在被歧视的感受，说明农民工就业总体状况良好。但是第二代农民工有被歧视感的比例高出第一代农民工6.1个百分点，其中有1.8%的新生代农民工有非常严重的被歧视感受，而老一代农民工则没人有这种感受。有比较严重被歧视感的第二代农民工比例是第一代农民工比例的近2倍（见表5）。由此可见，两代农民工在被歧视感方面的差异明显。总体来看，两代农民工就业过程中遇到的被歧视事件并不多，但是少量事件给两代农民工带来的歧视感受并不相同，新生代农民工的被歧视感明显强于第一代农民工。由此，前文的第一个假设得到验证。

表5　农民工就业歧视感的代际比较

单位：%

农民工代际	您认为在工作中存在歧视吗				合计
	不存在	有一定歧视	比较严重	非常严重	
第一代农民工	68.6	29.5	1.8	0.0	100.0
第二代农民工	62.5	32.3	3.4	1.8	100.0
合计	64.9	31.2	2.8	1.1	100.0

农民工代际在就业歧视感上有着显著差异，那么他们在具体被歧视的项目上是否存在不同呢？他们感受被歧视的主要项目都体现在哪里呢？问卷统计表明，第一代农民工感受到被歧视最为强烈的主要是工资待遇，其次分别是岗位工种、工作条件、工作时间、就业机会和社会保险、行业选择、合同签订与职位升迁、民主权利、职业培训、其他。第二代农民工感受到的被歧视内容最为强烈的也是工资待遇，其次分别是岗位工种、工作条件、就业机会、工作时间、合同签订、行业选择、社会保险、职位升迁、民主权利、职业培训、其他（见表6）。两代农民工都把工资待遇作为被歧视的主要项目，说明了两点：第一，农民工工资待遇与他们的预期差异较大。第二，农民工在工资待遇方面感受到与社会其他群体的差异。两代农民工差异比较大主要体现在合同签订、民主权利、职位升迁和社会保险几个方面。同时，从两代农民工感受到的被歧视项目的差异上能够看出两代农民工在权利要求上的差异，第二代农民工的权利意识要强于第一代。而在社会保险这一项上老一代感受更深，这是因为社会保险，不论是养老保险还是医疗保险，甚至工伤保险，第一代农民工的个体需求都要强于第二代，因此出现了第一代强于第二代。

表 6　农民工就业歧视感来源的代际比较

单位：%

农民工代际	工资待遇	岗位工种	工作条件	工作时间	就业机会	行业选择	社会保险	合同签订	职位升迁	民主权利	职业培训	其他
第一代农民工	46.2	28.2	25.0	23.7	21.8	20.5	21.8	12.8	12.8	11.5	9.6	7.7
第二代农民工	46.3	26.6	26.2	21.4	23.1	20.1	18.8	20.5	16.2	15.7	8.7	7.0

（二）就业歧视原因的代际差异分析

对于就业过程中出现的被歧视现象，主观分析情况如下。首先，两代农民工都有过半的人认为工作经验欠缺是被歧视的最主要原因。其次，第一代农民工认为学历低、工作能力不强是被歧视的次要原因，而户口性质、制度方面限制、本地人偏见等更次之，外在形象等其他原因所占比例不大。第二代农民工较之第一代农民工虽然也认为学历低和工作能力不强是仅次于工作经验欠缺的原因，但是比例明显低于第一代农民工，而认为由本地人偏见、户口性质、制度方面限制等造成歧视的比例都超过第一代农民工（见表7），这主要是由于新生代农民工在文化程度、专业技能的习得等方面要较之第一代农民工高，所以他们之间的感受与现实差异一致。制度和文化因素所带来的歧视差异，主要是由两代农民工对传统制度认同差异所致。第一代农民工由于很多有着计划经济时期经历，对传统城乡二元的制度和文化差异有较强的忍受力，而第二代农民工大多是市场经济时期成长起来的，他们更认同市场经济体制的原则和理念，因此对传统城乡二元的制度体制有很强的抵制心理，这是导致他们在就业歧视原因看法上与第一代农民工产生差异的主要原因。

就业歧视是由多种原因形成的，既有制度所带来的歧视，也有农民工自身的原因，还有城市社会对农民工的歧视文化和心理。但是从农民工群体主观的分析中，我们看出农民工并没有把更多原因归结为制度和文化心理，而是从自身寻求问题的原因所在。这可以看出，农民工群体对现有制度和权威的认同度较高，同时也说明现实社会中的市场机制作用越来越得到社会认同。

表 7　农民工主观就业歧视原因的代际比较

单位：%

农民工代际	您认为哪些方面是造成就业歧视的原因？							
	工作经验欠缺	学历低	工作能力不强	本地人偏见	户口性质	制度方面限制	外在形象欠佳	其他
第一代农民工	55.3	38.0	33.6	17.8	19.6	18.7	7.6	6.1
第二代农民工	50.3	26.6	26.2	20.9	20.1	19.9	7.4	4.1

四　就业歧视感的影响分析

（一）就业歧视感对工作满意度的影响

从农民工就业被歧视感与工作、收入满意度的相关分析可以看出，农民工的被歧视感与他们的收入和工作满意度都显著相关，二者的相关系数分别为 0.211 和 0.202，显著性（双侧检验）小于 0.01，具有统计意义（见表 8）。这说明农民工就业歧视感直接影响了他们的工作、收入的满意度。满意度作为社会态度的一个指标，是农民工就业歧视感的直接反映，必然会对他们的社会行动产生一定的影响。

表 8　农民工代际、工作和收入满意度和就业被歧视感的相关分析

项目		代际	工作满意度	您对自己的收入满意吗	您认为在工作中存在歧视吗
代际	皮尔逊相关	1	0.019	0.121 **	0.092 **
	签名（双尾）		0.572	0.000	0.008
	N	897	893	884	826
工作满意度	皮尔逊相关	0.019	1	0.392 **	0.202 **
	签名（双尾）	0.572		0.000	0.000
	N	893	950	936	877
您对自己的收入满意吗	皮尔逊相关	0.121 **	0.392 **	1	0.211 **
	签名（双尾）	0.000	0.000		0.000
	N	884	936	942	876
您认为在工作中存在歧视吗	皮尔逊相关	0.092 **	0.202 **	0.211 **	1
	签名（双尾）	0.008	0.000	0.000	
	N	826	877	876	881

注：** 表示在 0.01 的水平上相关性显著（双尾）。

农民工代际与收入满意度之间存在显著相关，但是与工作满意度之间的相关系数并没有通过显著性检验。分析其原因，农民工工作满意度除受工资待遇影响外，还受各种保险、福利待遇、培训、职业升迁等因素的影响。农民工代与代之间对这些因素的预期和需求不同，带来了农民工代际与工作满意度的相关关系没有通过检验。因此，前文中假设二没有完全得到数据验证。

从农民工收入和工作满意度的代际比较来看（见表9），农民工总体对工作满意度要好于对收入的满意度。但从描述统计来看，第二代农民工在工作满意度方面分布较之第一代农民工更为分散，工作很满意和不满意的比例都高于第一代农民工，而比较满意和一般的比例低于第一代农民工。这说明第二代农民工较之第一代更为分化。从收入满意度来看，新生代农民工满意度整体都低于老一代农民工。由此可见，第二代农民工对收入预期与现实间的差距要高于第一代农民工。

表9　农民工收入和工作满意度代际比较分析

单位：%

农民工代际	满意度	很满意	比较满意	一般	不太满意	很不满意
第一代	工作满意度	6.7	43.3	43.3	4.7	2.0
	收入满意度	3.1	21.3	43.2	27.8	4.5
第二代	工作满意度	9.7	38.1	41.5	8.6	2.1
	收入满意度	2.3	15.6	41.4	28.9	11.8

（二）农民工就业歧视与社会风险分析

农民工在就业收入和各项保障方面存在一定的被歧视感受，这种社会意识会引发他们怎样的社会行动？这种社会行动是否会有代际差异？是否会带来一定的社会风险？对这些问题的研究，主要从两个方面展开：一是他们受到不公平对待时会采取哪些社会行动？二是他们因就业被歧视会有怎样的社会冲突？

通过农民工受到不公平对待时会采取哪些行动的问卷调查，我们发现：两代农民工在伤害自己身体、找法院起诉和期望改善工作环境这三个方面存在显著性差异（见表10）。其中有10.4%的第二代农民工在这种情况下采取伤害自己的身体的方式，而第一代农民工这一比例为6.3%；对于采取找法院起诉的社会行动，第一代农民工有8.3%的比例，而第二代农民工仅为4.5%。这与两代人的社会经历和秉持的社会价值观不同有很大关系。其中第一代农民工他们大多受计划时期的传统观念影响，对国家、政府怀有较强的信任感，遇到不公平对待时习惯找政府主持公道。而第二代农民工是在市场经济时期成长起来的，他们大多受市场竞争的价值观念影响，因技能、文化程度等导致竞争失败，更多被认为是个体原因。我们近年看到的很多新生代农民工跳楼事件都从一个侧面印证了这种统计的结果。在应如何改善农民工被歧视的这一问题调查中，新生代农民工比老一代更期望通过改善工作环境来改变被歧视的现状。

表10　农民工受到不公正对待时社会行动的相关性分析

项目	伤害自己身体	找法院起诉	期望改善工作环境
相关系数	0.072*	-0.078*	0.067*
显著性(双侧)	0.036	0.022	0.049
第一代农民工(%)	6.3	8.3	12.5
第二代农民工(%)	10.4	4.5	17.5

注：*表示在0.05的水平上相关性显著（双尾），**表示在0.01的水平上相关性显著（双尾）。

虽然调查数据显示农民工就业歧视感与农民工受到不公平对待时采取的社会行动之间的相关性不显著，但是农民工“因就业歧视而心情压抑”这一变量与农民工采取的社会行动之间存在较强的相关性（见表11）。从中我们也能够看出第二代农民工因就业歧视而心情压抑之后他们更倾向于采取各种各样的社会行动，几乎被调查的各种行动与第二代农民工“因就业歧视而心情压抑”这一变量都呈现显著相关。而第一代农民工在心情压抑时采取的偷窃、抢劫和打架斗殴这几项行动都没有通过显著性检验。这表明新生代农民工较之第一代农民工在遭受歧视后他们采取的社会行动会对社会带来更大的社会风险。

表 11　农民工就业歧视与社会行动的相关性分析

项目			自杀	伤害自己身体	偷窃	抢劫	赌博	打架斗殴	破坏城市建筑
第一代农民工	工作中存在歧视吗？	相关系数	0.043	-0.019	-0.026	-0.057	-0.043	-0.052	0.080
		显著性	0.454	0.739	0.657	0.324	0.456	0.370	0.165
第二代农民工		相关系数	-0.055	0.071	-0.042	0.032	0.036	-0.002	-0.035
		显著性	0.233	0.120	0.362	0.488	0.440	0.969	0.448
第一代农民工	因就业歧视而心情压抑	相关系数	0.241**	0.171**	0.103	0.102	0.151**	0.007	0.265**
		显著性	0.000	0.002	0.060	0.063	0.006	0.903	0.000
第二代农民工		相关系数	0.207**	0.256**	0.163**	0.098*	0.174**	0.133**	0.191**
		显著性	0.000	0.000	0.000	0.028	0.000	0.003	0.000

注：* 表示在 0.05 的水平上相关性显著（双尾），** 表示在 0.01 的水平上相关性显著（双尾）。

农民工因遭受歧视而心情压抑，他们会有哪些社会行动？是否会与其他社会群体产生冲突？从调研数据来看，这个问题得到了验证（见表 12）。从冲突的对象来看，两代农民工在心情压抑的时候与本地人和老板会产生冲突，第一代农民工与工友的冲突可能性也比较大，第二代农民工与房东冲突的可能性没能通过显著性检验。这说明他们的被歧视感和不满意主要源于老板和本地人。

表 12　农民工心情压抑与冲突对象的相关性分析

项目		与工友	与老板	与房东	与本地人
第一代农民工	相关系数	0.141**	0.197**	0.139*	0.178**
	显著性	0.010	0.000	0.011	0.001
第二代农民工	相关系数	0.101*	0.231**	0.086	0.194**
	显著性	0.024	0.000	0.053	0.000

注：* 表示在 0.05 的水平上相关性显著（双尾），** 表示在 0.01 的水平上相关性显著（双尾）。

农民工与这些群体产生冲突，他们会采取哪些方式呢？通过问卷统计，农民工就业歧视感与这些冲突形式间的相关性不强，而因就业歧视心情压抑与这些冲突形式间就表现出很强的相关性（见表 13）。第二代农民工在冲突方面较之第一代农民工表现出更为积极的一面。从表 13 中我们可以看出，两代农民工在这种情况下都会表现出上访、停工、罢工、游行示威和向法院起诉，但是在消极怠工、集体辞职、找老板谈判这一冲突形式上两代农民工表现不同，第二代农民工遭受歧视心情压抑与消极怠工之间没有相关性，但与集体辞职和找老板谈判方面表现出相关性。而第一代农民工却完全与此相反。这说明第二代农民工与第一代农民工相比在维护权益方面表现出更大的积极性和主动性，并且也表现出组织性和集体性。因此，前文中的研究假设三得到验证。

表 13　农民工就业歧视与冲突形式的相关性分析

项目			上访	停工	罢工	消极怠工	游行示威	集体辞职	找老板谈判	向法院起诉
第一代农民工	工作中存在歧视吗？	相关系数	-0.004	-0.068	-0.045	-0.035	0.069	-0.033	-0.126*	0.043
		显著性	0.950	0.234	0.436	0.542	0.228	0.570	0.028	0.455
第二代农民工		相关系数	-0.020	0.130**	0.050	-0.075	0.066	0.071	-0.018	-0.026
		显著性	0.668	0.004	0.278	0.101	0.149	0.123	0.702	0.573
第一代农民工	因就业歧视心情压抑	相关系数	0.159**	0.204**	0.219**	0.173**	0.165**	0.091	0.084	0.318**
		显著性	0.004	0.000	0.000	0.001	0.003	0.098	0.127	0.000
第二代农民工		相关系数	0.179**	0.257**	0.244**	0.086	0.124**	0.169**	0.172**	0.239**
		显著性	0.000	0.000	0.000	0.054	0.005	0.000	0.000	0.000

注：* 表示在 0.05 的水平上相关性显著（双尾），** 表示在 0.01 的水平上相关性显著（双尾）。

五　结论与反思

通过对两代农民工就业歧视感的数据比较分析，我们验证了开篇提出的三个研究假设，即新生代农民工较之第一代农民工就业歧视感更强，就业满意度低，遭遇不公平对待时，新生代农民工较之第一代农民工会带来更大的社会风险。

美国社会学家科塞（L. A. Coser）“将冲突看作有关价值、对稀有地位的要求、权力和资源的斗争。在这种斗争中，对立双方的目的是要破坏以至伤害对方”。[1] 从其对冲突的定义中可以看出，冲突产生的根源有两种：一种是因资源分配方面的不均，即权力、地位方面的不平等；另一种是因价值观念和信仰的相异。他认为只要不直接涉及基本价值观或共同观念，那么冲突的性质就不具有破坏性，就会对社会有好处。这就是科塞强调的冲突正功能。从冲突产生的社会结构来看，在结构松散开放的社会结构里产生的冲突具有正功能，因为在这样的社会，敌对的情绪可以相对自由地表达，从而通过消除产生不满情绪的原因来重新调整社会结构，促进社会的稳定和整合。相反，在僵化封闭的社会结构里产生的冲突则具有破坏性。

从农民工社会冲突的代际比较分析中可以发现，第二代农民工比第一代农民工在被歧视感受方面更为突出，与其他社会群体的社会冲突更为强烈。分析这种冲突产生的原因，从城乡价值观念的对比分析中可以看出：第二代农民工较之第一代农民工更为认同现代城市文化，在消费、流行文化、生活习惯等方面效仿城市居民更为明显。因此，这种冲突更多来源于资源机会配置的不均和社会流动渠道的不畅。在市场经济体制确立后的几十年里，我国城乡居民的收入分配差距越来越大，阶层间贫富差距也呈逐步扩大的趋势，处于社会底层的农民工在财富代际累计的效果下，与城市居民间的差距愈发明显。在自我意识逐步增强的对比下，第二代农民工的受剥夺感、被歧视感就更为强烈。同时，在以人力资本积累为依托的劳动力市场社会流动机制下，农民工子女受教育条件较之城市同期群体而言，没有任何优势。因为我国长期以来的城乡二元教育投入体制使城乡教育资源配置极为不平衡。因此，他们向上社会流动的渠道不畅，这也是他们较之第一代农民工与城市间的社会冲突更为强烈的原因所在。

科塞冲突理论最突出的贡献在于他对冲突功能的分析。他认为，冲突具有正、反两方面的功能。弹性比较大、比较灵活的社会结构容易出现冲突，但对社会没有根本性的破坏作用，因为这种冲突可以导致群体与群体间接触面的扩大，也可以导致决策过程中集中与民主的结合及社会控制的增强，它对社会的整合和稳定起着积极的作用。相反，僵硬的社会结构采取压制手段，不允许或压抑冲突，冲突一旦积累、爆发，其程度势必会更加严重，将对社

① 科塞：《社会冲突的功能》，孙立平译，华夏出版社，1989。

会结构产生破坏作用。为此，科塞继承齐美尔的“安全阀”学说，并进一步完善，主张将安全阀机制制度化。科塞认为，冲突的“社会安全阀”功能类似于锅炉上的“安全阀”功能，通过它可以使敌对情绪、不满心理得到发泄，不至于破坏社会结构。相反，如果紧张情绪没有得到及时的排泄，将会对整个群体、社会造成破坏。科塞认为，冲突扮演了一个激发器的角色，它激发了新规范、规则和制度的建立，从而充当促使敌对双方社会化的代理人。此外，冲突重新肯定了潜伏着的规范，导致竞争对手们对本已潜伏着的规则和规范的自觉意识，从而强化对社会生活的参与。[①] 另外，冲突是一种重要的社会平衡机制，是一种通过更改双方权力关系的基础来避免不平衡条件产生的重要途径，因而它有助于对立双方间建立并保持力量的平衡。[②]

由此可见，农民工城市就业所产生的社会冲突，我们一方面要看到这种冲突所带来的社会风险的可能性；另一方面我们也要看到这种社会冲突所带来的社会系统自我调整的机会。过去，在农民工社会治理的思路上，我们一直提倡“稳定压倒一切”，对农民工城市就业所带来的社会风险，其治理思路是疏导农民工回流到农村，抑制其城市化的进程，减少社会风险发生的可能性。但是在工业化、城市化发展规律主导下，农村、农业承载人口的能力随着城市经济社会的发展已越来越弱化，农民工对城市的诉求已不再是简单的就业城市化，还要权益保障、社会生活、文化娱乐、子女教育、公共服务等方面的城市化。而这些诉求在现有体制、机制下是没有办法通过合理的渠道来表达的，那么农民工通过一定的冲突，推动城市社会治理机制的改革，这也是一种进步。因此，新生代农民工较之老一代农民工社会行动能力的增强和社会冲突的增多，我们不能仅仅看到其消极意义的一面，还要看到这在一定程度上反映了新工人阶层集体行动能力的增强。在我国社会快速转型、阶层分化日益加剧的现实背景下，新生代农民工这种集体社会行动能力的增强，是社会结构平衡的一种自我发育，也是社会和谐自我调节能力形成的必然阶段。

---

① 科塞：《社会冲突的功能》，孙立平译，华夏出版社，1989，第125页。

② 谢立中：《西方社会学名著提要》，江西人民出版社，1998，第239页。

马克思劳动权利—义务观视阈下矿工安全分析

贺汉魂*

摘　要： 马克思劳动权利—义务观对中国治理矿难的启示在于：防治矿难有赖于物质条件特别是机器设备的健全完善，归根结底要以科技进步和生产力发展为基础；相对于中小型煤矿，大型煤业集团可以弥补安全投入不足的缺陷，更能体现社会主义公有制的本质，应成为发展的重点；面对权力与资本交易而成的"结构性力量"左右着煤矿生产秩序的不良现状，在加强"安全民主"建设、优化安监队伍、健全和保障基层安监机构的同时，应通过打"老虎"扫除不道德煤矿资本的权力靠山。

关键词： 劳动权利　劳动义务　矿难

矿难，一般指矿产品在生产过程中发生的给公民生命财产造成巨大伤害和损失、引起广泛社会心理恐慌，甚至导致局部社会危机的灾难性社会事件，根本而言，是人类对危险缺乏足够理性控制而引发的人为灾难事故。①

* 贺汉魂，哲学博士，湖南第一师范学院二级教授，中国社会科学院马克思主义研究院访问学者，主要从事经济伦理学、反邪教研究。

① 杨凤春：《政府应对矿难承担什么样的责任》，《决策》2004 年第 2 期。

现代社会，不论是发达国家还是发展中国家，矿难（这里主要是指煤矿生产安全事故）始终像工业化进程中的“梦魇”惊扰着人们。在马克思劳动伦理思想的现实关切中，关于西方社会工业化初期的矿难问题，特别是对煤矿生产事故的探析是重要内容。在马克思看来，矿难充分体现了煤矿工人劳动权利极度缺失，造成矿难的根本原因是煤炭资本家对矿工健康与安全权利的极度冷酷和漠视，重要原因是维护矿工劳动权利的主体，主要指政府消极作为，甚至不作为。从马克思劳动权利—义务观视阈下探寻中国矿难产生的原因，思寻解决类似问题的有效措施，无疑具有十分重要的理论与现实意义。

一 矿工劳动权利严重缺失：矿难发生的实质

劳动权利主要包括劳动条件权、劳动报酬权、劳动资格权与劳动维护权。马克思指出，在资本主义社会，从事生产劳动占了工人一生的大部分时间，所以在工人应享有的劳动权利中，马克思特别重视的是劳动条件权，“生产过程的条件大部分也就是工人的能动生活过程的条件，是工人的生活条件”。[①] 马克思所谓的劳动条件权即劳动过程中，保障劳动顺利进行的权利，主要包括劳动报酬权、职业安全保护权、劳动福利权、休息休假权、劳动环境权、劳动参与权。在劳动条件权中，马克思尤其强调工人的健康、安全权，“工人要坚持他们在理论上的首要的健康权利”，[②] 基本要求是“避免一切不必要的、有害健康的情况”。[③] 马克思所谓的劳动健康权主要针对劳动卫生条件。在马克思看来，“劳动的卫生条件应当普遍地置于适当的法律保护之下，至少要保证在一切室内工作场所安装良好的通风设备”；[④] 对于按性质来说本来就不卫生的劳动部门，则“要尽量地限制那种对于健康特别有害的影响”。[⑤] 安全即不产生危害、不导致危险。这一点，马克思也作过一些说明，如马克思指出，资产阶级通过节约建筑

① 马克思：《资本论》第3卷，人民出版社，2004，第101页。
② 《马克思恩格斯全集》第12卷，人民出版社，1995，第198页。
③ 马克思：《资本论》第3卷，人民出版社，2004，第111页。
④ 马克思：《资本论》第3卷，人民出版社，2004，第111页。
⑤ 马克思：《资本论》第3卷，人民出版社，2004，第111页。

物实现空间节约，使工人拥挤在狭小地方工作，同时节约通风设备，结果造成工作环境不安全与不卫生相混存在，“这两件事，再加上劳动时间过长，使呼吸器官的疾病大量增加，从而使死亡人数增加”。①

在马克思时代，工人健康、安全权利得不到有效保障是资本主义社会的普遍现象，“即使是真正的工厂也缺乏保障工人安全、舒适和健康的一切措施”。② 这种情况在煤矿工人身上表现得尤为突出。对此，马克思多次引用矿山调查委员会的报告加以说明：“好些地方只开一个竖井，以致不仅没有足够的空气流通，而且一旦这个竖井堵塞，连一个出口都没有”③ “大部分煤矿只有极不完善的排水设备和通风设备；往往是竖井建造得很差，支架很糟，机械师不够格，坑道和车道设计和修建得不好”。④ 矿工们健康安全权严重缺失，严重地危害着矿工的身心健康，特别是在劳动时间未能缩短，又没有特别预防措施作为补偿的情况下更加如此，“如果没有劳动时间的缩短和特别的预防措施作为补偿，也是造成生命和健康浪费的原因”。⑤ 这也是以矿工生命牺牲为基本标志的矿难的直接原因，如“1860 年前后，在英国煤矿中平均每周有 15 人死亡。根据《煤矿事故》的报告（1862 年 2 月 6 日），在 1852～1861 年的十年内共死亡 8466 人”。⑥ 事实上，这些数据已经大大缩水了，“但是，正如报告本身所指出的，这个数字大大缩小了”。⑦

矿工们当然明白健康权、安全权严重缺失的严重后果，何以依然有不少人“明知山有虎，偏向虎山行”呢？马克思指出，主要原因有三。其一，可以得到相对高一些的工资，“煤矿工人情愿冒极大的危险，忍受最有害的影响，为的是挣得比附近的农业短工略高的工资”，⑧ 以及更多的赚钱机会，“此外，还因为矿山劳动能使他们的儿女找到挣钱的机会”。⑨ 其二，可以得

① 马克思：《资本论》第 3 卷，人民出版社，2004，第 106 页。
② 马克思：《资本论》第 3 卷，人民出版社，2004，第 104 页。
③ 马克思：《资本论》第 3 卷，人民出版社，2004，第 103 页。
④ 马克思：《资本论》第 3 卷，人民出版社，2004，第 103 页。
⑤ 马克思：《资本论》第 3 卷，人民出版社，2004，第 106 页。
⑥ 马克思：《资本论》第 3 卷，人民出版社，2004，第 103 页。
⑦ 马克思：《资本论》第 3 卷，人民出版社，2004，第 103 页。
⑧ 马克思：《资本论》第 3 卷，人民出版社，2004，第 103 页。
⑨ 马克思：《资本论》第 3 卷，人民出版社，2004，第 103 页。

到虽然简陋却是免费的住处。如当时的矿山开采者，包括矿山的所有者以及承租人，通常为自己雇用的工人建造一定数量的小屋，这样，工人便可“无代价地”得到小屋和燃料用煤——实际上，“这些小屋和煤构成工资中用实物支付的部分”。① 其三，更重要的原因在于到处都不公平，“但他不是仍然可以离开这种不公平的地方吗？——到处都是不公平的”。②“如果他到另外一个地方去，也会遇到同样的情况”。③ 这样，为了得到或保留这些“好处”，即便劳动权利，特别是健康、安全权极其缺失，矿工们实际上并不敢流露出些许不满，否则，“监工就在监督簿上他们的姓名下面作个记号或加个注，等到签订新的一年的契约时就把他们解雇”。④

我国煤炭生产安全形势曾经长期较为严峻。在当代中国，容易发生矿难的煤矿主要是两大类。一是投入不足，设备老化，矿井抗灾的能力持续下降的老企业。二是根本不具有生产的长期性，安全设备投资花费又很少的小煤矿，其中又以根本不具备基本安全生产条件却疯狂私开滥挖的非法小煤矿为甚。可见，矿难的实质就是矿工劳动权利，尤其是健康、安全权严重缺失。这一点，中外均不例外。

在当代中国，据统计，矿难死亡者以农民工占多数，原因很简单，因为挖煤者主要是农民工。农民工何以愿意——不排除少数人因为强迫或欺骗——从事这些高危工作呢？重要动因是他们想趁年轻时多挣点钱。至于煤老板们喜欢雇用农民工，重要原因则在于农民工的“优越性”。关于农民工的“优越性”，美国学者查尔斯指出，一是在于农民工因为无可奈何只能在低工资率下接受无条件的枯燥操作，这一特点为那些简单又艰苦劳动的行业雇主们所欢迎。二是在于雇主十分看好农民工对失业的双重防御能力：第一道防御是收入分散、多元；第二道防御是在第一道防御失败时，可以回到原来的职业即回家种地。其实，除此以外，当代中国农民工的勤勉、驯服、成本低廉、不惹麻烦的优良品质更可谓“举世闻名”。这就不奇怪在长期缺乏正式制

① 马克思：《资本论》第1卷，人民出版社，2004，第767页。
② 马克思：《资本论》第1卷，人民出版社，2004，第573页。
③ 马克思：《资本论》第1卷，人民出版社，2004，第573页。
④ 马克思：《资本论》第1卷，人民出版社，2004，第768页。

度与技术约束条件下，我国不论是国企还是民企均有使用农民工的天然偏好。“生命诚可贵”，显然，如果广大农民赚钱门路不是太少，如果社会保障事业能在我国广大农村普遍展开，广大农民是不会用生命做代价去做矿工换取血汗钱的，即便成了矿工也不会因别无选择而“坚守岗位”。令人欣慰的是，随着国家经济的发展、农民工短缺现象的出现及城镇化发展使农民工的职业选择越来越多，农民工这种“不怕死”的情况正在不断改变。这说明，促使我国矿工们劳动权利得到有效保障的“倒逼社会机制”正日渐形成。

劳动总是一定的具体主体在劳动，因此除社会生产条件具备外，劳动者从事具体劳动，实际上必定受到一系列主体因素的制约和影响，如年龄、健康、性别、文化等。所以并非具有一定劳动能力的人均应该成为现实的劳动者。高于主体条件的劳动容易对劳动者造成难以弥补，甚至无法弥补的伤害。这就意味着具备相应主体因素者没有成为劳动者，或不具备相应主体因素者却成为劳动者，其实均不应该。马克思批判资本主义某些部门中，少女和妇女也整夜和男工一道做工，主要针对的是劳动者的性别要求。马克思批判煤矿资本家雇用儿童挖煤，“矿山中 10 岁以上童工的劳动。劳动，连同到矿山往返的路程，一般持续 14 ~ 15 小时，有时还要长，从早晨 3、4、5 点钟到傍晚 4 ~ 5 点钟”。[①] 主要是针对劳动者的年龄要求。实际上，马克思当时所论及的煤矿工人，包括成年男子，多是没有接受多少，甚至根本没有接受过文化教育的农民，他们的文化素质并不是很高。也就是说，在马克思看来，挖煤虽然不是复杂劳动，但文化素质太低显然也会对煤矿生产安全产生不利影响。

当代中国矿难频发与矿工劳动素质不高也有一定关系。目前，我国国有煤矿技术人员文化程度不高，安全专业人才不足。有资料显示：煤矿里大量沉积着从农村转移过来的低端劳动力，煤矿中工人的年龄结构与其他机械行业一样也是“中间大两头小”，煤矿里 41 岁以上的占 43%、17 ~ 40 岁的占 57%。[②] 虽然挖煤艰苦又危险，但进入大城市或高新企业依然存在诸多政策性或体制性“门槛”。所以，相对而言，我国农村剩余劳动力流入煤矿的数量较多，这就致

① 马克思：《资本论》第 1 卷，人民出版社，2004，第 570 页。

② 颜烨：《煤殇：煤矿安全的社会学研究》，社会科学文献出版社，2012，第 205 页。

使煤矿的职工人数增长迅速。过去那些没有登记注册的小煤窑则因为可以方便地向“自由”的农民工提供临时工作机会而受到不少农民工的青睐。这就使我国煤矿从业农民工的文化层次更低，技术人员更为短缺。调查显示，某市 79 个乡镇煤矿，能看懂图纸的只有 12 人。偏远落后、贫困山区的农民协议工多是文盲、半文盲，有的连安全警示牌上的字都认不全，就会照葫芦画瓢签下自己的姓名。[①] 普通矿工如此，很多煤矿的矿长、区队干部、班组长和专业技术人员文化水平也高不到哪里去，管理知识更是缺乏，技术水平也不能算高。

二 权利保障义务主体回避义务：矿难发生的直接原因

劳动权利的义务主体就是保障劳动者劳动权利的义务主体。在资本主义社会，资本家购买工人劳动力后，为资本家从事生产劳动便成为工人的根本义务。在资本主义社会，资产阶级积极回避劳动义务，消极对待保障工人劳动权利的义务是资本主义社会劳动权利与义务分配的最大不公正。对应于马克思所指的劳动者应有的基本劳动权利，可将资产阶级应该承担的主要保障义务归纳为保障劳动报酬权、职业安全保护权、劳动福利权、休息休假权、劳动环境权、劳动参与权。对于这些义务，资本家总是消极对待之，不作为。

在工人应享有的基本劳动权利中，马克思最强调的是健康权、安全权，自然，保障劳动者健康、安全权是资本家作为义务主体应承担的最基本义务，但“工厂主根本不想保护工人的生命与安全，而只是想方设法逃避赔偿工人在工作中所损失的胳膊和腿足，不愿意担负他们的活机器的损耗费”。[②] 资本家如此不作为，从根本上讲，源自资本剩余价值的贪婪本性，“一旦有适当的利润，资本就胆大起来……为了 100% 的利润，它就敢践踏一切人间法律；有 300% 的利润，它就敢犯任何罪行，甚至冒绞首的危险”。[③] 降低成本是资本家赚取更多利润的基本前提，作为资本人格化身的资本家，在资本主义发展初期阶段，为应对激烈的市场竞争，在不变资本成

① 颜烨：《煤殇：煤矿安全的社会学研究》，社会科学文献出版社，2012，第 173 页。

② 《马克思恩格斯全集》第 12 卷，人民出版社，1995，第 198 页。

③ 马克思：《资本论》第 1 卷，人民出版社，2004，第 871 页。

本难以降低的情况下，压缩可变成本、减少安保设施支出往往是其不二法宝，“把浪费工人的生命和健康，压低工人的生存条件本身，看作不变资本使用上的节约，从而看作提高利润率的手段”。[①] 这一点在煤矿资本家身上表现得尤为突出：“厂主们断言，装置安全设备会吞没他们的利润”[②] “在煤矿主之间……盛行竞争的情况下，除了为克服最明显的肉体上的困难所必需的费用之外，不再花别的费用”。[③]

我国频发的矿难不断印证着马克思论述的科学性。一方面，我国一些地方非法开采、违法生产现象屡禁不止，一些小矿小厂关闭取缔之后往往死灰复燃。所有这些，正是由私人资本贪婪逐利的本质属性所决定。在当代中国，煤矿利润之高，几乎是日进斗金。在如此高额利润的引诱下，不少根本不具备生产条件者大胆冒进。在煤矿安全事故频发压力下，管理部门往往加大对煤矿系统，特别是小煤矿的整顿力度，为此不惜关闭一批中小型乡镇和民营煤矿。其结果有时却是加剧了煤炭供不应求的局面，致使煤炭价格一路走高。在巨额经济利益引诱下，非法小煤矿反而不断出现。相对于大煤矿，小煤矿本就无生产的长期性，一切以发财为念的私人老板们投资安全防范措施的意愿更弱，开采过程的安全事故自然更容易发生。另一方面，人们可以发现我国煤矿事故发生的全过程似乎已经形成了一套固定的模式，即事故发生、惊动领导、严肃查处、停业整顿甚至关停，风平浪静，一切重新开始。这一点充分说明了我国煤炭不安全生产的违法成本实际上非常低廉。当违法成本过低时，法律、法规对矿主是难以起到足够的警示和威慑作用的。

资本家如此草菅人命，那是因为在他们心中矿工实际是赚钱的机器，“维护人这种机器，也就是把他们关起来并且给他们上油”。[④] 资产阶级之所以能够回避保障劳动者劳动权利的义务则在于丧失生产资料的工人不得不通过为资本家劳动而谋生，“他不交出后者，就不能取得前者”。[⑤] 那些将劳动

① 马克思：《资本论》第3卷，人民出版社，2004，第101页。

② 《马克思恩格斯全集》第11卷，人民出版社，1995，427页。

③ 马克思：《资本论》第3卷，人民出版社，2004，第103页。

④ 马克思：《资本论》第1卷，人民出版社，2004，第664～665页。

⑤ 马克思：《资本论》第1卷，人民出版社，2004，第226页。

力卖与煤矿资本家的劳动者，显然是因为更加别无选择：或因无法从事其他工作，或因只有从事此种工作才能有稍多一些的收入。也正是因为别无选择，一旦成为矿工，即便遭受不人道的对待，也只能敢怒而不敢言，“如果有谁向视察员控诉通风情况，那他就会被解雇，并且成为一个‘被记名的’人，到别的地方也找不到工作”。[①]

中国矿难与我国矿产资源产权安排也有着重大关联。在我国，随着市场化改革的不断深化，特别是1996年《矿产资源法》的修订实施，矿产资源有偿使用制度向市场化大步迈进。从我国法律来讲，煤矿产权属性属于国家。企业在经营开发和利用煤炭矿产过程中，通过支付采矿权，实现对国家支付对价。实际上，如此安排一开始就存在重大缺陷。因为政府虽然拥有这类矿产资源品，但在开采权剥离之后，不能分享资源品价格上涨的“溢价”，这显然不利于市场经济秩序的完善。与此同时，煤矿内部在生产方面遵循着将矿产权购置本金尽快夺回的法则，关注的是如何早日赚回成本，赢得更丰厚的利润，为此对采矿权层层待价而沽、层层转包。到了真正开采环节的最底层“承包商”，往往没有多少钱可赚，自然也没有多少精力和心思去关注生产安全了。结果是以“矿主赚钱，矿工受难，政府买单”收场，最终承担损失的是国家和社会，是底层劳动者——矿工的生命。[②]

三　维权主体消极对待责任：矿难发生的重要原因

如果说雇主是保障劳动权利的根本义务主体的话，那么政府与工会就是劳动者劳动权利的根本维护主体。马克思认为，国家既是阶级统治的工具——阶级社会的国家“毫无例外地都是统治阶级的国家”[③]，又是社会的正式代表，“是社会在一个有形的组织中的集中表现”。[④] 所以，国家成为劳

① 马克思：《资本论》第1卷，人民出版社，2004，第574页。

② 张笑玲：《中国矿难治理问题的内部性和外部性及其政府管制》，《新西部》2007年第10期。

③ 《马克思恩格斯文集》第4卷，人民出版社，2009，第197页。

④ 《马克思恩格斯选集》第3卷，人民出版社，1995，第631页。

动权利维护主体既有维护统治阶级利益的一面，也有维护整个社会整体利益的一面。但是总体而言，资产阶级政府在履行保障矿工劳动权利方面很不积极，这一点在矿工身上表现得尤为突出，根本原因有三。一是根本不愿，如一些政府官员已经被资本家收买，根本不愿履行维护矿工劳动权利的义务，如“这些治安法官本人大多数都是工厂主或是工厂主的朋友，而这类案件要由他们来判决”。[①] 二是非常“无力”，如虽然设置了视察员，但“他们的管区太大”，“视察员的人数不够，他们的权力又太小”，[②] 而且在视察过程中，往往受资产阶级的迫害和诽谤，如“工厂视察长莱昂纳德·霍纳，受到了工厂主各式各样的迫害和诽谤”。[③] 三是有很多“无奈”。如尽管安装安全设备既不用花多少钱，又不妨碍生产进行，但当“许多工厂主仍反对关于安装应有安全设备的法律规定”[④] 时，资产阶级政府也只能无可奈何。

在我国，20 世纪 80 年代以来，随着国有企业改革和非公有制经济日益为社会主义体制所容纳，工人与政府的关系悄悄发生着质的变化。在经济效率至上原则的主导下，工人作为国家主人翁的地位在一些地方政府眼中已经弱化，企业管理者及资本人格化的企业主从政府处得到越来越多的支持，拥有了越来越多的自主性权力。特别是在地方政府以“经济建设为中心”的背景下，地方政府对私人资本的约束大幅放松，对私营煤矿安全问题往往是睁一只眼、闭一只眼。政府不再对矿工提供特殊保护的直接后果就是矿工变得更加脆弱无力，安全维权能力因此大大下降。出于保障矿工生命健康、安全的目的，国家通过相关法律制度规定煤矿安全生产事故的有关管理者、领导必须承担相应的管理责任。

官煤勾结最甚是在 2005 年之前。2005 年底，国家四个部门紧接着发布了《坚决清理纠正国家机关工作人员和国有企业负责人投资入股煤矿问题》，要求“凡已经投资入股煤矿（依法购买上市公司股票的除外）的国家机关工作人员、国有企业负责人，自通知下达之日起一个月内，必须撤出投资”，“逾期不撤出

① 马克思：《资本论》第 3 卷，人民出版社，2004，第 104 页。
② 马克思：《资本论》第 3 卷，人民出版社，2004，第 104 页。
③ 马克思：《资本论》第 3 卷，人民出版社，2004，第 105 页。
④ 马克思：《资本论》第 3 卷，人民出版社，2004，第 104 页。

投资的，依照有关规定给予处罚”。但在如此紧急而坚决的政策面前，有的地方官员居然喊出“宁可不当官，也绝不撤资”。“官煤”之所以能够实现勾结，则与“国退民进”的改革推进为部分权力拥有者和民营企业家占取国有煤矿资产提供方便有关。主要表现是伴随着所有制改革，国有重点矿地方化、国有地方矿民营化，与此同时进行的煤价放开导致利益分割得以强化，这一切使官员手中的权力与矿主手中的暴利交易的空间变得十分广阔。同时相伴的是地方政府对来自矿产资源开采的经济利益追逐，使权力与资本结亲，最终形成上（层）强下（层）弱、资（方）强劳（方）弱的利益分割格局。这种利益分割格局反映的是政府“弱化”与市场坚挺情况下，国家制度安全在某些公共权力管理者非法侵蚀下已经非常“虚弱”的状态，以致一些正义的为官者在产煤大省为官时也感叹如履薄冰。对比于政府的“弱化”，资本则越来越显示出强大的社会功能，它们既可以租赁公共权力，又可雇用黑色社会势力为其服务，从而使煤炭资本力量越来越强大。[①]

在劳动权利与义务关系处理中，工会作为劳动者的团体代表应当承担重要责任。工会组织作为工业化的产物，至今已有200多年的历史。但在学术界以及法律规定上，各国的定义并不相同。悉德尼·韦伯和比阿特尼斯在《英国工会运动史》一书中将工会定义为“由工人组成的旨在维护并改善其工作条件的连续性组织”[②]；詹姆斯·坎尼森则从组织力量的角度把工会定义为“增强工人在与雇主谈判时的力量。”其实，马克思和恩格斯在研究早期工人运动和工会运动时就已经指出，工会是无产阶级真正的阶级组织，是整个工人阶级的代表和为工人阶级利益斗争的战士。马克思在他起草的《临时中央委员会就若干问题给代表的指示》中便指出，“工会的直接任务仅仅是适应日常的需要，力图阻止资本的不断进攻，一句话，仅仅是解决工资和劳动时间问题”。[③] 可见，马克思认为工会的基本角色功能就是维护工人阶级的利益。

---

① 颜烨：《煤殇：煤矿安全的社会学研究》，社会科学文献出版社，2012，第200页。

② Sidney Webb and Beatrice Webb, *The History of British Trade Unionism*, 2nd edition, London: Longmans Green and Go., 1920: 1.

③ 《马克思恩格斯全集》第16卷，人民出版社，1964，第220页；陈泽环、朱林：《天才博士与非洲丛林——诺贝尔和平奖获得者阿尔贝特·施韦泽传》，江西人民出版社，1995。

工会组织在我国有着悠久的光荣传统，中共早期革命离不开工会运动，早期的革命领袖大多有着组织工会的经历。随着共产党夺取政权，工人成为领导阶级，工会地位和待遇有了根本性改变。随着改革开放后多种所有制的发展，工会组织在非公有制经济发展中却出现了空白。工人的权利得不到充分有效的保护，安全事故频发，不能不说与工会组织的不健全有巨大相关性。现在，我国私营煤矿，甚至国营煤矿，工会组织往往被视为一种摆设，主要任务是搞一些文娱体育活动、发一些劳保用品和日常性的救济款等，涉及的范围多是经济性或劳动性的义务，有些矿工甚至不知道工会是怎么回事。更严重的是，一旦发生安全事故，有的工会还会站在矿长或私营业主的一边与工人无端博弈，而不是保障矿工的劳动权利。

在保障矿工劳动权利方面，马克思实际上还谈到了资产阶级组织协会为自己回避义务作辩护，如“当时工厂主为了反对工厂法，在曼彻斯特组织了一个行业团体，名叫‘争取修改工厂法全国协会’”“该协会的许多非常著名的会员本身就是治安法官，并以这种身份来执行法律”。[①] 马克思在这里实际上论及了社会组织在煤矿安全生产方面的作用。只不过马克思当时所指的资产阶级协会，完全是为资产阶级根本利益服务的。

在现代社会管理中，社会组织不具有党政机构、正规企事业单位的正式性及分散性，因而能够承担多种社会功能，起着缓冲社会矛盾、阻挡社会上层和底层直接对抗的特殊作用，这是社会发展的特殊“安全阀”和“稳定器”。现代发达资本主义国家一些社会性的安全维权机构的主要宗旨实际已经变为维护矿工安全和健康、保护环境。另外，这些国家还成立了一些与矿工关系稍远但又能维权的中间组织，如矿业律师协会、职业安全咨询联合会、安全检测工程协会等。发达国家安全监管体系中的社会组织、中介机构在安全维权、职业危害方面起主要作用，这是中国力图走向“后监管主义”、达到社会共同治理之路的样板。目前，我国还处于一种主要依靠政府推动安全监管和安全维权的“监管主义”阶段。[②] 这种监管主要依靠政府

① 马克思：《资本论》第3卷，人民出版社，2004，第105页。

② 颜烨：《煤殇：煤矿安全的社会学研究》，社会科学文献出版社，2012，第145～146页。

手中的权力，一旦权力的偏私性膨胀和扩张，必然导致权力公共性失控、失效，这就是我国矿难中常常可见的根本弊端。

四 基于马克思劳动权利—义务观的矿难防治对策

马克思指出，生产劳动必然要具备三大基本要素，“劳动过程的简单要素是：有目的活动或劳动本身，劳动对象和劳动资料”。[①] 马克思生产三要素论启示我们：实行安全生产，防治矿难有赖于物质条件，特别是机器设备的健全完善，归根结底依赖于科技进步和生产力发展。但目前我国生产、生活过度依赖煤炭的现状依然没有改变。利润驱使下，采矿企业有着强大的超产、扩产的冲动。冲动之下，煤老板们大多不会关注安全生产了。可见保障煤矿生产安全、避免矿难需要积极践行低投入、低消耗、低排放、高效率的资源节约型经济增长方式，积极开发新能源，努力改变目前能源结构中煤炭过度依赖症。从劳动工具来看，西方国家工业化初期之所以事故多发，重要原因就在于机器设备落后，这一点马克思多有论述。这说明防治矿难需要使用先进的勘矿、采矿设备。从劳动者来看，在生产力中，劳动者才是生产发展的最根本力量。当前，由于待遇低、工作环境差，我国包括国有企业在内的采煤企业高素质人才普遍缺乏，而且流失严重。所以提高煤炭生产企业待遇，建立留住人才和吸引人才的机制也是防治矿难的重要举措。

马克思指出，矿难产生的根本原因在于贪婪遂利的资本家草菅人命。马克思此思想实际上指出了矿难问题与煤炭生产企业缺乏生命伦理关怀有重大关联。煤炭生产企业作为经济实体，其“经济人”的角色决定了实现企业利润最大化是本能式冲动。这一点本无可厚非，但是企业同时也是“社会人”，“人”本质上是一种社会关系的存在，这种存在决定了道德是“人”的重要存在方式。因此，煤炭生产企业的价值最大化不能等同于利润最大化。矿工生命的终极价值和生命的神圣性无论如何不能被忽视和否定，“人必须要做的敬畏生命本身就包括所有这些能想象的德行：爱、奉献、同情、

① 马克思：《资本论》第1卷，人民出版社，2004，第208页。

同乐和共同追求”。[①] 从目前情况来看，致使矿难频发的根本原因却恰在于“矿老板”缺乏对矿工起码的人性之爱。

若对比一下计划经济时代，可以发现矿难事故相对较少。主要原因有二：一是在于当时无论是管理者还是工人，均无经济效益的紧迫感；二是在于那时候工人地位特别高，一旦工人发现问题，就会得到上级重视。无疑，这种安全的代价是牺牲了经济效益。但当时流行的“安全生产第一”的口号中透露出对生命安全高度重视的生命伦理理念。这一理念在现代以经济效益为中心的时代，事实已为不少中国式的“老板”丢失了。不少煤炭生产企业为追求利润目标，并没有真正把矿工的生命放在第一位。如对于多数小矿来讲，实际上只需不多的资金便可以装上一套瓦斯监测监控设备，但不少矿主对此抱着消极的态度。这种情况，与马克思转述的英国工厂视察员霍金描述的情况极其相似。无疑，相对于中小煤矿，大型煤业集团可以弥补小煤矿安全投入的不足，而且不会有太大浪费，因为大型煤业集团可使各煤矿之间产销互动，安全投入相互弥补，避免资源浪费，这样便可以在较大程度上改变中小煤矿无力或不愿意进行安全投入的状况，而且大型煤业集团更能体现社会主义公有制的本质，所以应成为发展的重点。

马克思指出，资本不道德只是资本的一种消极本能，政府不作为才是资本不道德本能得以张扬的根本社会条件。当代中国，中国式的传统“潜规则”，市场化下的“钱规则”运行，在使一小部分人大获其利的同时，也强烈地冲击着正式规则，腐蚀着官僚体系，侵害着普通民众利益。更为可怕的是，市场转型条件下，政府官员日益成为利益主体，不少官员实现了从过去对党、对国家、对单位负责的“组织化依赖”和组织性忠诚到主动到市场谋求自己利益需求和权利诉求的转型。即便履行职责也主要是出于“职位”本身的被动要求，而很难真正从“以人为本”“生命可贵”的人道主义出发进行安全监管。面对权力与资本之间交易而成的“结构性力量”在很大程度上左右着煤矿生产秩序的不良现状，当务之急是从多个层面、多个角度建

① 陈泽环、朱林：《天才博士与非洲丛林——诺贝尔和平奖获得者阿尔贝特·施韦泽传》，江西人民出版社，1995，第161页。

构“事发刺激—政府内在责任认知—政府改进”的责任结构，以及事故理性预防、监测和前置处理机制，特别是应该强化政府及其官员的“责任伦理”，进而使“责任伦理”内化为对人的生命负责的实际行动，最终形成包括“弱刺激”在内的以人为本的“责任伦理”和“信念伦理”的结合，切实履行和强化市场经济条件下政府监管职能。①

马克思还谈到当时的资产阶级政府在防治矿难方面即便有所作为，往往也是力不从心，如虽然派出了视察人员，却因为机制不健全、人手不够、权威不足而无多大效果。马克思此论启示我们：防治矿难需要加强“安全法治”建设，安全监管则是安全法治的核心部分。② 为此，政府应进一步强化安全生产的体制、机制建设；应从人本角度而不是物本角度或事本角度（管理者角度）进一步完善《安全生产法》《矿山安全法》等法，努力减少直至最后消除劳动部门与执法部门的执法冲突问题；优化安监队伍结构，进一步扩大、加强交叉行政执法，健全和保障基层安监机构（包括乡镇煤监站）及其安监人员的配备、待遇及基本权益等；切实落实安监人员权威，彻底避免“潜规则”对正式规则的超越；规范劳动用工，加强注册登记，抑制层层转包现象；赋予国有煤矿工人的权利也应该推广到民营煤矿；构建科学合理、硬件充足、训练有素、反应迅速、救护有效的应急体制和机制，积极发挥民营救援组织的作用。

马克思还论及煤矿工人无管理监督煤矿资本家的权利、社会监督机制不健全是煤矿资本家肆意妄为的重要原因。马克思此论述启示：防治矿难需加强“安全民主”建设。③ 煤矿生产安全民主，首先指（煤矿）生产系统内部相关成员应充分享有安全（生产）方面的知情权、参与权、表达权、监督权。其根本目的是变单纯政府安监系统抓安全监管为全社会、全民抓安全监管。从我国煤炭系统内部安全民主现状看，工会依然是推进安全民主的根本主体力量。但迄今，其效果依然很不理想，需要进一步加强。发达国家往往建立一个由工会、企业、劳动者三方共同参与的安全维权和监督保障机

① 颜烨：《煤殇：煤矿安全的社会学研究》，社会科学文献出版社，2012，第142页。

② 颜烨：《煤殇：煤矿安全的社会学研究》，社会科学文献出版社，2012，第247～248页。

③ 颜烨：《煤殇：煤矿安全的社会学研究》，社会科学文献出版社，2012，第248～249页。

制。在当代中国，市场经济体制加速发展，这种关系性的社会结构却大大滞后，政府（包括准政府性质的工会）和企业为了各自的利益，漠视矿工安全，反而相互勾结起来剥夺矿工的利益。当然，近年来，这种情况在一些地方有所改变，如一些煤矿开始尝试吸收农民矿工加入工会，并大胆选拔农民矿工担当基层工会主席。虽然农民矿工只是担任最基层的车间工会主席，实难有较大影响力，但毕竟有了好的开头。从煤矿企业外部看，应继续强化社会公众、各类新闻媒体，特别是互联网监督矿工安全的作用，允许并有效保护社会成员揭发、举报、投诉煤矿企业主对矿工的安全侵害行为及官商同流合污行为；积极建设如律师事务所、维权网站等安全维权中介机构以矫正、弥补政府安全监管失灵及煤矿安全保障的投入不足；大力推进体制改革，通过对权力强力制约将政府官员权力关进笼子，在当前，尤其应以打“大老虎”为突破口，扫除“中老虎”“小老虎”，从而铲除“黑色资本”的权力靠山。

当前农村留守妇女的个体风险分析

冯丽华[*]

摘　要： 随着我国改革开放的不断深入和城镇化步伐的不断加快，外出务工成为农民改善自身生产生活条件的一条新出路。但随着农村劳动力特别是农村青壮年劳动力的大量外流，也出现了社会转型期所具有的独特的农村“留守妇女”群体，这个群体一般面临劳动强度大、精神负担重等问题，严重影响着她们的身心健康和生活质量。本文在社会性别的视角下探讨了我国农村留守妇女面临种种困境的原因，并提出了相应的解决意见和建议，以求促进留守妇女更好地发展。

关键词： 留守妇女　社会角色　性别分工

一　问题的提出

改革开放以来，我国的工业化和城市化进程不断加快，人们生活水平得到大幅度提升。社会经济体制的变革、农村生产资料所有制结构的变革以及家庭联产承包责任制的实施，使农村社会生产力得到巨大发展，而农业生产技术的普及，如各种机械的使用、农药的利用等使过去原本需要全家进行劳动的耕地

* 冯丽华，浙江省绍兴市上虞区委组织部干部，法学硕士。

现在只需要很少的劳动力就可以完成，农村中涌现大量的剩余劳动力。但是单凭耕地收入根本无法维持生计，同时随着城市化进程的加快，城市建设对劳动力的需求也进一步加大，为农村劳动力向城市流动提供了广阔的空间，更多的农村剩余劳动力选择外出谋生。我国传统的“男耕女织”的生产模式被打破。然而由于我国的二元体制和城乡分割的户籍管理制度，农村的劳动力无法进行举家迁移，迁移人口中大多数为已婚男性，在很多农村地区，男人负责外出务工或自主创业，而女人在家照顾老人、孩子，同时进行农业生产，致使在农村社会中出现了一个特殊的群体，即“留守妇女”群体。

留守妇女长期生活在经济困难、生活艰难的农村，肩负着农业生产、子女教育以及赡养老人等重担，扮演着多种社会角色，面临劳动强度高、精神负担重、缺乏安全感等种种身体和精神上的压力，为农村经济的发展做出了巨大的牺牲和贡献，可是相对于留守儿童和留守老人，她们是被关注最少的群体。这样不仅不利于农村经济各方面的发展以及妇女本身的发展，更不利于社会的和谐发展。那么，留守妇女的生存现状是怎样的？留守妇女形成的原因是什么？怎样才能提高留守妇女的生活质量呢？本研究从社会性别的视角分析了留守妇女的存在状况、形成这种状况的原因，并提出相应的对策。

二　文献综述

（一）国外相关研究现状

由于农村“留守妇女”是我国农村发展历史进程中的独特现象，国外学者对农村“留守妇女”研究很少，国外的相关研究主要是对中国妇女和社会性别的研究，而且都是集中于中国早期的妇女研究。如高彦颐（Dorothy ko）的《深闺之师：17 世纪中国的妇女与文化》（1995），是对明末妇女文化的研究。曼索恩（Susan Mann）的《珍贵的记录：中国漫长的18 世纪中的妇女》（1997）考察了清代长江下游地区的社会性别关系。伊丽莎白·克罗（Elisabeth Croll）的《中国妇女变化中的身份：20 世纪中国的词汇、经历和自我感觉》（1995）考察了三个历史时期（民国时期、毛泽东时代和改革时期）中不同的社会性别词语和妇女的不同经历。哈特·伊文思的《中国的妇女与性：1949 年以来关于女性性行为和社会性别的统治话语》（1997）追踪了中华人民共和国两个时期的性文化话语（20 世纪五六十年代和八九十年代），力图辨明其中同女性相关的意义，而这些意义从对社会经济或政治问题的分析上是发现不了的。

（二）国内相关研究现状

虽然农村留守妇女在我国普遍存在，可是针对农村留守妇女问题的学术研究不多，大多数只是以新闻报道的形式出现的，主要描述了农村留守妇女的生产生活现状和感情生活现状。从已有的文献资料来看，国内学者主要从以下角度对农村留守妇女进行研究。

从农村留守妇女婚姻状况方面展开研究。李喜荣①运用社会交换理论分析了豫东 HC 村留守妇女的婚姻稳定状况。研究认为，丈夫外出务工，妻子留守在家，造成了夫妻间内在吸引力弱化，婚姻替代吸引力有所增加，但由于农村婚姻解体的社会成本过大，留守妇女的婚姻仍处于高稳定状态，但前两种力量对留守妇女婚姻稳定性的冲击不容忽视。李洁②从农村留守妇女生存状态方面来展开研究，指出要依托女性组织，借助于社区使女性获得更多的发展机会，实现女性生活方式的现代化。范丽娟③从农村留守妇女身心健康状况方面进行综合实证调查研究，在《留守女：现代农村社区的一个新群体》中，指出了留守妇女形成的原因，调查留守妇女的婚姻生活、生活方式以及身体健康等状况。李丽娜、崔向军④的研究结果表明，农村留守妇女的孤独感越高，自测健康状况越差。这可能是因为丈夫长期在外，留守妇女承担沉重

① 李喜荣：《农村留守妇女的婚姻稳定性探析——豫东 HC 村的个案研究》，《妇女研究论丛》2008 年第 6 期。

② 李洁：《试论农村社区中留守妇女女性生活方式的转变》，《山西青年职业学院学报》2003 年第 3 期。

③ 范丽娟：《留守女：现代农村社区的一个新群体》，《合肥学院学报》（社会科学版）2005 年第 2 期。

④ 李丽娜、崔向军：《孤独感对农村留守妇女健康状况的影响》，《现代预防医学》2013 年第 2 期。

的家庭负担，社会对这一特殊群体关注很少，留守妇女处在社会弱势地位，其生理、心理、社会等方面的需要都得不到满足，精神文化生活比较匮乏，缺乏广泛的社会支持。长此以往，导致她们思想老化、主动性差、创造性低、参与能力减弱、心理上的孤独感增强，从而使总体健康状况受到影响。另外，年龄较大的农村留守妇女自测健康状况低于年龄较小的留守妇女。这可能是由于随着年龄的增长，其身体机能逐渐衰弱，健康状况逐步下降。

从农村留守妇女社会支持状况方面展开研究。吴惠芳、饶静①认为在丈夫外出导致家庭社会网络弱化的情况下，留守妇女发挥自己的能动性，通过资源交换展开一系列行动，加强某些交换行为和减弱另外一些交换行为，以此构建起新的社会网络。她们通过农业生产中的帮工和换工行动重构了亲属关系网络和地缘关系网络。在获取情感慰藉的过程中，她们强化了和娘家人之间的互动并因此提升了姻亲关系在亲属关系网络中的地位。她们的闲暇生活方式则强化了自己在社区中拥有的地缘关系。吕芳②认为丈夫仍然是“缺席”的户主，“娘家人”在留守妇女社会支持网中的重要性超过了“公婆”，尤其在情感支持和财务支持方面。邻居、朋友都是留守妇女日常交往的主要对象，邻居还对留守妇女的生产活动提供帮扶，而朋友则是留守妇女情感倾诉的主要对象之一。亲属倾向于情感支持、财务支持，而非亲属倾向于交往支持。

另外，也有学者从国家政策的宏观角度出发，分析在国家体制的强制性背景下，留守妇女是怎样形成的。李强③在《影响中国城乡流动人口的推力与拉力因素分析》一文中指出人口压力、户籍制度的限制，使农村劳动人口在迁移的过程中不可能像其他国家那样举家进行迁移，部分家庭选择一方外出是在考虑到迁移成本的前提下作出的抉择，因为迁移带来的效益必须大于成本。张玉林④指出，城乡二元的社会制度对农村劳动人口的影响有两个方面，既有诱惑又有排斥。在城市获得的经济效益远远高于农村，是吸引农

① 吴惠芳、饶静：《农村留守妇女的社会网络重构行动分析》，《中国农村观察》2010 年第 4 期。

② 吕芳：《农村留守妇女的社会支持网构成研究——基于 16 省 66 县 2414 名留守妇女的调查》，《妇女研究论丛》2012 年第 5 期。

③ 李强：《影响中国城乡流动人口的推力与拉力因素分析》，《中国社会科学》2003 年第 1 期。

④ 张玉林：《当今中国的城市信仰与乡村治理》，《社会科学》2013 年第 10 期。

村人口迁移的主要原因，同时城市空间有限，无法满足大量的农村人口，使农民迁移的成本增加了，对劳动力的迁移又起到了排斥作用，因而造成了在大多数情况下农村劳动人口没有选择举家迁移的局面。白南生、何宇鹏①认为农村劳动人口在城乡之间的来回流动即“候鸟式”流动是中国在城市化进程中形成的一种独特的方式，这种方式不可忽视其对中国社会的经济增长以及促进经济体制的转型做出的巨大贡献。农业生产女性化也是在现代化进程中产生的社会现象，并在城市化进程加快的社会背景下，将在农村更为显现。

（三）社会性别角色视角

社会性别即社会文化性别，通过社会化传承，由社会文化塑造，社会文化要求男性勇敢、坚强、养家糊口，要求女性温柔、贤惠、相夫教子，从社会性别角色视角来看，在社会中，男人一般承担有报酬的生产和社会政治活动的角色，而妇女承担的是照顾家庭和抚养子女的责任，是自愿性的而且是无报酬的，这也就是一种传统的“男主外、女主内”“男强女弱”的性别分工模式，而且这种性别分工模式与价值观已经被农村男女所内化，成为他们行动的“自然而然”的想法。② 在农村，留守妇女认为丈夫在家、自己外出，在农村是一件不可思议的事情。根深蒂固的“男主外、女主内”的性别分工模式观点是家庭决策中选择女性留守、男性外出务工的主要原因。③

从一定意义上来说，这种传统的性别分工还是有其合理性的。男女生而不同的生理差异决定了在社会分工中必然存在差别，一般来说，男性比女性在力气和体力上都要强壮一些，而女性则显得细致小巧一些。如男子较适合狩猎、耕作等外出工作，女性则较适合守护、纺织等细致的家务工作。男女所承担的社会角色也应该是建立在这些生理差异基础上的。所以“男主外、女主内”的性别分工模式在很长时期内为人们所接受。

---

① 白南生、何宇鹏：《回乡，还是外出？——安徽四川二省农村外出劳动力回流研究》，《社会学研究》2002 年第 3 期。

② 沈奕斐：《社会性别理论》，上海人民出版社，2005，第 203 ~ 226 页。

③ 郑镇镇、解振明：《人口流动与农村妇女发展》，社会科学文献出版社，2004，第 202 页。

然而，在长期的历史发展进程中，这种建立在生理基础上的社会分工被逐渐社会化和普遍化，人们对男女产生了固定的社会印象，认为男人和女人生来就该如此并在此基础上赋予了男人和女人不同的要求和评价，造成了在社会地位、个人发展等方面的男女后天的不平等。

三　农村留守妇女的现状

（一）巨大的生活压力

丈夫的外出，导致农业生产全靠留守妇女来完成，农业劳动负担沉重、劳动强度大，此外，有些留守妇女家庭正处于抚养和教育子女阶段，一方面，子女的教育支出较高导致家庭经济压力较大，因此她们常常面临家庭收入与支出不平衡的压力；另一方面，未婚成年子女即将婚嫁，尤其是有未婚成年儿子的留守妇女感受到的压力更大。此外，有些留守妇女的公婆和父母年事已高，身体健康状况日益下降，能够为留守妇女提供帮助的能力也较低。丈夫外出务工迫使留守妇女担当起所有家庭责任，家里内外都需要自己独立处理，留守妇女面临巨大的生活压力。

（二）孤独感

夫妻关系的维系与共同生活、亲密沟通和互动密切相关，但是，外出务工的丈夫大部分时间与妻子两地分居，生活在迥然相异的环境中，夫妻双方无法实现面对面的亲密的情感交流，所以他们从婚姻中获取的情感满足大大减少。家庭内外事务都要留守妇女操劳，没有依靠，与丈夫沟通时间短，这给她们心理带来了很大的负担，更增加了留守妇女的孤独感。

休闲对于提高个人的生命质量、改善人们的生活质量和促进人的全面发展都有着十分重要的意义，在农村，居民可以在可支配的时间内通过看电视、读书、听广播、串门走亲戚等放松自己，然而对于留守妇女来说，由于丈夫外出务工导致她们需要花更多的时间来承担农业生产和家务劳动，可用作闲暇娱乐的时间非常少，这在一定程度上限制了她们通过闲暇娱乐活动来摆脱孤独、寂寞感。

（三）缺乏安全感

不少留守妇女担心丈夫在外的生活工作情况、工作安全或身体健康状况，担心丈夫出门太久会出轨。有些留守妇女在丈夫出轨的情况下，由于受到传统观念的影响，或考虑到老人、孩子而不愿离婚。陈利[①]认为，留守妇女面临巨大的生存压力和心理压力，却无人可以倾诉，缺少男性的关怀，既担心被丈夫抛弃，又担心被丈夫怀疑，这种种压力使其产生各种心理问题，又没有正常的方式释放压力，长年累月将严重影响其心理健康。此外，现阶段农村治安还存在一些问题，留守的妇女、儿童、老人应对能力弱，得不到很好的保护，近年来针对留守妇女的犯罪行为有增加的趋势，这就使留守妇女缺乏基本的安全感，更加重了她们的心理负担。

四　留守困境的原因：性别角色视角分析

社会性别理论是在反思女性受压迫、两性不平等的深层原因之后，从探析两性关系入手，发现社会关系和社会制度的根源和本质，认为两性的社会差异是由传统的男权制的性别文化塑造的。由于男性掌握了话语权，在此基础上形成的对两性在行为规范、价值观念、审美上的不同要求，导致男女沿着这些要求固定化和模式化地发展，最终造成了两性在社会地位等方面的不平等。

（一）家庭权力分配不公平造成职业选择不平等

在家庭职业分工中，男性在利益分配中总是占据主动权和优先权，当某种行业的收益较大的时候，男性有优先选择的权利。在传统社会，由于农业劳动收入大于家务劳动，于是家庭的分工模式是“男耕女织”。在现代农

① 陈利：《农村留守妇女的精神压力和婚姻危机》，《甘肃农业》2006年第11期。

村，由于出现了不同于农业的制造业，且制造业收益远远超过农业收入，此时，耕田就成为低级行业，男性就会选择高一级的制造业等行业。金一虹教授认为，“男人生活”和“女人生活”是可以互换的，在所有的交换背后都是利益原则在起作用。[①] 当出现男性外出、妻子留守在家的分工时，女性就被赋予一个较低的地位。这种性别分工是社会和文化共同建构的。“性别分工使两性之间产生结构相互依存相互依赖的合作关系，这种合作关系对提高工业生产效率和发挥社会整合效应是必要的，但绝不是平等的。”[②] 这种建立在性别不平等基础上的分工文化维护与复制着两性之间的不平等。不平等的性别文化使妇女在发展中处于劣势地位，这种劣势地位又进一步扩大了其在以后的利益分配格局中处于不利的地位。

（二）性别分工的传统观念根深蒂固

性别分工指根据生理性别来分配男人和女人的活动及责任，在大多数社会中，男性和女性的工作都被赋予不同的价值，而且男性都被赋予了较女性更多的权利。传统观念认为抚养孩子属于女性的责任与义务，这种基于性别分工的观念为妇女所内化。农村留守妇女一般在婚后没有生育前会跟随丈夫外出打工，而一旦有了孩子，她们就必须回到农村生育抚养孩子，直到孩子长大成人。而解决这一问题的唯一方法就是把孩子放在农村由公婆或者自己娘家抚养，可是，等到孩子上学，或者父母年老无法给孩子提供更好的生活时，她们还是要回到农村成为留守妇女。为了生育孩子，她们不得不终止自己的职业计划，更不会有让丈夫在家里照顾孩子、自己外出打工的想法，在她们心中，照顾孩子和家庭是她们的职责所在，是任何事情都不能替代的。女性在经济生活中所做的贡献长期以来都被认为是理所当然，得不到相应的社会价值认可，这严重影响了女性自身价值的实现，这种传统的性别角色定位，在社会分工的影响下，使妇女长期被禁锢在家庭领域，尤其是已婚妇

① 金一虹：《“男人生活”和“女人生活”：苏南农村工业化过程中的性别分工变化》，载李小江等主编《主流与边缘》，生活·读书·新知三联书店，1998，第 34 页。

② 金一虹：《社会变迁中的苏南农村性别分工研究》，中国社会科学院研究生院硕士学位论文，2000。

女，因为家庭原因不得不放弃了外出打工的选择，即使她们走上了工作岗位，在激烈的竞争中，也只能从事底层的工作。

在农村，传统观念的影响根深蒂固，“男尊女卑”在一定程度上存在着，大多数家庭的决策者是丈夫，他们被认为是家庭的顶梁柱，而妇女则能更好地照顾家庭成员。所以在现有收入不能很好地维持生计进而需要外出谋生时，女性就充当了照顾老人、抚育小孩的家庭“大后方”的角色，在丈夫外出后，她们还需承担繁重的农业生产劳动，承受着比一般家庭妇女更大的压力。

（三）用人单位的男性偏向

当前我国的城市大多处于基础设施建设和城市建设阶段，所需要的大量外地民工主要为男性。这就为农村男性的外出流动创造了条件，农村男性因此大规模地流入了城市，融入建设城市的队伍之中。城市建设的客观现实使留守妇女难以在城市就业市场中寻找到合适的岗位，这使她们对在城市中生活充满疑惧，缺乏流入城市务工、经商的热情，而更多地愿意留守在家庭中，承担起农副业劳动和家务劳动。同时，在当今竞争愈发激烈的市场经济体制下，大多数企业为了自身的利益，在选择劳动力时，通常倾向于雇用男性。女性劳动力供给有间断性的特点，这使雇用单位往往要承受额外的费用，所以，企业大多不愿意雇用女工。妇女选择工作的机会远远小于男性，对于雇主压低报酬她们也只有接受，所以妇女在劳动力市场上被置于二等劳动力的地位。在这种情况下，当农村家庭有人想外出打工时，从获得经济利益的多少考虑，一般都是丈夫外出、妻子留守。

（四）自身文化条件限制

我国传统社会一直有“养儿防老”的观念，相应便有了重男轻女的思想，而且在大多数农村地区，人们一直认为女孩子总是要嫁出去的，守在别人身边、承担家务劳动，所以并不需要读书识字，于是很多家庭把教育机会给了男孩，女孩的学校教育得不到应有的重视，一般采取放任的态度。在家庭条件不允许的情况下，牺牲女孩上学求知的机会，这在很大程度上限制了女孩未来的发展，这就对农村留守妇女进城打工形成了障碍，传统的父权社会把自己的思想观念与价值观念转化为整个社会的思想观念，巩固了男性的地位，也使女性很难获得改变自己命运的机会。

五　解决对策和建议

（一）打破城乡二元制度格局

之所以形成丈夫外出打工和妻子留守农村的局面，很大一部分原因是中国长期以来存在的“城乡二元管理制度”。因此，要想从根本上解决农村打工家庭两地分居和农村留守妇女的社会问题，就必须打破包括户籍制度在内的城乡分割体制，使进城的农民工脱离职业和身份的限制，降低带家属的农民工家庭在城市居住和生活的成本，使以个体流动为主的农民工逐渐向家庭整体流动的方式转移，并且转移的方式逐渐由时间性向永久性改变，使进城农民工有一个完整的家庭不再成为遥远的梦想。

（二）加强对留守妇女的调查研究

目前对妇女研究的专著比较少，网络媒体对她们的报道也只是感性的文字论述，没有深入地调查她们的生存情况，这样就不利于对解决农村留守妇女面临的困境采取相应的政策措施。我国地域分布广阔，人口数量庞大，地区发展也极不平衡，劳动力流动频繁的地区在发展中都各具特色，存在的问题也不尽相同，而制定公共政策的基础是要清楚地了解所面临的问题与所要解决的问题。因此，在现阶段应有相应政策引导有能力的学术机构、各类妇女组织关注农村留守妇女的问题，对她们进行系统整体的研究，以全面掌握劳动力流出较多地区农村留守妇女的生存状况，了解她们在生活中存在的诸多问题，从而制定出可行、有针对性的政策措施，帮助这一群体渡过难关。

（三）关注培养家庭内部情感

在外务工的丈夫除了完成自己的收入谋取角色外，还应尽量通过各种方式为留守在家的妻子提供情感支持和慰藉，以弥补夫妻无法共同生活带来的消极影响。例如，丈夫回乡时给妻子带礼物就是一种很好的情感表达方式，夫妻双方在礼物馈赠与接受中获得情感满足——丈夫借礼物表达了对妻子的思念和牵挂，妻子收到礼物则是对长期分离造成的情感空白的一种补偿。[①]另外，农村社区也可以组织留守妇女互助小组，互相帮忙照顾孩子，换工做农活，交流农业信息，也可以借此组织实现有效的情感沟通，倾诉苦恼与心事，丰富社区文化生活，留守妇女之间可以自发组织文化或文艺活动，健全社区治安防范体系，增强留守妇女的安全感。

（四）以文化下乡活动提高留守妇女的文化素质

留守妇女得到了学习的机会，提高了自身的文化水平，使她们获得了家庭平等地位、提升了自身科学文化素质，从而才有走出家庭、走向农村社区的机会。另外，由于长期以来一个家庭的农业生产决策往往依赖于丈夫，妻子往往只扮演附属劳动力的角色，因而对于土地耕作还比较陌生。随着农业生产的发展和农业科技的进步，留守妇女也需要掌握更多的科技知识来保障粮食的高质量、高产量。这样不仅可以提高农作物产量，还有助于化解留守妇女独立面对农业生产的压力，提升留守妇女的自信心。

总之，农村留守妇女是一个在社会范围内长期存在的现象，是农民家庭的一个重要组成部分，是目前留守在农村最大的劳动力资源，她们的生存状况和思想政治教育状况直接影响着千千万万的农民家庭，关系到我国农民的生产与生活，进而影响到我国的社会主义新农村建设。可是留守妇女承受着巨大的生活压力和精神负担，她们处于弱势地位，在生活和社会中面临很多的困境。因此，亟须解决好农村留守妇女问题，改善她们的生存状况和思想政治教育状况，关心和保护她们的合法权益，使其摆脱弱势地位，克服困境，成为新一代的农村女性，从而维护我们和谐社会的稳定，建设社会主义新农村。

---

① 吴惠芳、叶敬忠：《农村留守妇女与宗教信仰》，《农村经济》2010 年第 1 期。

环境风险治理

风险社会视角下中国环境运动的个案比较

张虎彪*

摘　要： 风险社会理论是当代社会从反思现代性的角度审视环境危机的一个新维度。本文通过对两个案例的比较，旨在揭示环境运动在中国的实践逻辑，并比较两种环境运动类型中所使用的话语、行动逻辑等，从而从合法性的角度对中国环境运动进行反思。

关键词： 风险社会　环境运动　行动者　合法性困境

一　问题提出与研究方法

社会理论的形成是与“现代现象”及“现代性问题”交织在一起的。[①] 对现代性及其后果的“诊断”成为当代社会理论的重要议题。贝克等从反思现代性后果（如环境危机）的角度提出了“风险社会”理论。

* 张虎彪，社会学博士，河海大学公共管理学院副教授，主要从事环境社会学、移民社会学研究。

① 刘小枫：《现代性社会理论绪论》，上海三联书店，1998，第2页。

发生于2003年春夏之交的非典型肺炎事件被当作中国进入风险社会的标志。已有一些中国学者用风险社会理论来认识中国的现实：有的学者主张用新型现代性取代旧现代性，对中国社会发展模式与社会控制模式进行彻底反思和重新调整。[①] 也有学者从“中国经验”出发来思考风险社会理论对认识中国社会发展阶段变化的意义。[②]

中国正在进入“环境风险社会”。我们之所以称之为“环境风险社会”，主要是因为中国现代环境风险具有了一些新的特征，如工业化（尤其是重化工业）和城市化带来的结构性污染、全球化趋势和高风险性等。现代环境风险正在挑战着工业社会原来的一些基本制度，原有的环境治理机制已无法应对环境风险社会所带来的挑战，必然面临一场新的变革。这种变革在某种意义上可以说标志着中国正在从简单现代化阶段（工业社会）向反身性现代化阶段（风险社会）转变。“工业社会生产的看不到的副作用转变为全球生态危机的焦点，这似乎已不是我们周围世界中的问题——即所谓的‘环境问题’——而是工业社会本身的一个深刻的制度性的危机。只要这些发展被放在工业社会的概念范围内加以观察，那么，作为显然属于负责任的和可以计算的行动的反作用，其毁灭系统的作用便不会被发现。其系统性的后果只会出现在风险社会的概念中和视界中，这时它们才会使我们认识到一种新的自反性自主自决的必要性。”[③] 因此，我们要从环境运动中来认识风险社会对中国的影响，并揭示出风险社会理论对认识中国社会实践的意义。

本研究采取个案比较分析方法。两个个案为：X江镉污染事件和厦门PX事件。X江镉污染事件的调查主要是笔者在2006年7月、8月完成的，此后又陆续补充了一些新的资料。厦门PX事件的资料来源于网络和报刊等。本文通过这两个中国环境运动的案例来揭示环境风险社会在中国的实践逻辑。

---

① 郑杭生、洪大用：《“非典”事件与中国社会转型》，《人口研究》2003年第4期。

② 李培林：《科学发展观的“中国经验”基础》，《中国社会科学》2004年第6期。

③ Beck, U., *Risk Society*, London: Sage, 1992, p. 12。

二　中国环境运动的社会背景

环境危机是现代化发展到一定阶段出现的现代性问题。环境问题作为西方社会的政治议题已经有很长一段时间，但作为一种西方总体性的环境危机，直到20世纪六七十年代才出现。这也促使一些西方国家进行环境与发展战略的转型，美国的战略转型发生在20世纪60年代，德国的战略转型从20世纪70年代开始。这种转型意味着调整原来的环境与经济、政治和社会之间的关系，环境问题因此作为反思现代性问题被置于社会发展战略的核心。现代西方环境运动也可以说是西方国家从工业社会向风险社会的转变中出现的，但它是在西方国家的工业化基本完成、民主制度基本健全等情况下出现的。

环境问题是全球化背景下的一个现代性问题。中国的环境问题既有此背景又有其自身独特性。一方面，中国的环境问题同样是现代化发展到一定阶段出现的现代性问题，而且中国的环境运动明显受到了西方环境运动的影响；另一方面，中国的环境问题又具有自身的特殊性。

第一，中国的现代化进程正处在一个特殊的历史性的社会发展阶段。中国社会正处于社会转型时期，作为一个后发追赶型现代化国家，中国的经济社会发展不仅受到资源与环境的约束，而且受到时间的约束，必须在尽可能短的时间内完成发达国家在一个相当长的历史阶段内完成的社会变迁过程。[①] 在这种“时空压缩”的背景下，我们在短时间内要碰到西方国家几百年所遇到的诸多问题，而且还有许多原发现代化国家所不曾遇到的问题。目前，中国还刚步入工业化的中期阶段。无论是可持续性发展观还是科学发展观，其核心都是发展，但环境风险社会的到来也是中国不容回避的现实问题。如何处理好经济发展和环境保护的关系问题，实质上是如何处理好现代化和现代性之间的关系问题。

近年来，中国政府提出了建设“环境友好型和资源节约型”社会的

① 景天魁：《中国社会发展的时空结构》，《社会学研究》1999年第6期。

目标，开始了环境与发展战略的转型，还进行了一些试点工作，如武汉和长株潭城市群获批“全国资源节约型和环境友好型社会建设综合配套改革试验区”，以此来破解当前我国经济社会发展与资源、环境日益尖锐的矛盾。从战略的转型到现实的转型是一个漫长而艰难的过程。因此我们要深刻地认识影响中国环境保护与经济发展之间关系的现实因素，尤其是经济因素。①环境保护与经济发展的关系受到地区经济发展程度的影响。因为我国不同地区的现代化水平存在差异，所以它们得采取不同的经济发展速度和模式，与之相应的是不同的环境保护道路。②环境保护与经济发展的关系受到地区的一些主要经济要素，尤其是产业结构的影响。不同地区的产业结构会产生不同的环境问题，环境保护的方式也随之就会有所不同。目前中国政府正在通过产业结构的调整和升级实现经济增长方式的转变以解决环境问题。

第二，中国目前正处在全面深化改革的时代。政府在向现代化民主社会转型过程中，会存在各种各样的断裂，如由于各级政府机构的权力范围和利益出发点不同，整个行政系统中存在很多相互冲突和“裂痕”。这些包括上下级矛盾、条条矛盾、块块矛盾以及条块矛盾等，[①] 还有国家与社会之间的边界模糊等。在全面深化改革的进程中，不同地区或不同级别的政府体制又呈现不同的断裂方式。处于转型社会中的中国政治结构既对环境运动进行了一定的限制，同时也为环境运动的兴起提供了一定的生存空间。

第三，中国的社会结构正在分化，利益主体趋于多元化。中国的经济体制转轨和社会结构的转型几乎是同步进行的。在这种转型中，目前中国的社会结构正在不断分化，利益主体趋于多元化。社会结构和利益格局的重新调整也在经济发展和环境保护的关系上有所体现。它在环境问题上表现为两种社会结构和利益的分化：一是以牺牲环境利益而获益的群体的出现，尤其表现为特殊利益集团和地方保护主义的勾结等现象；二是维护环境利益的群体的觉醒，民间环保团体如雨后春笋般地出现等。

---

① 应星：《草根动员与农民群体利益的表达机制——四个个案的比较研究》，《社会学研究》2007 年第 2 期。

三　两个个案的介绍

（一）X 江镉污染事件：从人大代表到环保组织负责人

这是发生在中国中部地区的 X 江流域的镉污染事件。X 江流域有 3 个在 20 世纪五六十年代建立起来的老工业基地。镉污染的来源主要有两个方面：一是 X 江两岸的重工业基地遗留下来的问题造成的镉污染；二是近几年有色金属价格的暴涨造成了严重的镉污染。C 市几位人大代表在发现 X 江的镉污染问题后，镉污染被提上了治理的日程。X 江镉污染的治理过程也是不同主体之间的互动过程。每个利益群体都站在自己的立场上对 X 江镉污染事件作出了一定的回应。人大代表们一步步把 X 江镉污染问题化，如发现问题、掌握证据、和政府进行沟通、成立环保协会。在这些行动中，代表们最核心的策略是“既拉又打”。与此同时，C 市政府和 G 省及其相关部门对 X 江镉污染问题作出了一定的回应。但不同级别的政府部门回应的方式、内容和程度是不同的。在这种代表和政府的互动过程中，问题得到了一步步的提升：从单纯的镉污染问题转向了 X 江水污染治理和第二水源开辟同时并进的思路，甚至希望从立法及通过经济增长方式的转变来解决环境问题。

在 X 江镉污染事件发生后，W 等人大代表曾有过成立 X 江水资源保护协会的想法，但因没找到业务主管部门而没能如愿。因为按照中国的社团管理条例，一个社团必须先找到一个主管单位，然后才能够申请成为法人。W 等认为 G 省环保局可能不会同意作为协会的主管单位，就去找 G 省水利厅，但没有得到同意。后来，他们开始考虑选择 C 市环保局作为环保协会的挂靠单位。最初 C 市环保局的领导也不是很同意。后来迫于即将召开人大会议可能面临的压力，C 市环保局领导才答应了作为挂靠单位的要求。由于找到了挂靠单位，C 市环保协会办理了各种手续，正式成为一个具有独立法人资格的民间组织，并于 2007 年的国际环境日正式宣布成立。C 市环保协会成立了正式的组织机构，选举了协会的负责人，制定了协会章程。这几位创始人开始承担了两栖角色——既是人大代表，又是环保 NGO 负责人。

（二）厦门 PX 事件：政府和市民一起在成长

厦门市处于中国东部沿海地区，也是中国在 20 世纪 80 年代刚开始改革开放时设立的四大经济特区之一。厦门 PX 项目是由腾龙芳烃（厦门）有限公司投资 108 亿元、能给厦门带来 800 亿元以上 GDP 的“手续完备、程序合法”的化工项目，因为其厂拟设址距厦门市中心和鼓浪屿只有 7 公里，在科学家、政协委员和广大市民的反对下，最终决定迁址。

厦门 PX 事件中民意和政府的较量大体分为三个阶段。

第一阶段，虽然科学家等对 PX 项目的选址提出了质疑，但厦门市政府仍在强势推进 PX 项目。首先是关注厦门 PX 项目的一些学者，如全国政协委员赵玉芬院士、厦门大学袁东星教授等从专家的角度对这个项目的选址问题提出了质疑。在正式提交议案前，专家和地方政府官员也进行过沟通，但没有达成一致。赵玉芬院士在向地方政府反映无果的情况下，想通过全国政协走“自上而下”的监督来阻止厦门 PX 项目选址，如 2007 年 3 月，赵玉芬联合 105 名全国政协委员提交“关于厦门海沧 PX 项目迁址建议的提案”，这曾成为当年全国政协头号提案。但由于政协的权力受到一定的局限，最终未能如意。

第二阶段，随着市民反对的声音越来越大，厦门市民开始上街游行等，稳定压倒一切成为厦门市政府最大的任务。在这一阶段，新媒体和一些知识分子等发挥了推波助澜的作用。虽然一些知名媒体如《中国经营报》对厦门 PX 事件做了报道，厦门地方媒体却保持了沉默。在这种情况下，时评作家连岳吹响了保卫厦门的号角，网络社区也开始热议 PX 事件，短信也开始广泛传播，最终推动了市民上街游行。他们以游行的方式表达了对一个厦门市有史以来最大的化工项目的抗议。但他们有一个共识，绝不发生冲突。他们只希望表达自己正当的诉求，能让政府听到市民反对的声音，而不希望诉求变质。这次抗议没有留下垃圾，没有损毁公物，是一次非常文明的和理性的抗议。随着越来越多的市民对 PX 项目的反对，维护社会稳定成为厦门市政府当时面临的主要矛盾。因此福建省和厦门市的主要领导在对待民意的问题上改变了认识。这种认识最终也促成了厦门市政府在PX项目上的态度发生某种程度上的转变。政府开始宣布缓建PX项目，并利用舆论等途径来稳定社会形势。

第三阶段，政府和市民保持了较好的理性互动。厦门市政府重新组织厦门市海沧区总体规划环评。厦门市政府重新组织环评，“既没有法律法规可以借鉴，也没有其他可供参照的实际经验。厦门市政府是第一次，国内是少有的，我们是摸着石头过河”。厦门市政府副秘书长朱子鹭引用伏尔泰的一句名言——“我反对你的意见，但我誓死捍卫你说话的权利”，这表明了政府在重新组织环评上的态度和采取的方式。厦门市民对环评报告的积极参与，尤其是表现在参与中的热情而又十分理智的态度，一方面，厦门市民在座谈会中对情绪的克制、对技术的耐心，在维护集体理性时所表现的自觉自律可以说中国人作为个体的公民理性正在形成；另一方面，我们也可以看到，这个新的“临时集体组织”，已经能够有效地将维权情绪和行动欲望集合并具有了统一行动的能力。因此，有人评价，“无论结果如何，此次厦门公众对环保评估的积极参与，都将成为中国环保史上的一个经典案例”。

四　社会行动者视角下的环境问题建构机制

面对风险社会所带来的挑战，自20世纪90年代以来中国公众在环境方面的参与发生了显著变化。21世纪初，公众参与的力度在进一步加大，中国的环境运动成为公众反思风险社会的社会实践活动。分析当代中国环境运动，不仅需要关注政治机会等宏观社会背景，而且对于行动者的策略和技术尤需关注。社会结构对社会行动有一定的约束，但这种约束并非决定式的。社会结构还要通过社会行动者使用策略性的社会行动再生产出来，而且社会行动还会对社会结构产生反作用，甚至促使社会结构发生转型。我们还要从社会转型的实践过程中捕捉在现实生活中我们的社会所发生的实质性变化。[①]

话语是环境行动者建构合法性和争取权益的重要手段。中国目前的环境

① 孙立平：《实践社会学与市场转型过程分析》，《中国社会科学》2002年第5期。

运动的话语不是“大型的反抗话语和意识形态”[①]，而主要指与人民群众生活息息相关的生存权问题。上面的两个案例中，他们主要使用的话语有科学话语、政策话语等。科学话语主要体现为有效地掌握污染证据。在X江镉污染事件中，几位代表对饮用水的标准进行了质疑和探索，还在此基础上向全国人大提交修改建议。C市环保协会很多活动或建议都以保护母亲河和保障“人民饮用水安全”等为其口号或宗旨。如“湘江大扫除，保护母亲河”活动、“保护母亲河、保障人民饮水安全”维权活动。在其成立后不久开展的“饮用水质量调查”的总结报告中开头第一句话就这样写道：“为促进C市人大常委会关于保障全市人民饮水安全决定的落实……”在报告的结尾处强调协会开展的活动是如何响应党和国家关于生态文明理念的。而且，近年来C市环保协会对X江流域的环境监管治理取得了一些成效，得到了政府和社会各界的认可。它在贯彻国家环保法律、法规、政策和推行“环境保护、人人有责”的环保理念的同时，进一步提出了与环保主管部门、排污企业共同构建环保大格局的口号。

而在厦门PX事件中，赵玉芬院士、袁东星教授等代表民意的专家学者在PX项目可能产生的污染问题及PX项目选址的距离远近上则完全与政府持不同的态度。政策话语主要体现国家的宏观政策。当前，科学发展观、建设社会主义和谐社会和关注民生问题等成为当前中国政府的执政理念。这些理念被环境抗争者当作支持其行动的强大武器。C市的几位人大代表借用这些话语旨在促使地方政府重视严重的X江镉污染问题，以切实解决C市人民的饮水安全问题；而厦门市民打出了“民生、民主、民权、和谐”和“抵制PX项目、保市民健康、护厦门环境”等口号，借用这些话语把市民的环境公民权作为一项基本的人权提出来了。

除掌握了话语外，行动者的策略还主要体现在他们的动员机制上，包括正式和非正式的组织形式。下面分别对这两个案例的动员机制进行比较分析。X江镉污染的动员机制体现出一种“人大代表”的精英逻辑。他们充分利用正式和非正式的途径最终使X江镉污染问题被提上地方政府的重要

---

① 赵鼎新：《社会与政治运动讲义》，社会科学文献出版社，2006。

议程。一方面，他们利用人大代表的身份通过正式的渠道开展工作，如参与对“一府两院”的监督、向人大提交议案等；另一方面，他们也通过自身的社会关系来寻求问题的解决。C 市的三位人大代表正是充分利用自己正式和非正式的社会关系资源成功地将 X 江镉污染事件推上了政府的重要议程。之后成立的 C 市环保协会开展的污染监管活动，在某种程度上是对政府的环保工作的监管。但这种监管必须符合中国的宪法和法律的基本要求，而不能采取体制外的参与方式。首先，保持合法的诉求表达渠道。C 市环保协会在开展污染监管或者行使宪法赋予的公民权利时，一般通过体制内的渠道向人大或政府反映。其次，注意把握好信息公开的范围。据 C 市环保协会的主要负责人 W 介绍，本协会之所以能维持到今天并成功开展一些工作，主要是协会能把握好度，即协会所有的活动或者公布的信息基本在政府能接受的范围内，不会造成社会恐慌。

厦门 PX 事件则体现出一种“市民社会”的动员机制，也凸显了新社会运动的某些特点。它的主要特征有：①厦门市民大规模抵制 PX 事件是在通过正式的渠道不能解决问题的情况下发生的。在厦门市民上街游行之前，厦门大学赵玉芬院士通过一些正规的渠道（如给福建省和厦门市政府提建议、在 2007 年的全国政协会上提交议案）都没有促成问题的解决，但在民意推力下，厦门市政府不得不把已经通过了中央到地方层层审批的项目拉下马来。②大众媒介尤其是新媒体的力量在厦门 PX 事件中发挥了重要的影响力。由于政府限制严格，厦门的官方媒体一律没有对此事进行报道。但厦门市政府对新媒体和不属于厦门市管辖的媒体不能完全控制，因此在新媒体的带动下广大市民对 PX 项目可能带来的污染及其影响进行了广泛讨论。在这次运动中大众媒介不仅在很大程度上起到了运动的组织、动员作用，而且使本次运动产生了超出运动具体目标的意义：建构了崭新的、内涵丰富的环保运动的集体认同感，体现了新社会运动的历史性作用——生产力改变了人们的文化价值观，实现了“自我的绿化”。① ③厦门市民通过“扁平化”的社

① 孙玮：《“我们是谁”：大众媒介对于新社会运动的集体认同感建构——厦门 PX 项目事件大众媒介报道的个案研究》，《新闻大学》2007 年第 3 期。

会网络联系在一起，而非严密的正式组织，甚至没有一个明确的组织、机构甚至领导人作为运动的发起者、组织者。④遵循理性和非理性相结合的“踩线不越线”的反抗策略。在中国目前处于转型的体制下，仅仅沿着制度的轨道进行合法抗争不能从根本上触动体制。因此，市民采取了上街游行等与现行体制相对抗的方式，但他们在游行中又保持了较大的理性，如上街游行没有损毁公物、没有留下垃圾等。这种“踩线不越线”的行动策略没有过多地激化矛盾而又最终促成了问题的解决。

五　结论

“政治机遇结构是解释中国都市地区集体行动之发生的最有力的一个自变量，因为它代表了促进或阻碍社会运动或集体行动的动员努力的几乎所有外部政治环境因素。”合法性是与政治机会结构紧密相关的概念。与西方社会运动不同的是，中国群体利益表达行动的困境不在资源动员上，而在合法性上，并以合法性困境来回应西方社会运动范式中的资源动员困境。[①] 何谓合法性和合法性困境？“合法性”有两层含义：第一层是“合法律性”，也叫形式合法性，意指一种行为或者一个事物的存在符合法律的规定；第二层是“正当性”“合理性”，也叫实质合法性，表征一个行为或者一个事物的存在符合人们的价值准则或人们的期待，而为人们所自愿接受或服从。实质合法性还可以进一步分为政治合法性和社会合法性。中国群体利益表达行动的合法性困境主要在于形式合法性的不足。转型中的中国政治机会结构不仅包括中央政府对公众的开放程度，还包括中央政府与地方政府以及地方政府之间的断裂所提供的机会。由于地区之间在政治、经济和社会结构及转换机制等方面的差异，不同地区也只能采取符合地区实际情况的环境保护道路，公众与政府之间尤其是地方政府的关系也会呈现差异性。与厦门等沿海地区相比，处于中国中西部地区的 C 市党政权力系统所具有的开放程度也不如沿海开放地区。与此相对应，C 市的公民社会的发育程度还处于萌芽状态。

① 赵鼎新：《社会与政治运动讲义》，社会科学文献出版社，2006。

X 江镉污染事件中，属于中部地区的 C 市普通市民没有表示很大的关注，而是仅由几位人大代表来呼吁，即使后来组建了一个环保协会，也主要是由一些人大代表组成的。而在 PX 事件中，社会行动对社会结构的反作用更加明显，厦门市民通过使用一些行动策略最终迫使厦门市政府在 PX 事件中改变态度，并在此事件中实现地方政府治理方式的转变，但这种反作用仍是有限度的，社会结构对社会行动的约束依然很明显。厦门 PX 事件的意义在于，通过自下而上的方式推动了地方政府态度的改变乃至治理模式的转型。

总之，无论是 X 江镉污染事件还是厦门 PX 事件，都利用政治机会空间在一定程度上突破了其合法性困境。虽然这种合法性更多的是象征性的而不是结构上的，但仍可从中窥视出中国政治体制改革的一些新动向。

环境信访制度改革及其法治化分析*

谭柏平　邢铈健**

摘　要： 环境信访属于行政信访。与其他类型的信访相比，环境信访在产生原因、涉及的职能部门、矛盾化解方式等方面都有自己的特点。在实践中环境信访面临的困境是：一方面，环境信访牵涉较多的行政职能部门，另一方面，鉴于环境污染的特征，信访人走诉讼途径的意愿不强。对于环境信访来说，"诉讼分离"关键在两个层面：一是环境信访去司法化，二是环境信访事项在不同行政部门的环境监管职责中进行"切分"。构建"涉法涉诉"信访依法终结机制是"诉访分离"改革的一项重要内容，环境信访答复是一种不可诉的行政行为，为了防止环境信访事项在法律程序内"空转"，可赋予环境信访机构以立案建议权。

关键词： 环境信访　诉访分离　法定途径　依法行政

* 本文为司法部2012年度国家法治与法学理论研究项目"绿色与低碳的城镇化法律问题研究"的阶段性成果（课题编号12SFB5051）；北京市信访办课题"信访历史遗留问题及对策研究"（编号40014790201503）的前期研究成果之一。

** 谭柏平，法学博士，首都社会建设与社会管理协同创新中心、北京工业大学人文社会科学学院法律系副教授，主要从事环境法学研究；邢铈健，北京工业大学人文社会科学学院硕士研究生。

中国目前正处于城镇化的快速推进期，2015 年城镇化率已经达到 56.10%,[①] 根据国家城镇化发展目标，2020 年城镇化率会达 60% 左右。[②] 城镇化必然是农村人口向城镇转移，造成城镇人口增加，城镇规模不断扩大。城镇化建设中面临的一个困境是，由于城镇人口增长过快，城乡规划滞后，人地矛盾突出，生态破坏与环境污染加剧，环境信访事件多发，这是社会建设和社会治理必须面对的一个课题，城镇化之路既面临重大机遇，又要经受各种挑战。[③] 为了重塑公众与政府之间的信任关系，从制度上着手预防或化解环境信访尤其是群访、闹访事件，应该创新社会治理手段，实行环境信访制度改革，依法规范处理环境信访事项。党的十八届四中全会《中共中央关于全面推进依法治国若干重大问题的决定》指出："落实终审和诉讼终结制度，实行诉访分离，保障当事人依法行使申诉权利。"这是环境信访工作改革的基本要求、基本途径和基本方向。

一　问题的提出

近年来，中国信访存在的问题突出表现在：信访承载的功能太多，"诉访"不分，信访数量多，"干群"矛盾激化。一方面，"非正常信访"扰乱国家机关正常工作秩序的现象频现。实践中，当然应该区别"正常信访"与"非正常信访"（即"非访"）。前者的信访人是通过合法方式表达合理诉求的，这是信访接待部门的职能范围；而后者"非访"者往往采取蓄意的、过激的、相关法律法规明确限制或禁止的方式，以集访、闹访、缠访、越级上访等形态出现，影响党政机关办公秩序，损害社会秩序。"非访"其实并非真正意义上的"信访"，而是涉嫌破坏社会秩序的极端行为，信访部门既无权限，也无能力解决，理应由当地公安部门处理。[④] 另一方面，地方

① 参见《2015 年国民经济和社会发展统计公报》，国家统计局 2016 年 2 月 29 日公布。

② 参见《国家新型城镇化规划（2014－2020 年）》。

③ 谭柏平：《生态城镇建设中环境邻避冲突的源头控制——兼论环境影响评价法律制度的完善》，《北京师范大学学报》（社会科学版）2015 年第 2 期。

④ 张璁：《信访制度改革历时两年，信访不再大包大揽》，《人民日报》2015 年 8 月 12 日。

政府处理信访问题的手段越来越多样，如截访、销号、收买、劳教和非法拘禁等，这些举措不但没能解决信访问题，反而诱发了更多、更严重的问题，且直接异化了信访制度，信访这一原本体现民主的制度，却演变为国家和社会冲突与博弈的场地。① 2005 年新《信访条例》颁布实施后，中央信访工作的重点已经不再是鼓励民众上访以此来治官，而是转向治理访民，规范信访秩序，并将其与刑法等法律衔接。在实践中，信访制度逐步异化为刚性体制下的维稳工具，并在集权制度与压力型体制下，信访治理越来越偏离制度设计的初衷，呈现非制度化、非程式化、非规则化等机会主义特征，对信访制度的运行产生了深远影响。②

信访脱离困境的出路在于制度创新。信访制度具体的改革路径应是将信访建设成为一个采用独特的处理方式、独立于行政体系、主要解决不良或者不合理行政的信访制度。③ 信访制度纾困的根本对策在于"开源式"治理，即信访制度改革和制度创新更应该采取开放的姿态，推动信访制度的民主化、法治化变革。④ 而信访制度改革与制度创新应坚持内外兼顾、统筹协调，从信访内部机制改革和创新考虑，采取渐进方式实现以法治为内容的信访制度改革，为信访注入法治精神，以法治规范信访秩序。⑤ 总之，实行信访法治化，依法规范处理信访事项，应成为信访制度改革的基本方向，尤其重要的是把涉法涉诉信访导入法定途径、纳入法治轨道解决，实施"诉访分离"，建立涉法涉诉信访依法终结制度。

二　环境信访的产生及特点

中国的信访因受理机关性质的不同而有不同的分类，环境信访属于行政

---

① 吴越菲：《信访社会工作：社会理性秩序的助推器》，《检察风云》2012 年第 18 期。

② 于建嵘：《机会治理：信访制度运行的困境及其根源》，《学术交流》2015 年第 10 期。

③ 马晓东：《和谐社会视角下信访与社会矛盾纠纷化解研究》，《青海民族学院学报》（社会科学版）2009 年第 3 期。

④ 叶笑云、阎巧玲：《非均衡发展中的"倒逼"效应与开源式治理——转型社会的信访制度实证研究》，《浙江社会科学》2008 年第 11 期。

⑤ 林莉红：《论信访的制度定位——从纠纷解决机制系统化角度的思考》，《学习与探索》2006 年第 1 期。

信访的范畴。根据《环境信访办法》第 2 条规定，环境信访“是指公民、法人或者其他组织采用书信、电子邮件、传真、电话、走访等形式，向各级环境保护行政主管部门反映环境保护情况，提出建议、意见或者投诉请求，依法由环境保护行政主管部门处理的活动”。而环境信访人是指采用书信、电子邮件、传真、电话、走访等形式，反映环境保护情况，提出建议、意见或者投诉请求的公民、法人或者其他组织。

（一）环境信访产生的主要原因

环境信访产生的原因复杂，除了信访人的心理因素、环保参与意识与环境维权之外，产生环境污染与生态破坏的原因，其实也是环境信访产生的原因，主要有以下几方面。①城乡规划不合理。各地经济社会快速发展，城镇化进程加快，但城市与乡村规划滞后，规划的规范性不够，权威性差，变更随意；在城市，城市布局不合理，功能区划不完善，功能定位错乱，环境邻避冲突不断；在农村，各乡镇建设缺乏统一规划，对于环境资源“重开发轻保护”，环境基础设施建设滞后。大量的环境信访投诉都可以从城乡规划上找到原因。②环境污染的预防机制没有受到重视。如规划与建设项目的环境影响评价形同虚设，项目建设不按规定办理环评手续，“先上车，后补票”，或者环评造假严重，往往企业还未运营甚至还没动工，信访人就已经投诉不断。再如，有的企业不执行环保的“三同时”制度，环保治理设施长期闲置不用，违法偷排现象时有发生，由此造成了大量的环境信访投诉。③政府错误的经济发展观。各地政府在考量经济发展与环境保护的关系上，“唯 GDP”论，以牺牲环境为代价换取一时的经济利益，往往以解决就业、摆脱贫困为借口，做污染企业的保护伞，既牺牲了当地的生态环境，又严重损害了公众的身体健康，侵害了人民的长远利益。④环境保护的监管部门执法不力，缺乏联合执法机制，加大了信访处理难度。环境信访问题往往牵涉多个政府职能部门，由于受职能范围、技术力量、资质等因素限制，现有执法手段单一、薄弱，缺乏综合性执法与整治力度，缺乏对环境违法行为的震慑力，相关部门若没有采取有效监督措施，单靠环保或某一部门很难处理好环境问题。⑤环保部门应有的执法权限缺乏，行政强制手段偏软。尤其是新的《环境保护法》实施以前，环境保护方面的法律法规普遍“没有牙齿”，环保部门缺乏强制执行权力，导致环保执法的权威性、严肃性难以维护，尽管进行了行政处罚，但企业的违法排污行为难以有效制止，环境问题持续不能得到解决，违法行为不能及时终止，造成环境信访的重复访与越级访，甚至信访人情绪激化，造成闹访。⑥服务业迅猛发展，导致社会生活类环境污染激增。如在城镇化进程推进中，宾馆、饭店、歌舞厅、游乐场所、通信基站等服务设施大量兴建，餐饮油烟污染、生活噪声污染、光污染、电磁辐射污染等社会生活类环境污染的信访也随之增多。此外，随着我国人民群众的生活水平不断提高，对生活居住周遭的环境质量要求也越来越高，环境信访举报咨询等数量大增。

（二）环境信访的主要特点

环境信访的主要特点体现为，一是信访数量越来越多。这与环境污染形势日益严峻有关，也与公众的环保意识日益增强有关，信访成了公众环境维权的重要途径。如 2014 年北京市环保系统共受理环境信访事项 42370 件，同比 2013 年的 29358 件增长了 44.3%，而 2013 年又比 2012 年同比增长 56.6%。[①] 二是环境信访人对解决问题的要求更高。与其他的信访事项相比，环境信访人对反映的环境问题要求在短期内给予解决，或要求环境执法人员立即前往现场解决，而且，越来越多的环境信访人在要求消除污染危害的同时，还要求获得一定数量的经济赔偿。三是环境信访的群访现象多，规模大。因一些企业直接将污染物排放到环境中，环境污染波及的范围大，受害者人数众多，他们往往联合起来，集体上访，希望利用规模效应引起政府以及社会媒体的关注，使他们的问题得到尽快解决。四是大气污染信访投诉稳居环境信访事项中的头把交椅，而其他环境信访的内容也越来越多。譬如，2014 年北京市环保系统共受理大气污染信访事项共计 33373 件，占了全部环境信访事项的 70.7%。过去的环境信访主要集中在噪声污染、水污染和

① 以上数据为本课题组在北京市环保局调研时由北京市 12369 环保投诉举报咨询中心受理科提供。

大气污染等方面，目前，电磁辐射污染、生活垃圾污染、光污染等环境污染问题也成为环境信访事项受理的常客，而且这类案件的数量有增加的趋势。五是环境信访的诉求形式多样，但信访人愿意以更快捷的方式提出自己的诉求。由于环境部门普遍设立了12369环境热线，公众以电话投诉举报的方式占了信访形式中的绝大多数，如北京市环保系统2014年通过电话受理的信访事项数量高达31354件，占总量的74%，“信”访大多变成了“电”访。此外，随着科技的发展、通信工具的进步，以电子邮件形式提出意见与诉求的信访人越来越多，如2014年北京市环保系统通过电子邮件受理的信访事项达到9296件，占受理总量的22%。① 六是环境信访具有“复合型”特点，即环境信访包括因环境污染和生态破坏引起的信访事项，使环境信访和建设、规划、城管、卫生、农业等相关部门紧密相连，错综复杂。根据职能划分，有的信访事项并不归属于环保部门监管，而是属于其他政府职能部门，这就给环境信访事项的处理增加了难度，甚至成为激化环境信访矛盾的原因。

（三）环境信访与其他类型信访的主要区别

信访程序的发动始于信访人提出信访事项。信访事项必须向有管辖权的机关、在指定的地点提出，即便严格遵照相关规定提出信访事项，信访人也不能单方启动信访处理程序。信访人提出信访事项，有关机关首先进行登记和初步审查。经过初审的信访事项是否受理，因审查机关不同，在程序上可能作出不同的处理。初审机关为信访工作机构时，其会作出如下处理：不予受理并告知向其他机关提出；如果认为应由行政机关处理，则作出转送、报请、交办的初步受理决定。即便是信访工作机构转送、交办的信访事项，有权处理的行政机关仍要进行审查并决定最终是否受理。如果信访事项直接向信访工作机构以外的行政机关提出，有关行政机关经过审查认为属于本机关法定职权范围的信访事项，应当受理；对不属于本机关职权范围的信访事项，应当告知信访人向有权处理的机关提出。② 可见，只有当有权处理的行

① 以上数据为本课题组在北京市环保局调研时由北京市12369环保投诉举报咨询中心受理科提供。

② 参见《信访条例》第21、22条。

政机关决定受理后，信访程序才真正启动。[①]

环境信访与其他类型信访的性质与特点均有所差别。归纳起来，环境信访区别于非环境信访主要有以下几点。一是环境信访主要是一种环境行政信访，由于环境问题产生的突发性、危害性、污染的传播性，受环境问题影响的当事人第一反应就是信访，走诉讼途径的意愿不强。二是产生的原因不同，环境信访主要是因为生态破坏或环境污染的问题而引发。三是涉及的职能部门较多，环境信访不等于是环保部门一家受理的信访；环境投诉涉及职权部门多，对环保部门提出的意见和建议，其中大量的问题不属于环保部门的职责范围。四是环境信访季节性强，环境污染与气候环境、四季变化相关，环境信访数量与来访类型也随之变化。五是环境信访更强调从源头化解。要从根源上预防环境问题的发生，“防患于未然”，如加强规划和项目的环境影响评价，认真执行“三同时”制度等，是环境信访“息访”的根本所在。

可见，环境信访从性质上讲，是一种典型的环境行政信访，对依法应当通过诉讼、仲裁、行政复议等法定途径解决的投诉请求，信访人应当依照有关法律、行政法规规定的程序向有关机关提出。

三　“诉访分离”法治化：环境信访制度的改革方向

信访制度改革的一个重头戏就是“把涉法涉诉信访纳入法治轨道解决，建立涉法涉诉信访依法终结制度”。根据2013年1月全国政法工作会议的精神，应将环境涉法涉诉信访作为改革的重点，厘清环境信访的工作边界，明确划定环境信访部门的权责界限，把不适合用信访解决、不属于信访范畴的事项“请出去”，同时把环境信访的分内事好好管起来。环境信访要回归法治轨道，首先要给环境信访本身定好位，既不能“越权”也不能“懒政”，而是要把责任落实到有权处理信访问题的部门，以此推动信访问题的解决。“信访部门不直接解决信访问题，只是推动信访问题解决的组织者和协调者”。[②]

① 刘国乾：《行政信访处理纠纷的预设模式检讨》，《法学研究》2014年第4期。

② 张璁：《信访制度改革历时两年，信访不再“大包大揽”》，《人民日报》2015年8月12日。

（一）“涉法涉诉信访”改革的必要性

所谓“涉法涉诉信访”，是指依法属于人民法院、人民检察院、公安部门和司法行政部门处理的信访事项。① 其主要有以下特点：第一，“涉法涉诉”即意味当事人的诉求属于法律范畴，必须用法律方式来解决；第二，涉法涉诉信访事件多为已处理过的法律事务、已处理过的案件；第三，信访久访不息，当事人对原处理不服或不信任有关机关或有关人员；第四，涉法涉诉信访事宜情况复杂，有的属于无理缠诉、闹访，也有的是正当要求、合法诉求得不到保护、满足，还有的是政府或司法机关工作人员在以往工作中简单粗暴、违法办案甚至滥用职权等。

很长一段时间以来，信访工作包括环境信访的权责不清，被人戏称为“信访是个筐，啥都往里装”。司法作为社会公正的最后一道防线，过去以信访这种行政方式来处理涉法涉诉问题，既造成矛盾纠纷无法在制度上被终结，也容易让老百姓形成“信访不信法”的思维，会对老百姓的法律意识、整个国家的司法权威带来负面影响。因此，必须进行“诉访分离”制度的改革。把涉法涉诉信访纳入法治轨道，建立涉法涉诉信访依法终结制度，既是全面推进依法治国的迫切需要，又是贯彻落实修改后的《刑事诉讼法》《民事诉讼法》的必然要求，不仅有利于在工作上倒逼政法机关提高执法司法质量和水平，保证当事人合法诉求及时得到解决，而且有利于从制度机制上推动形成办事依法、遇事找法、解决问题用法、化解矛盾靠法的法治环境，更好地维护法律尊严、维护人民群众合法权益、维护社会和谐稳定。所以，“诉访分离”制度改革的意义重大。

经过近两年涉法涉诉信访改革的实践，诉访分离、依法治访的改革局面正在逐步形成，涉法涉诉信访初步呈现“弃访转法”的良好态势，改革取得了阶段性成效。然而，随着改革的逐步深入，一些问题也逐步凸显出来，成为制约改革深入推进的瓶颈和障碍，这些问题包括四个方

① 参见《涉法涉诉信访案件终结办法》第 2 条。

面。一是受理渠道不畅通。主要是信访申诉的渠道窄、渠道少；诉与访的界限不清、标准不明，工作中难以准确地分类处理；受理立案的门槛高，一些符合条件的诉求进入不了法律程序；各单位之间“踢皮球”，信访投诉的问题得不到依法及时受理。二是受理单位怠政、懒政。有些案件虽然进入了法律程序，但办案单位态度不端正，办案不认真，有错不纠，有瑕疵不补正，法律问题没有得到依法公正解决。三是信访终结机制不完善。主要是已经走完法律程序的信访案件退不出处理程序，有些案件当事人仍然反复缠访、闹访，严重影响正常的信访秩序和社会秩序。四是信访程序规范性不够，外界干预难以杜绝。我国关于处理涉诉信访的基本程序大多参照国务院颁布的行政性较强的《信访条例》，其实，这并不属于司法程序。且诸多信访案件的处理，依据的是上级或者某领导人的批文或指示，这种现象仍较为普遍，这更加不是法律程序内的救济。① 推进法治信访就是不能受理越级信访和重复信访，但也必须谨防“不受理”变成“不管理”。如果缺乏对当事人信访问题跟踪分析，矛盾没得到及时有效的化解，一旦“下面不落实，上面不受理”，就让矛盾形成“堰塞湖”。②

为防止信访“堰塞湖”的产生，关键是完善案件的受理机制。有些信访人之所以长期缠访、闹访，主要原因是在其诉讼期间或上访之初，相关问题没有得到妥善解决。要想减少、杜绝“涉法涉诉”信访案件发生，就应注重源头治理，规范立案标准和条件。对适合调解的案件，司法机关要做好释明、引导工作，及时分流；对符合受理条件的案件，司法机关应依法受理。实践中，对某些不好处理、不便处理、不想处理的矛盾纠纷，存在有关部门拒绝依法处理的现象，并为此出台“土政策”，为不受理找借口。有鉴于此，对于涉及案件受理范围的事项，应当由全国人大常委会作出解释，或者由公安机关、检察院、法院进行规定或解释，并报请全国人大常委会备案审查后予以公布。只有从制度上防止有关部门在受案范围

① 陈爱武、张兴泉：《涉诉信访制度的理性改进》，《山东警察学院学报》2014 年第 3 期。

② 张璁：《信访制度改革历时两年，信访不再“大包大揽”》，《人民日报》2015 年 8 月 12 日。

上“挑肥拣瘦”，才能确保符合条件的“涉法涉诉”信访案件得到及时受理和依法处理，同时解决案件审理的入口不顺、门槛过高、时限过长等问题。

（二）环境信访制度改革的总体思路与方向

改革涉法涉诉信访工作机制、依法处理涉法涉诉信访问题的总体思路是：改变经常性集中交办、过分依靠行政推动、通过信访启动法律程序的工作方式，把解决涉法涉诉信访问题纳入法治轨道，由政法机关依法按程序处理，依法纠正执法差错，依法保障合法权益，依法维护公正结论，保护合法信访、制止违法闹访。努力实现案结事了、息诉息访，实现维护人民群众合法权益与维护司法权威的统一。①

根据信访制度改革的总体思路，环境信访制度改革的方向为，其一，实行环境保护系统的诉讼与信访分离制度。把涉及民商事、行政、刑事等诉讼权利救济的信访事项从普通信访体制中分离出来，由政法机关依法处理。依法规范梳理“出口”，防止“出口不畅”。其二，建立环境涉法涉诉信访事项及时导入司法程序机制。各级政法机关及时审查环境涉法涉诉信访事项，符合法律规定的，依法转入相应法律程序分级分类处理；不符合法律规定的，做好解释说明工作。为此，应畅通诉求表达渠道，把在法治轨道外的涉法涉诉信访人引导到法治轨道内来，让符合条件的环境信访事项依法得到及时受理。其三，严格落实依法按程序办理制度。各级政法机关对已进入法律程序处理的案件，依法按程序在法定时限内公正办结。要防止法律程序“空转”现象，有些案件虽然进入了法律程序，但还需要环境信访受理与办理单位态度端正、认真负责，做到有错必究、补正瑕疵，依法公正解决环境信访人的问题。其四，建立环境涉法涉诉信访依法终结制度。对经过中央或省级政法机关审核，认定环境涉法涉诉信访人反映的问题已经得到公正处理，除有法律规定的

---

① 中共中央办公厅、国务院办公厅：《关于依法处理涉法涉诉信访问题的意见》，2014 年 3 月 19 日。

情形外，依法不再启动复查程序。其五，健全司法救助制度。对于因遭受生态损害或环境侵权造成当事人生活困难，又无法通过诉讼获得有效赔偿的当事人，应按照《关于建立完善国家司法救助制度的意见（试行)》相关规定及时给予司法救助。

（三）“涉法涉诉信访”法治化路径

“涉法涉诉信访”法治化的路径，其前提是“诉访分离”，这也是“涉法涉诉信访”改革的根本原则。“诉”即“诉讼”，广义上还包括检察机关等的司法活动，“访”即“信访”，是指狭义上的行政信访。从功能、性质等多方面考量，“诉”与“访”分离有其必要性。首先，“信访”与“诉讼”的性质不同，二者具有不同的适用对象和适用规则，具有不同的价值取向和后果，必须予以分离。信访工作追求社会秩序稳定，强调一种功利性维稳，通过信访工作解决社会纠纷具有明显的单方性、行政性、非程序性等特征，而司法追求社会纠纷解决的公平性和正义性，具有平等对抗性、正当程序性、终局裁判性等特征。其次，“诉”与“访”各自的功能具有一定的差异性：“诉”与“访”之所以存在，在于各自具备不同的社会功能，“诉”主要体现的是一种权利救济功能，而“访”主要体现的是一种畅通民意和监督制约功能，一种政治参与和权力监督的功能。“诉访分离”之后，信访的权利救济功能会弱化，而信访的政治参与和权力监督的功能则需要强化。最后，“诉访”结合对司法权威构成了挑战。涉诉信访主要包括法院诉讼中的信访、诉讼完结后的上访以及执行过程中的信访这三种情况。而在这几种情况下，上访者都没有将司法程序作为实现自身利益的首选手段，而是通过不断上访，扰乱司法秩序与法定途径，意图实现自身的诉求。因此，“诉”与“访”分离很有必要。

“诉访分离”的核心内容是把“诉”的问题统一按司法程序办理，“访”的问题纳入社会综合治理体系中解决，即所谓“司法去信访化”和“信访去司法化”。“诉访分离”的基本操作是：①凡属司法范畴的，则由司法部门依司法程序作出裁判，司法程序结束后，其判决结果具有最终的法律效力，不能再反复处理，也不能因舆论、当事人闹访和“维稳”等原因作出违反公定力的决定；②凡属行政范畴的，则交由行政机关处理，必要时再启动司法程序，这样才能真正做到尊重程序、维护司法权威、尊重行政、维护政府权威，决不能使司法与行政纠缠不清，浪费国家资源，徒增社会矛盾；③对涉诉信访的访民，行政部门要引导其到司法机关反映问题，将上访案件导入法律程序，政府要依法对当事人进行耐心讲解、说服与引导。简言之，“诉访分离”就是将涉及刑事、民商事、行政诉讼程序等“诉”的问题纳入法律程序，由司法机关依照法律程序解决，这既是涉法涉诉信访工作改革的出发点，也是涉法涉诉信访工作法治化的基本路径。

（四）环境信访“诉访分离”法治化的困境

对于环境信访来说，其“诉讼分离”则存在两个层面的分离。第一个分离是“信访去司法化”，即应当把诉讼性质的信访案件从普通环境信访案件中分离出来，交由司法机关处理。根据信访制度改革的总体思路与法治精神，环境信访部门处理“涉法涉诉信访”事项应遵循“三不”原则，即“不受理、不交办、不协调”：不受理，是指已经或者应该进入司法程序解决的问题，环境信访部门不予受理；不交办，是指环境信访部门对来信反映的“涉法涉诉”问题不交办，转由政法机关依法处理；不协调，是指环境信访部门不予协调涉及“涉法涉诉”的信访事项。同时，引导当事人到政法机关去反映问题，以尊重司法结论、维护司法权威。第二个分离是环境信访事项在不同行政部门的环境监管职责中进行的“切分”。因为环境保护涉及经济社会发展和大众日常生活的方方面面，既有政府职能，也有司法机关职能，还有一些属于市场调节和个人选择范畴。即使属于政府职能的，也不都由环境保护部门管理，而是由多个行政部门分别管理。因此，应区分不同行政部门的环境监管职责，把环境保护行政主管部门无权处理的环境信访案件，交由有权处理的其他行政职能部门去处理。

环境信访实践中，往往会面临两难困境。一方面，环境投诉涉及的行政职能部门较多，我国行政部门均已在部门内部建立较为系统、庞大的信访机构，现实中经常发生这样的情况：信访人不清楚各行政部门的具体分工，不了解环境信访与业务工作、行政复议、诉讼等不同受理范围的界限，从

“大环保”概念出发，向环保主管部门反映的问题、提出的意见和建议，其中大量的问题不属于环保主管部门，而是属于其他行政职能部门的职责范围，但是，各政府部门的信访机构之间往往缺乏统一管理，导致实践中信访机构之间相互推诿。另一方面，环境信访属于行政信访，而环境问题的产生往往具有突发性、危害性、传播性、时效性等特点，使受环境问题影响的当事人第一反应就是去找环保主管部门，要求尽快解决问题，如果走诉讼途径，诉讼程序周期长、胜负未卜、风险大，而环境危害又是时刻在发生的，信访人时间耗不起，因此，环境信访人走诉讼途径的意愿不强。总之，环境信访制度的“诉访分离”改革，虽然路径清晰，但实现还有一定难度，在依照法定途径导入相关程序之外，还得做艰苦的疏导与说服工作。环境信访要回归法治轨道，就要先给自己定好位，不能“越俎代庖”，而是要把责任落实到有权处理信访问题的部门。①

信访制度的变革是一个系统工程，涉及政治体制改革、司法独立、人大制度、党的制度等多方面、多层次的内容。环境信访在维护环境信访人的合法权益的同时，还得尊重司法权威，实现两者的有机结合，处理好环境信访与纪检、仲裁机构和法院的关系。

四　依法构建环境信访的终结机制

（一）坚守环境信访“诉访分离”的法定程序

构建“涉法涉诉信访”依法终结机制是“诉访分离”改革的一项重要内容。“诉”与“访”不仅要依法分离，而且相关的诉求与意见、建议都应该在各自导入的法定途径之类终止，杜绝那种“诉”完了不满意再“访”、“访”完了不满意再“诉”的不良循环。这种在法定途径内处理完结，“不串行”的终结机制，除了体现行政权与司法权的彼此尊重，树立司法公信

① 中共中央办公厅、国务院办公厅：《关于依法处理涉法涉诉信访问题的意见》，2014 年 3 月 19 日。

力与权威之外，还有其法理上的充分依据。

在环境信访的法定途径内，信访人提出信访事项之后将面临三次行政救济，即“三级终结”程序。第一次是初信初访，即提出环境信访事项之后，由环境保护行政主管部门做出环境信访事项处理决定；第二次是行政复查，即信访人对环境保护行政主管部门做出的环境信访事项处理决定不服的，可以在法定期限内请求原办理部门的同级人民政府或上一级环境保护行政主管部门复查，收到复查请求的环境保护行政主管部门在法定时间内提出复查意见，并予以书面答复；第三次是行政复核，即信访人对复查意见不服的，可以在法定期限内请求复查部门的本级人民政府或上一级环境保护行政主管部门复核，收到复核请求的环境保护行政主管部门在法定期限内提出复核意见。根据《环境信访办法》第 34 条的规定，环境信访人对复核决定不服的，仍以同一事实和理由提出环境信访事项的，各级环境保护行政主管部门不再受理，环境信访程序应该终结。

（二）遵循环境信访“三级终结”原则

目前，基层环保部门的重复环境信访所占比例较高，着力解决重复信访问题是基层环保部门信访工作的一项非常重要的任务。[①] 如果缺乏信访终结程序，信访案件就会出现“结案却结不了事”的情况，个别信访人为解决同一问题，以同一事实或理由无休止地重复信访，甚至缠访、闹访，直接牵制了各级环保部门的大量精力，导致各级环保部门信访任务十分艰巨。

环境信访“三级终结”原则，是指同一环境信访事项最多经过三级行政机关相应的“办理、复查、复核”程序并做出信访决定后，对该环境信访事项的处理即为终结。信访人对复核意见不服，仍然以同一事实和理由提出投诉请求的，各级人民政府信访工作机构和其他行政机关不再受理。[②] 当然，并不是每一个信访程序都必须经过复核程序才能终结。信访答复意见一旦做出，非经上级行政机关依法定程序改变或撤销，不能被推翻。因此，信

① 杨文娟：《建立环境信访终结机制解决基层重复信访》，《污染防治技术》2012 年第 3 期。
② 参见《信访条例》第 35 条第 3 款。

访程序分别因不同的情况可以有不同的终结点。而经过复核程序，信访必然终结，环境信访程序同此理。

环境信访“三级终结”原则的实质是为了维护社会良性秩序的目的而要求公民正当行使申诉权，实现环境信访依法终结。实行信访程序的终结原则，体现了公正和行政效率的协调一致。该原则的确立，可以促使环境信访争议尽快解决，提高行政效率，防止和纠正环境监管机关对信访人做出错误的信访处理意见，及时对信访人的合法权益予以救济；可以引导信访人逐级上访，减少重复信访，避免省级、中央级国家行政机关信访量过大的不正常现象；可以防止少数信访人无理纠缠信访。

（三）坚持环境信访答复的不可诉性

对于环境信访事项的答复意见，信访人能否提起诉讼？即环境信访事项的信访答复是否具有可诉性？有两种不同的观点，即可诉与不可诉。笔者倾向于认为，环境信访事项的信访答复是一种不可诉的行政行为。理由是，首先，环境信访事项一般都是当事人对原已作出的行政行为不服而向有关部门的申诉。环境信访答复则是行政机关以书面形式作出的解释、说明，应属一种单纯的回复行为，并不创设新的权利义务，环境信访答复对当事人的权益不产生实际影响，应属不可诉的行为。其次，行政行为具有确定力，即不再争议、不得更改的效力，具体行政行为因其确定力而取得不可撤销性。一般而言，具体行政行为作出后都会有一个可争议和可更改期，但是出于稳定行政管理关系的需要，这一期限不可能无限延长。当法定的不可争议、不可更改期限到来时，该具体行政行为也就取得了确定力。行政诉讼期限不同于诉讼时效，不存在中止和中断，非因正当理由超过行政诉讼期限提起诉讼，人民法院不予受理。如果环境信访答复可诉的话，则超过行政诉讼期限后，当事人会不断缠访，直至有关部门作出答复，然后对答复再提起诉讼，其直接的后果就是环境信访层出不穷，而行政诉讼期限则形同虚设。最后，如果听任一些环境信访事项无限申诉，反复启动法律处理程序，这既耗费了大量司法资源和行政资源，也加重了信访人自身的负担。上述理由在 2005 年 12 月 12 日最高人民法院立案庭对湖北省高级人民法院《关于不服县级以上人民政府信访行政管理部门、负责受理信访事项的行政管理机关以及镇（乡）人民政府作出的处理意见或者不再受理决定而提起的行政诉讼人民法院是否受理的请示》作出的答复意见中也得到了体现，该答复意见明确规定，对信访事项有权处理的行政机关依据《信访条例》作出的处理意见、复查意见、复核意见和不再受理决定，信访人不服提起行政诉讼的，人民法院不予受理。

（四）赋予环境信访机构以立案建议权

实行“诉访分离”，环境信访部门首先应做好接访笔录，将案件信息及时、准确、完整地录入，为“诉访分离”创造条件。其次是认真审查。对来信来访从诉求性质、职能管辖和级别、地域管辖等多方面审查甄别，当事人提出诉求能否纳入诉讼程序。如果符合起诉要件的涉诉信访，就应该纳入诉讼程序处理，以充分保障当事人诉权；对于不能纳入诉讼程序中的信访，则坚持分级负责、归口办理，责任单位实行公开答复、公开听证等形式，集合各种力量综合施策，以促使其息诉息访。最后，对未实行司法救济的信访，登记后将其导入司法机关走法定程序，如由检察机关决定是否抗诉，上级法院是否发回再审等。

为了防止环境信访事项在法律程序内“空转”，可赋予环境信访机构以立案建议权。譬如，环境信访部门经过审查甄别，对于应该进入司法程序解决的问题，不予受理，但是，可以在法律上明文规定，环境信访部门可向相关司法机关出具书面意见，建议相关司法机关予以立案受理，并说明理由，避免问题积压而激化矛盾。环境信访部门的立案建议权并没有打破“诉”与“访”的法律界限，司法机关对于环境信访部门的立案建议，经过审查，可以接纳也可以拒绝，没有必须采信的义务。

环境群体性事件发生机理及治理创新研究*

郝 豫 岳倩霞**

摘 要： 随着我国经济的高速发展，环境安全问题引发的诸多社会矛盾和冲突即环境群体性事件逐渐增多。本文以社会冲突理论为视角，界定环境群体性事件，汇总2007～2012年对我国影响较大的环境群体性事件，在此基础上分析其成因以及作用的内在机理，从而提出相应的治理措施，为政府及相关部门转变传统理念、加强治理能力提供参考咨询。

关键词： 环境群体事件 发生机理 社会冲突 治理创新

伴随我国GDP的高速增长，我国环境污染问题也愈发严重，在国家政策的出台下，污染严重的企业或化工厂等都远离城市，将厂址安置在了人烟稀少的郊区或者是郊区附近。由于工厂附近大部分为教育水平较低的村民，当村民发现这些污染源会对自己的生产生活等利益造成负面影响时，就很容易产生具有一定规模的肢体或语言上的冲突，从而造成由环境问题引发的群体性事件。社会冲突理论视阈下的群体性事件的发生是在所难免的，在环境

* 基金项目：教育部人文社科基金项目（16YJCZH026）；河南省哲学社科规划项目（2015CZH007）；河南省政府决策招标课题（2016B290）；河南省教育厅规划课题（2017－ZZJH－188）。

** 郝豫，河南理工大学应急管理学院、安全与应急管理研究中心讲师，主要研究方向为风险管理、应急管理；岳倩霞，河南理工大学应急管理学院研究人员。

形势处于“总体好转、局部恶化”的大背景下，环境污染事件频繁发生，由此引发群众信访居高不下，群体性事件频繁出现。

一 环境群体性事件的界定与现状

（一）环境群体性事件的含义

产生社会群体性事件的成因有很多，大部分社会群体性事件的产生根源都是由参与者之间利益博弈的失败而导致的。而环境群体性事件产生的原因是围绕着以环境安全为中心的社会突发事件，例如企业工厂排放的废弃物造成的污染或居民生产生活质量下降等引发的社会群体性安全事件。

（二）环境群体性事件现状

随着近年来中国的快速发展，相关调查数据显示我国环境群体性事件发生的频率呈上升态势，本文将根据2007～2012年发生的重大环境群体性事件进行不完全统计，如表1所示，以期能够从下列环境群体性事件当中找出此类事件的发展特征和变化趋势，以此推断此类环境群体性事件发生的一般规律，为后面建议的提出打好理论基础。

表1 2007～2012年环境群体性事件的不完全统计

时间	事件	起因	参与人数	参与方式	事件结果
2007年6月	厦门PX事件	影响居民生产生活	数百人	以“散步”的形式反对该项目	PX项目暂停，迁至漳州
2008年8月	丽江新泉村水污染事件	群众担心环境问题得不到解决	数百人	围堵公司大门，与工作人员发生冲突	政府部门作出答复意见
2009年8月	陕西凤翔“血铅”事件	多数儿童血铅中毒	数百人	村民与公司方发生冲突	村民搬迁，项目暂停
2009年10月	广东番禺事件	市民集体反对兴建垃圾焚烧发电厂	数百人	集体上访	停止垃圾焚烧发电厂项目
2011年8月	大连PX事件	PX储存罐泄漏	上万人	群众在市政府门前示威	政府停止该项目

续表

时间	事件	起因	参与人数	参与方式	事件结果
2011年12月	福建海门华电事件	发电项目造成环境污染	数万人	政府门前示威抗议	政府暂停华能电厂计划
2012年7月	江苏启东事件	市民反对在启东制纸排海工程项目	数万人	在市政府门前集结示威抗议	政府妥协，项目取消
2012年7月	四川什邡事件	市民担心什邡钼铜项目引起环境污染	近千人	市政府门前示威	项目被取消

通过对几类重大环境群体性事件的汇总可以看出，环境群体性事件的助燃剂大部分是企业投资引发环境污染的工程项目。[①] 从表1中可以看出，此类环境群体性事件的参与人数从几百人到数万人不等，并不是所有聚集事件都为群体性事件，只有参与人数达到一定规模的突发事件才能称为群体性事件。[②] 民众的冲突对象从工厂企业到政府部门，以上事例中民众反映方式多数是聚集示威抗议，升级以后就会对企业或政府造成重大的打击，经由社会媒体的报道和群众的传播从而引起更大的社会影响。

二　环境群体性事件的社会成因

（一）社会转型期的环境利益冲突

当前，我国正处在社会转型的关键时期，社会转型期对企业来说既是机遇又是挑战，面临社会安全不稳定因素的增多，社会安全群体性事件也愈演愈烈。社会转型期带来的机遇使各大企业抓住机遇致力于经济发展，但容易只看重利益而忽视社会整体发展，尤其是一些重工业企业，对环境安全和居民生产生活造成严重危害，最容易引发环境群体性事件。

① 张有富：《环境群体性事件的诱因及其化解》，《经济与管理》2010年第11期。

② 李伟权：《社会冲突视角下环境群体性事件参与群体行为演变分析》，《理论探讨》2015年第3期。

（二）法律条文不完备

在我国有关环境群体性事件的法律文件当中，如《中华人民共和国刑法》《中华人民共和国国家赔偿法》《国家突发公共事件总体应急预案》《公共机关处置群体性事件规定》《信访条例》等，在环境群体性事件领域中并不完善，还存在许多需要修订和增补的地方。内涵界定模糊，直接影响到相关部门在处置环境群体性事件中对于事件性质、范围认识不足而出现处置失效的现象。

（三）沟通渠道不畅通

环境问题发生时，公众要对自己切身的利益和权益进行维护，他们迫切需要政府相关部门快速处理解决。然而政府的职能机构设置同样存在不完善的地方，岗位设置的不合理、机构人员的低效率等因素导致上报渠道堵塞，造成民意无法得到有效回应，一系列原因激化民众的愤怒情绪从而走向极端化，通过非正规、暴力行为等让群众在政府或企业门前进行规模性聚集的偏激行为，从而诱发环境群体性事件。

三　环境群体性事件的发生机理与环节

环境群体性事件是典型的社会突发事件，不同的环境群体性事件的参与者、行为方式和表现形式等都各有特点、各不相同，并且其爆发或发展在时间和空间上都存在差异性，但从对大量环境群体性事件的对比中可以发现其发生发展的过程仍有一定的内在逻辑，我们可以从中找出规律，具体可以将环境群体性事件划分为四个阶段，分别为潜伏阶段、诱发阶段、高潮阶段以及平息阶段。①

（一）潜伏阶段

潜伏阶段，也就是环境群体性事件萌芽的前期，是参与主体与客体之间

① 曹荣强：《群体性突发事件演化机理研究》，上海交通大学硕士学位论文，2011。

的矛盾积累阶段。这个阶段往往跨越时间长，为群体性事件的产生打下了矛盾基础。在这个阶段，由环境污染问题引发的社会矛盾不断激化，再加上诉求渠道不畅，导致个体或部分群体对身处社会环境的不满，进而引起他们对社会、政府的不满。随着互联网、手机的普及，这种情绪很容易扩散。

（二）诱发阶段

诱发阶段，是导致主客体矛盾凸显的阶段，这期间往往存在一个导火索使矛盾得到激化。如若环境问题事件没有得到合理有效的处理，环境问题事件中受害者的遭遇以及政府的不作为，往往经过网络的扭曲、谣言的散布、媒体的失语等，导致有关信息失真。受众群体由于不实信息导致对周围社会、政府的不满升级。一旦部分人通过对抗行动发泄自己的不满，在其行动示范群体情绪感染作用下，必将导致大规模环境群体性事件的爆发。①

（三）高潮阶段

高潮阶段，经由媒介的传播使环境群体性事件的影响与社会关注达到最高点。在这一阶段，社会群众往往不了解事件的来龙去脉，容易被媒体牵着鼻子走，反而会把舆论引向反面，激化事件的发展，而事件参与者受其影响也会丧失部分理智，做出偏激行为，引发群体性事件，引起社会的广泛关注，将事件推向社会舆论的高峰。这个过程往往循环往复，像滚雪球一样，将事态的影响推向高潮。

（四）平息阶段

平息阶段，是社会矛盾冲突、助燃剂影响逐渐消亡阶段，是政府采取有效应急管理措施后，环境群体性事件得到有效控制，利益主客体之间关系得到缓解，事件得到解决或平息的阶段。这一阶段，主要是政府对所发生的环境群体性事件采取有针对性的应对措施，控制事件的进一步扩大和蔓延，解决或减缓事件参与方的矛盾，降低事件的社会危害程度。

---

① 曹荣强：《群体性突发事件演化机理研究》，上海交通大学硕士学位论文，2011。

四　环境群体性事件的治理对策

通过分析环境群体性突发事件的发生发展过程，我们可以从中总结出在治理环境类群体性突发事件方面的缺漏，从而结合实际情况有针对地提出改进建议。虽然在大环境下对环境群体性事件做到有效解决还存在诸多困难，但我们仍需不断尝试，下面笔者将从四个方面提出几点建议。

（一）健全政治制度，加强应对机制的建设

1. 拓宽政治参与渠道

信访是我国公民表达意见诉求的重要方式之一，然而这项途径在现实中存在许多绊脚石。我国的信访机构缺乏独立性，特别是当群体利益与政府利益相冲突时，基本上各级信访部门都会先考虑政府利益。[①] 信访部门缺乏具备专业知识的工作人员，他们只会反映问题，却没有解决问题的能力。并且行政人员办事效率受各方面影响往往具有“因人办事”的特点，再加之缺乏综合的协调机制，很容易造成群众上访的内容不能及时有效地传递到相关部门。所以建立环境信访汇集和分析机制，及时精确地掌握各种矛盾和不安定因素，完善公众参与环境保护的有效机制，做到人民群众和政府之间的无障碍沟通，才能切实保障人民群众的环境权益，从而降低环境群体性事件的发生概率。

2. 建立完善的问责机制

建立环境群体性事件事前和事后的问责机制。在群体性事件发生前，也就是利益主客体之间矛盾的潜伏阶段，利益主客体之间通过上报等途径寻求相关部门解决，但机构人员由于主观原因造成事件矛盾无法平息或解决，应追究有关部门责任，因此建立一套完备的问责机制尤为重要。在群体性事件爆发之后，如若有关部门处理不当，应根据实际情况予以处分调查，做到公

① 王园园：《环境群体事件的发生机理及应对机制研究》，太原理工大学硕士学位论文，2014。

平公正，不能姑息不良之风的蔓延。

3. 加强应对体系的建设

建立一整套的环境监测与民意跟踪体系，贯穿于环境群体性事件的整个发生、发展、蔓延的过程。在环境监测方面，加强有关部门的监测技术和管理水平，从源头上控制环境恶化的可能；在环境问题的显现阶段、利益主客体的矛盾凸显阶段，有关部门要及时解决，将产生群体性事件的风险降低；在环境群体性事件达到高潮阶段，要建立全方位的应对机制，从参与者，包括主体、客体以及第三方媒介和社会普通群众出发，实现信息的交流共享，做到信息的公开公正。

（二）强化信息沟通管理工作

1. 提高政府处理和管理信息的能力

政府作为人民群众的“父母官”，不是被动地接收群众的民意信息，而是要主动地发现和了解人民群众的问题，深入人民群众生活，及时掌握人民群众动态。发现存在矛盾时相关部门要及时进行调解和处理，将其遏制在萌芽状态。建立完善的信息跟踪和协调管理机制，畅通信息沟通渠道，预防信息渠道的堵塞。同时要加强对信息的管理工作，对不同信息进行甄别和分类处理，建立完善的信息识别机制，提高政府的办事效率。

2. 加强舆情监督管理

环境群体性事件一旦发生，社会大众普遍同情弱者，往往忽视事件的客观性，造成主观思想引导事件的非常规发展，加之有些媒体的偏激报道，更容易激化矛盾和导致负面影响的扩散。一方面政府部门要积极回应网络舆情，肯定和吸纳建设性意见，及时公布问题处理进展情况；另一方面要及时辟谣，制止歪曲事实真相、误导蛊惑民众的谣言传播，从而引导网络舆情，防止舆情的“堰塞湖”因得不到有效的疏导而决堤。[1]

① 史杰：《环境群体性事件的治理模式转型》，南京大学硕士学位论文，2013。

（三）扩展环境安全知识教育

1. 培育公民基本素质和意识

通过加强普通群众的法律意识和知识，提高公民的法律素质。可定期组织社区培训，开展课程培训班，宣传相关法律知识，培养正确的价值观，规范正规的民意沟通渠道，培养公民之间的互帮互助互信。同样，社区可进行相关知识手册的编写，深入贯彻公民之间的协商意识、公德意识和爱国意识。

2. 提高企业环保意识，加强环保投入

大部分环境群体性事件的发生是由于企业的非正规操作，导致环境遭到污染，引起群众不满，从而将矛盾升级诱发群体性事件。政府应大力提高企业的环保意识，并规范企业的行为，引入动力约束机制。在教育上提高作业相关人员的环保意识，在技术上引进先进的技术设备，减少污染源的产生。我国现行法律对企业事故次生的环境事件处罚太轻，并且处罚和恢复的费用很多由政府买单。① 企业应该承担起社会责任，提高对周围社区的风险防范和应急知识教育宣传，最大限度减少对公众的健康影响。

（四）切实推进环境法治建设

加强环境法治建设，不仅要出台相应的法律规范进行约束，同样还要建立全方位的环境监测体系，从源头、过程及扩散等多个方面加强约束，对新型环境群体性事件要及时出台相关的法律条文，开展法治建设，形成一整套的法治管理体系，做到及时有效，防止事件在没有约束的条件下进一步扩散和恶化。同时借鉴发达国家的治理措施，结合我国实际情况，改进我国法治建设的不足之处，实现环境群体性事件在治理上的新突破。

五　结语

在环境群体性事件的治理方面已有许多专家学者进行研究，也取得了

① 吴洪仁：《甘肃省环境应急管理体系建设研究》，兰州大学硕士学位论文，2014。

定的成效。本文在社会冲突频发的大背景下，从环境群体性事件发生的一般规律中归纳出此类突发事件发生的内在机理，分析四个发展阶段的特点及演化规律，以期从中发现环境群体性事件产生的成因，进而为我国环境群体性事件的治理提供完善建议。本研究还存在不足之处，尤其在机制设计方面，在以后的研究当中应该着重加强机制设计以更好地完善环境群体性事件的治理。

动态韧性视角下城市工业园区非工程类防灾路径选择*

吴 尔　高新宇**

摘　要： 近年来，随着工业化进程的不断加快，城市工业园区的科学化防灾体系在维护国家人口安全、财产安全以及社会稳定中发挥着举足轻重的作用。但是，长期以来我国城市工业园区防灾体系建设过度侧重于以技术手段为主的工程措施，而忽视以管理为核心的非工程措施。动态韧性理念长期致力于研究由外界灾害所引发的社会扰动问题，为我国城市工业园区防灾体系建设研究提供了新视角。结合动态韧性理念与非工程防灾管理的内在逻辑，本文分别从防灾程序管理韧性、社会管理韧性以及经济管理韧性三个维度，为我国城市工业园区非工程类的防灾体系建设提出具有针对性的对策建议。

关键词： 动态韧性理念　工业园区防灾体系　安全措施　非工程化

---

* 本文系教育部人文社会科学基金青年项目（18YJC840012）、中国博士后科学基金第66批面上资助项目（2019M662937）与安徽省高校人文社科重点项目“共同体视阈下我国农村工业污染的治理模式研究”（SK2018A0434）的阶段性成果。

** 吴尔，安徽财经大学财政与公共管理学院硕士研究生，主要研究方向为社会保障与风险治理；高新宇，安徽财经大学财政与公共管理学院讲师，硕士生导师，华南理工大学公共管理学院在站博士后，主要研究方向为邻避冲突与社会治理。

改革开放以来，国家为了壮大国民经济，实现城市工业现代化发展，在城市中建立了相应的工业园区，使资金、人才以及科学技术等资源汇聚在一起，形成城市发展的独特优势。与此同时，亦带来了事故风险的可能，严重威胁了园区内居民的生命财产安全，所衍生的灾害可能波及整座城市。例如，2014 年 8 月昆山市经济技术开发区中荣金属制品有限公司生产车间发生重大铝粉尘爆炸事故，死亡人数达到 97 人，经济损失高达 3.51 亿元，大量泄漏的铝粉尘通过空气流动传送到周边城市，严重影响了空气质量；2015 年 8 月 12 日天津滨海新区瑞海国际物流有限公司危险品仓库发生爆炸事故，直接经济损失高达 68.66 亿元，死亡人数高达 165 人；2019 年 3 月 21 日江苏盐城响水天嘉宜化工有限公司发生爆炸，致使 78 人死亡，76 人重伤，直接经济损失 19.86 亿元。从历年个别城市工业园区所发生的事故灾害来看，城市工业园区所发生的灾害具有多样性、人为性、高损失性、区域性以及链状性等特征，[①] 这对我国城市工业园区防灾减灾治理工作带来了严峻挑战。单以技术为主的工程类防灾措施，如建筑物动态可靠度与耐久性设计、高温度场与高应力场耦合分析以及工业园区大型建筑物的抗震研究等难以解决因社会脆弱性所引发的防灾环境的基本保障问题。本文尝试引入生态学中的动态韧性理念将非工程类的防灾措施“糅入”城市工业园区防灾减灾的治理工作中，使之与工程类防灾措施形成“双轮驱动”，为城市工业园区防灾减灾治理工作提供借鉴。

一 城市工业园区防灾减灾中的动态韧性理念

1973 年生态学上首次提出了韧性理念，随后运用于城市生态系统、人类与环境耦合系统以及社会学与生态学相连接的社会与生态之间韧性研究。[②] 城市韧性成为城市防范风险做好长期规划的新的指导思想。城市工业园

① 王峤、曾坚等：《城市综合防灾中的韧性思维与非工程防灾策略》，《天津大学学报》（社会科学版）2018 年第 6 期。

② Holling C. S. , “Resilience and Stability of Ecological Systems”, *Annual Review of Ecology and Systematics*, 1973 (4): 1 – 23.

区由于生产型企业居多，安全隐患复杂，具有链状性特点，容易导致城市事故灾害的爆发。因此，将动态韧性理念引入城市工业园区防灾减灾工作治理中具有一定合理性。本文以城市工业园区作为研究对象，以城市工业园区在受到内外界因素影响所产生的扰动时仍能够保持日常生产运作功能不会遭到严重破坏为研究目标。外界环境扰动的偶然性与城市工业园区系统的动态平衡性之间存在着相辅相成的关系，不同的外界环境扰动在不同韧性的城市工业园区系统内所产生的结果亦有差别。韧性较好的城市工业园区所具备的抗外界扰动能力也相应较强，在受到外界强烈扰动时该工业园区的内外缓和系统会将负面影响降到最低，保持工业园区内的企业生产、员工生活以及维护国家财产安全等功能正常运转，不会遭受到外界扰动的严重破坏。韧性较差的城市工业园区在受到外界扰动时所表现出来的效果却迥然不同，一旦出现灾难性的事故，整个工业园区的应急调节系统就会瘫痪，导致抢灾救灾工作错过了最佳时段，致使整个工业园区的生产运营功能遭到破坏。在动态韧性理念指导下，城市工业园区理应积极构建韧性较强的园区空间环境，主动吸收其他城市工业园区的灾害防范做法及事故灾害恢复经验，提升工业园区各个综合管理系统以及生产生活系统之间协调性与自我修复性。

二　城市工业园区非工程类防灾减灾策略的动态韧性内在逻辑

非工程类防灾减灾措施最早应用于美国治理洪涝灾害上，强调面对洪涝灾害应通过综合性治理措施使经济、社会等城市各组成部分与外界环境相融通，突破对灾害本身的关注，关注度延伸到社会各方面，减少其对国民经济造成的损失。[①] 与工程类防灾措施相比，非工程类的防灾措施更加注重于对灾前预警、灾中急救以及灾后修复等救灾工作的管理上，具体可概括为三大块，即防灾程序韧性管理、社会韧性管理以及经济韧性管理，包括法律法

① 梁志勇、何晓燕：《国外非工程防洪减灾战略研究（I）：减灾措施》，《自然灾害学报》2002 年第 1 期。

规、防灾治灾方案规划、救灾防灾工作宣传、救灾资金保障以及财务风险控制等方面。城市工业园区各类型企业集中度较高，灾情突发偶然性较强，灾情种类较多，其灾后危害性覆盖范围较广，而城市工业园区综合管理系统又具有一定的社会脆弱性，导致城市工业园区一旦发生摧毁力较大的事故灾难，单靠工程类的防灾措施很难保证整个工业园区功能正常运转。工程类的防灾措施灵活应变功能较差。相对来说，非工程类的防灾减灾措施更具灵活性，动态管理韧性程度较高。如果城市工业园区在工程类防灾措施基础之上，进一步巩固非工程类的防范措施，将会形成对城市工业园区所发生灾情的动态持续追踪式管理，提高城市工业园区抗外界扰动能力，提高城市工业园区防灾减灾的动态韧性程度，从而有利于减少事故灾害对城市工业园区的危害及对周边城市的影响。动态韧性理念的合理内核在于行为主体在受到内外界环境因素影响产生系统扰动时，能够迅速采取多种举措降低灾害对行为主体的“硬性冲击”，使行为主体在灾害面前能够实现“柔性着陆”，减轻灾害所带来的危害。通过上文分析，城市工业园区非工程类防灾减灾措施与动态韧性理念的合理内核具有一定的吻合度，对城市工业园区在事故灾害面前亦有“柔性着陆”之功能，两者之间有着紧密的逻辑关联性（见表1）。

表1　城市工业园区非工程类防灾策略与动态韧性理念之间逻辑关联度

项目	动态韧性	逻辑关联度	城市工业园区非工程类防灾策略
目标	提高行为主体的抗扰动能力	强	减轻事故灾害对城市工业园区损害
方式	综合联动管理	较强	防灾过程、社会管理、经济韧性管理
理念	“柔性着陆”避免“硬性冲击”	强	动态灵活性防灾救灾减灾管理

资料来源：笔者搜集整理所得。

三　动态韧性理念下非工程类防灾策略的“三维导向”路径

（一）基于“一维导向”防灾程序的非工程类韧性管理策略

“一维导向”防灾程序的非工程类韧性管理策略主要是指对城市工业

园区事故灾害发生过程中防灾减灾的动态韧性管理，防灾程序包括：对城市工业园区事故灾情前的风险预测评估、灾中应急响应处理以及灾后对管理者的责任追究等。

1. 城市工业园区事故灾情前风险预测评估的韧性管理

林奇凯、刘海潮等人认为随着城市社会风险事件的增多，需完善相应的社会风险预警机制，[①] 城市工业园区的风险预测评估工作是做好排除工业园区安全隐患的首要环节，其运用大数据信息系统搜集园区内所有企业生产经营的有关数据，进行科学准确的数据统计分析。对具有安全隐患的企业实行及时追踪督查，利用计算机模拟技术得出数据统计分析结果并与政府和企业内外网相连接，最大限度地为政府、企业提供本园区的动态灾害预防信息，为多元治理主体制定灾害预警方案提供合理有效的依据。基于前期的风险预测评估成效，对整个工业园区进行全面的防灾减灾规划，确定哪些企业属于高危企业，哪些企业容易引发特定险种，对不同企业可能引发的险种实行科学分类，制定出工业园区事故安全隐患最高的地理分布图。以此为依据，规划好各个企业的应急避难通道与应急避难场地，科学设立各个企业的防灾设备安置点，合理规划好城市防灾机构的位置。将工业园区内的防灾减灾设备安置点及防灾设备与救灾物资等相关信息在政府和企业的官网上公布，使政府官员、企业管理者以及企业员工了解熟悉相关信息，做到“心里有数，灾中不慌”，从容应对和处理事故灾害问题，最大限度减轻事故灾害对其造成的损失。

2. 城市工业园区事故灾中应急响应处理的韧性管理

城市工业园区事故灾情的发生具有偶然性与不确定性。工业灾害与城市管理之间有着紧密联系，[②] 各企业及各政府部门在平日的巡查管理中应当提高警惕性，随时做好突发式事故灾害的应急响应处理的准备工作，及时减缓灾情对工业园区的损害，提高工业园区整体韧性和抗灾能力。任何一项成功的救灾行动都是在最佳时间节点上进行，错过救灾的最佳时间节点可能导致

① 林奇凯、刘海潮等：《当前城市社会风险预警管理现状及其机制构建：以宁波市为例》，《宁波大学学报》（人文科学版）2012 年第 1 期。

② 谢映霞、朱思诚：《城市规划与城市工业防灾》，《灾害学》2010 年第 10 期。

衍生灾害的再次发生、灾情的危害范围不断扩大，致使应急救灾减灾的工作难度随之增大。城市工业园区的事故救灾更是如此，工业园区内企业数量庞大，园区内企业与企业之间的内外联动性较强，如果一家企业受灾而没有得到及时有效遏制，可能会波及其他企业。在事故灾情应急响应处理中，准确有效的信息是救灾减灾工作的关键。企业应急管理部门应通过互联网技术、大数据技术、智能化技术等信息技术来构建灾害应急响应处理信息系统，利用网络技术实现电脑自动化控制，及时自动切断电源发出灾情警报，指引企业员工及时通过应急通道进行人员疏散，并为疏散的企业员工指出企业所规划的避难场地所在的方向位置。灾害应急响应处理信息系统还可以随时获取灾情发生的空间信息以及灾情进展变化的更新数据，及时做出应急救灾方案与救灾减灾的决策部署，并迅速传达到企业内部各个管理部门，使整个受灾企业做到“有慌不乱”，科学应对突如其来的事故灾害。政府有关部门在收到城市工业园区发生事故灾害的信息时应立即成立救灾减灾“突击队”，通过网络、电视等新闻媒体实时报道救灾工作进展，向城市居民宣传疏散、逃生等求生技能。及时将工业园区的灾情险情统计情况报告上级政府，加大对工业园区救灾减灾的支援力度。建立各政府部门灾情信息共享平台，组织专业性较强的“突击队”迅速赶赴工业园区的灾情现场，及时开展专业化的救灾行动。构建群众联动救灾机制，倡导志愿者组织对城市工业园区内的车辆、人员疏散通道的管理，保证工业园区受灾群众能够在第一时间有序撤离灾区现场，保障人民群众的生命财产安全。城市工业园区事故受灾中应急响应处理的韧性管理不仅需要工业园区内企业提高自身的抗外界扰动能力，更需要政府有关部门加强与受灾企业的应急救灾行动，将灾情风险尽一切可能降至最低，维护好城市社会稳定。

3. 城市工业园区事故灾后管理者责任惩罚追究的韧性管理

城市工业园区事故灾害的爆发，很大程度上是因管理工作的疏忽所致。企业内部生产管理上的疏忽、政府部门对企业日常监督管理的漏洞与工业园区的事故灾害发生都有着密切关联性。一些企业逐利心较高，为节省经营成本，企业管理者不严格按照安全生产要求运作，导致企业员工与生产设备处于高负荷状态，这是引起事故灾害的一大诱因。除此之外，有些企业的管理者责任意识淡薄，甚至没有尽好管理职责，放松了对企业日常生产经营管理。另外，政府部门与企业之间具有利益往来，有些政府部门常常给企业私下开“绿灯”，对企业的监督审查管理工作有所疏忽。城市工业园区是人才、资金与技术的聚集之地，如果因管理者的管理工作疏忽而引起事故灾害的发生，致使人民生命、财产安全受损，那么相关管理者难逃法律惩罚。因此，要建立健全国家对企业管理制度规范的法律法规，促使企业严格按照国家法律规定进行安全生产。加大对企业管理者以及政府部门主要负责人的问责惩罚力度，实行谁主管工业园区事故灾害应对工作，谁就要对产生的事故灾害负责。建立事故灾害的责任连带机制，不管是政府部门还是企业管理部门，因管理者的管理疏忽或徇私枉法的工作行为，与园区事故灾害有关的各层级管理者，各级管理层的主要负责人要承担连带责任。通过对管理者的灾后责任追究及法律惩处等韧性管理，城市工业园区灾后抗扰动能力将会全面提升，园区管理者对园区企业的管理力度加强，让安全隐患在管理过程中得到解决，降低城市工业园区的事故灾害爆发风险。

（二）基于“二维导向”社会管理的非工程类韧性防灾措施

城市工业园区的社会韧性管理主要是指通过对工业园区内防灾工作进行宣传、教育等来提高城市工业园区抗外界扰动的韧性能力。非工程类城市工业园区的防灾措施主要包含防灾知识教育以及防灾活动的举行。

城市工业园区的防灾活动不仅与政府和企业利益相关，更关系到企业员工、城市市民的生命财产安全。防灾活动的参与是每个市民及企业员工的权利与义务，市民及企业员工的参与度将直接影响城市工业园区的防灾救灾减灾工作的实施效果。因此，企业及政府部门要加强日常防灾工作的宣传力度，定期组织人员举行灾前预演活动，培训企业员工及城市市民救灾知识技能与宣传防灾救灾的注意事项，提高企业员工与城市市民的防灾意识。防灾知识教育与宣传工作的实施，能够让企业员工与邻近工业园区的城市市民第一时间熟悉工业园区内的安全路线与避难场地，提高防灾设备的正确使用率，增强群众自救与互救的协作能力。通过此途径，当城市工业园区因内外因素影响导致事故灾害爆发时，具有“缓冲”韧性，能有效避免灾情对人们生命财产的“硬性”冲击，最大限度地降低事故灾害所带来的风险损失。

（三）基于“三维导向”经济管理非工程类韧性防灾措施

经济管理非工程类的韧性防灾措施主要是对城市工业园区事故灾害的防灾救灾工作所需资金和财务风险的管理。

1. 构建城市工业园区防灾救灾资金的韧性保障路径

城市工业园区的事故灾害一旦爆发，需要大量的人力、物力进行搭配抢救，人力、物力的调配则需要大量的救灾资金作为行动保障，救灾资金是救灾减灾行动的生命线。因此，应将城市工业园区的防灾救灾资金纳入当地政府的年度财政支出预算范围之内，夯实中央政府对全国城市工业园区的救助资金储备。一旦有城市工业园区的重大灾情爆发，当地方政府救灾财力不足时，中央政府可以及时提升地方政府的财政支持力度。同时，城市园区内的相关企业亦要加大对防灾救灾的财力储备，及时更新生产设备，引进先进的生产技术，加大对房屋、生产设备等固定资产的安全评估与更新工作。

2. 完善城市工业园区受灾财务风险的韧性管理体系

城市工业园区的灾情具有链状性、突发性等特征，灾情的爆发必然会产生一系列的财务风险连带效应。巨大的经济损失是一个企业难以承受的财务打击，可能导致一个或多个企业倒闭，甚至因财务风险导致整个工业园区处于瘫痪。城市工业园区受灾财务风险的韧性管理在城市工业园区的防灾救灾工作中处于至关重要的位置。因此，对于园区内的企业来说，可以加强对本企业以外的行业的投资力度，分散由事故灾害带来的财务风险。同时，工业园区内的企业要严格按照国家有关规定购买预防事故爆发的灾害保险。通过此类途径，构建城市工业园区受灾财务风险的韧性管理体系，增强城市工业园区的抗外界扰动的韧性能力，有效降低工业园区内的企业或整个园区陷入财务瘫痪的风险。

四　结语

城市工业园区事故灾害的爆发由诸类内外因素所致，灾情具有链状性、突发性以及高损失性等特征，给国家人民的生命安全、财产安全带来了极大的隐患。长期以来，城市工业园区在防灾工作中更为注重工程类的防范措施，例如建筑物的防震研究、机器设备耐用抗热等以技术研究为主的工程类措施，而忽视以管理为核心的非工程类防灾策略。纵观上文分析，本文引入生态学中的动态韧性理念，分别从城市工业园区的防灾救灾程序韧性管理、社会管理韧性以及经济管理韧性的“三维导向”上，构建了城市工业园区非工程类的防灾策略体系，为城市工业园区的防灾减灾救灾工作提供了借鉴。

网络风险治理

基于ISO 31000的网络舆情风险识别与应对研究*

靳晓宏　李　辉　闻利群　樊彦芳**

摘　要： 本文首先对ISO 31000中的风险管理基本原理进行了梳理，在此基础上，构建了网络舆情风险管理框架，对网络舆情风险识别的过程进行了描述，阐述了网络舆情风险识别需要遵从的原则，提出了网络舆情风险研判的五个步骤，并对识别出的风险进行分析和评价，最后基于ISO 31000中对风险应对方式的选择和实施的基本架构，提出了网络舆情风险应对的策略。

关键词： ISO 31000　网络舆情　风险识别　风险应对

一　ISO 31000的风险管理概述

《ISO 31000风险管理标准》（简称ISO 31000）是一项国际标准文件，

* 本文为“基于ISO 31000的公共安全事件网络舆情风险分析技术研发”项目（编号：PXM2015_178214_000014_00178734_FCG）及北京市科学技术研究院青年骨干项目“北京市突发公共卫生事件舆情监测与应对研究”的研究成果之一。

** 靳晓宏，北京市科技情报研究所助理研究员，主要研究方向为竞争情报、舆情分析、安全风险管理；李辉，北京市科技情报研究所副研究员，主要研究方向为情报学、应急管理、安全风险；闻利群，北京市科技情报研究所教授，主要研究方向为安全技术及管理；樊彦芳，北京市科技情报研究所助理研究员，主要研究方向为情报学、法学。

它制定了风险管理的原则与通用的实施指导准则。该标准规定，所有类型和规模的组织都面临内部和外部的因素和影响，使组织不能确定是否及何时实现其目标，这种不确定性所具有的对组织目标的影响就是“风险”。而风险管理就是针对风险指挥和控制组织的协调活动。

组织的所有活动都涉及风险，组织通过识别、分析和评价来决定是否运用风险处理修正风险以满足它们的风险准则。通过这个过程，它们与利益相关方进行沟通和协商，监测和评估风险。该国际标准详细描述了这一系统的逻辑和过程。

（一）ISO 31000中的风险评估

在 ISO 31000 中，风险评估是风险识别、风险分析和风险评价的总过程，是风险管理过程的核心内容。

风险识别是指组织宜识别风险源、影响区域、事件（包括环境变化）以及致因和潜在后果；风险分析包括考虑风险的致因和来源，以及所带来的正面和负面的后果及这些后果发生的可能性；风险评价包括将分析过程中确定的风险程度与在明确状况时建立的风险准则进行比较。

风险评价活动旨在通过提供基于事实的信息并进行分析，就如何处理特定风险以及如何选择风险应对策略进行科学决策。风险评价技术种类繁多，应该选择何种风险评价技术，某种类型的风险评价技术是否合适，都与组织的自身情况紧密相关。选择合适的风险评价技术，有助于组织及时高效地获取准确的分析结果。

作为风险管理活动的重要组成部分，风险评价提供了一种结构性的过程。该过程从识别目标如何受各类不确定性因素的影响开始，然后分析后果及其发生的可能性，最后依据风险准则来判断风险的重要性，进而确定是否需要进行风险应对。开展风险评价活动对组织有很多益处，它可以帮助组织不盲目决策，不打无准备之仗。①

① 李素鹏：《ISO 31000 风险管理标准全解》，人民邮电出版社，2012。

（二）风险评估的过程

在风险管理过程中，风险评估并非一项独立的活动，必须整合到风险管理过程的其他组成部分中。ISO 31000：2009 中界定的风险管理过程包含以下要素：明确环境信息；风险评估（包括风险识别、风险分析与风险评价）；风险处理；监督和评审；沟通和协商。

风险评估工作试图回答以下基本问题：

（1）会发生什么以及为什么（通过风险识别）？

（2）后果是什么？后果对目标的影响程度多大（通过风险分析）？

（3）这些后果发生的可能性有多大（通过风险分析）？

（4）是否存在一些可以减轻风险后果或者降低风险发生可能性的因素（通过风险分析）？

（5）风险等级是否可容忍或可接受？是否需要做出进一步的应对和处理（通过风险评价）？

（三）风险评估技术的选择

ISO/IEC 31010：2009 风险评价技术（Risk Management-Risk Assessment Techniqucs）中描述了31 种风险评价技术，并对各项风险评价技术进行了适用性比较分析，给出了各种方法和技术的适用场合。[①]

这31 种技术包括：头脑风暴法、结构化或半结构化访谈、德尔菲法、检查表法、初步危险分析（PHA）、危险与可操作性分析（HAZOP）、危险分析与关键控制点法（HACCP）、环境风险评估、结构化假设分析（SWIFT）、情景分析、业务影响分析（BIA）、根原因分析、失效模式和影响分析（FMEA）、故障树分析（FTA）、事件树分析（ETA）、原因/后果分析、原因/影响分析、保护层分析（LOPA）、决策树分析、人员可靠性分析（HRA）、Bow-tie 分析、以可靠性为中心的维护、潜在通路分析（SCA）、马尔可夫分析、蒙特卡罗模拟分析（Montc Carlo simulation）、贝叶斯统计及贝

① 中国国家标准化管理委员会：《GB/T 27921－2011 风险管理 风险评估技术》，2011。

叶斯网络、FN 曲线、风险指数、后果/可能性矩阵、成本/收益分析、多条件决策分析。

风险分析的方法有很多。ISO/IEC 31010：2009 风险管理技术中介绍的风险分析方法与技术并不是全部。从某种程度上来看，这个标准提供的风险分析方法与技术更适合于安全生产领域。对于“机会风险”的风险分析，如战略、市场拓展、并购等领域的风险分析，上述很多方法则不一定合适，有一些其他的方法与技术有益于对机会风险的分析，如 PEST 方法、SWOT 方法、五力竞争模型、波士顿矩阵。另外，像 VaR（Value at Risk）、RAROC（Risk Adjusted Return on Capital）、效用函数等技术的应用也都非常广泛。

在实践中，风险分析活动的复杂性及详细程度千差万别。风险分析的形式及结果应与组织的自身情况适合，并在明确环境信息时确定。

二 基于 ISO 31000的网络舆情风险评估

近年来，网络舆情在中国的政治、法律、经济、社会等领域发挥的作用越来越大，人们对社会公共事件的表达欲望也越来越强烈，随之而来的网络舆情风险也越来越引起政府和学界的关注与重视。及时对网络舆情风险进行识别，继而进行准确的风险评估成为一项亟须解决的重要难题。

（一）基于 ISO 31000的网络舆情风险评估框架

ISO 31000 作为风险管理的国际标准，其中关于风险评估的基本架构可以作为网络舆情风险评估的框架基础。本框架在建立风险评估的基本环境的基础上，通过网络舆情的风险识别之后，对网络舆情风险进行系统分析，继而对网络舆情风险进行评价，并对不同级别的突发事件网络舆情风险采取相应的应对措施（见图 1）。

（二）网络舆情风险识别

网络舆情风险识别即识别网络舆情中可能存在的风险，一般是从舆情事

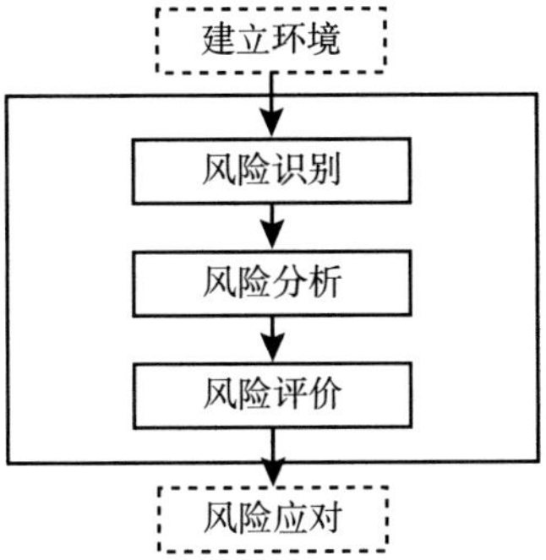

图 1　基于 ISO 31000 的网络舆情风险评估框架

件的性质、潜在的后果和产生的原因来检查风险。它是网络舆情风险评价的三个子过程之一，且位居整个风险评估过程的第一阶段。网络舆情风险识别的全面性和真实性将直接影响到网络舆情风险分析的全过程，尚未识别的风险不会进入后续的分析、评价环节。

1. 网络舆情风险识别原则、方法确定

在网络舆情风险识别过程中应遵循的原则如下。

（1）由粗到细再由细到粗。由粗到细是指对风险因素进行全面分析，并通过多种途径对风险进行分解，逐渐细化系统地考察、了解各种风险事件存在和可能发生的概率以及损失的严重程度、风险因素及因风险的出现而导致的其他问题。

（2）分析风险的内涵、类型，以利于区别各种风险的性质。

（3）先怀疑，后排除。对于所遇到的问题都要考虑其是否存在不确定性，不要轻易否定或排除某些风险，要通过认真的分析进行确认或排除。

（4）排除与确认并重。对于肯定可以排除和肯定可以确认的风险应尽早予以排除和确认，对于一时既不能排除又不能确认的风险再作进一步的分析，予以排除或确认。对于肯定不能排除但又不能肯定予以确认的风险按确认考虑。

从网络舆情风险分析的角度来看，任何一种风险识别的方法或途径都不是没有弱点的，或万无一失的。可以根据具体情况选择某种方法或者是几种方法的组合。方法的选择取决于网络舆情风险分析项目的目标、性质、规模和风险管理人员的风险分析技术等因素。

2. 网络舆情风险识别过程

根据 ISO 31000 的定义，风险识别也是一个过程，该过程是对风险从发现到承认，再到描述的过程，如图 2 所示。

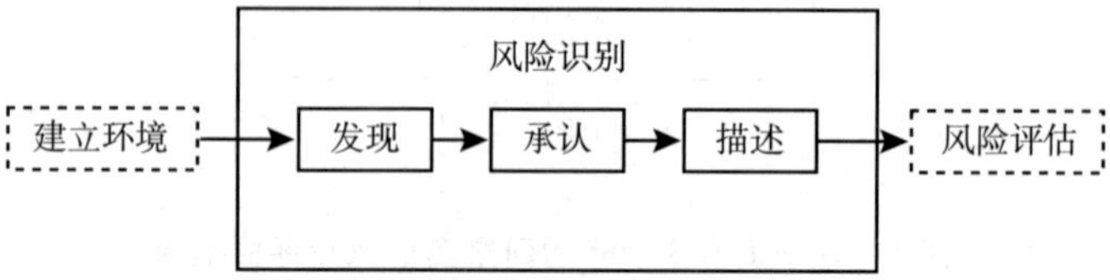

图 2　ISO 31000 风险识别过程

这个过程是一个串行的三部曲。对一个风险，首先是发现，然后是认可、承认，最后是对其进行描述和记录。由此可见，风险识别的输出应该是一些记录或一些描述，把它们汇聚起来，就构成了风险库。

网络舆情风险识别同样也是这样一个过程，其主要工作内容是识别风险源、影响的范围、相关事件、风险原因以及潜在的后果，主要目的是建立一个基于风险事件的、综合的、广泛的风险清单。值得强调的是：第一，事件是网络舆情风险的载体，引发舆情风险的是舆情事件，不是舆情本身，也并不是所有的负面事件都必然会引发舆情风险，只有影响大、易传播、有主体的负面信息才有可能演化成负面舆情进而带来舆情风险。风险清单则以风险事件为基础。第二，风险清单应力求广泛、全面，因为不被识别的风险将无法进入风险评估的后续过程，这会成为可怕的隐患。

网络舆情风险的识别往往是通过对经验数据的分析、风险调查、专家咨询等方式，在对网络舆情风险进行多维分解的过程中，认识网络舆情风险，建立风险清单。具体来说，网络舆情风险识别的过程如图 3 所示。

3. 网络舆情风险研判

网络舆情风险研判就是对监测得到的舆情事件进行认识、分析、研究和甄别，进而发现舆情事件中的舆情风险。①

① 杨兴坤：《网络舆情研判与应对》，中国传媒大学出版社，2013，第 44 页。

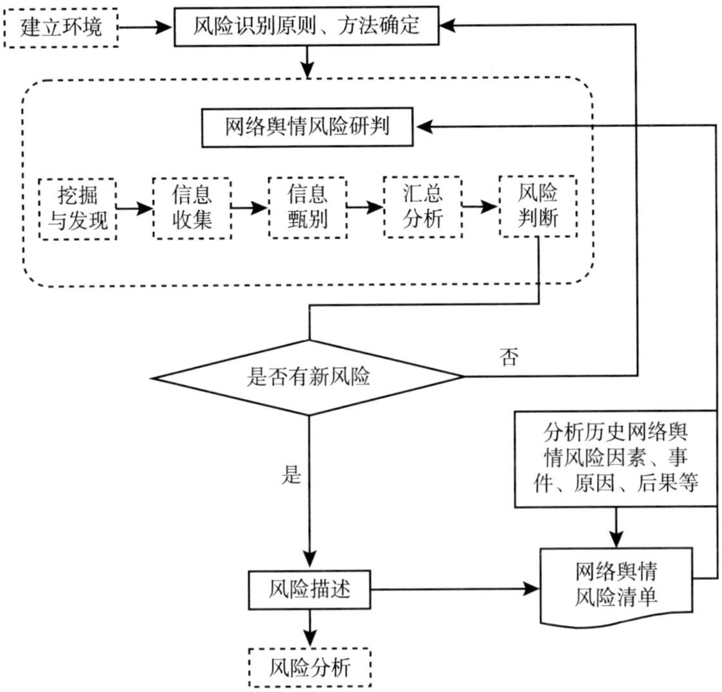

图 3　网络舆情风险识别过程

网络舆情风险研判可以分为网络舆情事件挖掘与发现、网络舆情事件信息收集、网络舆情事件信息甄别、网络舆情事件汇总分析、网络舆情事件风险判断五个步骤。

（1）网络舆情事件挖掘与发现，主要是指挖掘和发现隐匿的网络信息，如谣言等，或是发现事件刚发生阶段相关舆情并未引起人们注意的事件信息，所以网络舆情信息的挖掘和发现要求研判和分析人员具有一定的洞察力和敏感性，能敏锐地捕捉到相关舆情信息，预判即将爆发的网络舆情。从计算机与网络技术的角度来说，对于网络舆情信息的挖掘，可以从技术上设置关键词和敏感词，进行跟踪监控，并及时挖掘和发现。

（2）网络舆情事件信息收集，是指预判到网络舆情将会爆发，或者突发事件爆发，就应通过各主要门户网站收集相关网络舆情信息，或者查找最先报道相关信息的媒体主页，也可以利用搜索引擎进行搜索。收集的资料主要包括文字报道、视频、跟帖评论、观点看法、论坛讨论等。

（3）网络舆情事件信息甄别，是指对上述收集的舆情信息进行真伪、正误的辨别和分析，以供分析研判之用。网络的隐匿性和复杂性致使网络中大量信息是假的、错误的，甚至是伪造的，需要分析研判人员具有较高的辨别能力。

（4）网络舆情事件汇总分析，是指对经过甄别的网络舆情信息进行形式和内容的分类，概括出主要问题、主要内容、主要观点以及主要策略等，还可以写出网络舆情信息摘要。

（5）网络舆情事件风险判断，是指根据网络舆情信息汇总分析结果，对舆情的走向作出判断，例如舆情是否会导致争论激化、影响扩大、难以控制、人身攻击、矛盾升级、网络暴力、群体性事件、引起外媒关注等。这种判断主要是定性的评判，因为情况紧急或其他各种原因，较少进行定量的分析判断。同时，判断是会受客观事实和主观价值双重影响的，研判和分析人员要尽量作出客观的判断。

（三）网络舆情风险分析

在 ISO 31000 标准中，风险分析为风险评价和确定风险是否需要处理以及最适合的风险处理策略和方法提供了输入。风险分析也可以为必须做出选择及选择涉及不同类型和程度的风险的决策提供输入。

网络舆情风险分析包括考虑风险的致因和来源，以及所带来的正面和负面的后果及这些后果发生的可能性。影响后果的因素和可能性宜被识别。通过确定后果和其可能性以及其他风险特性，来进行风险分析。一个舆情事件可以有多种结果并可以影响多重目标。现存的控制措施和其效果与效率也宜被考虑在内。

网络舆情风险程度的确定和其前提与假设的敏感性，宜在风险分析中予以考虑，并有效沟通给决策者以及适当的利益相关方。诸如专家间观点的分歧、不确定性、可用性、质量、数量、信息的持续相关性、模型的局限性等因素，宜予以阐述和重点强调。

网络舆情风险分析可以在不同程度的细节上进行，这取决于风险本身、分析目的、可用信息、数据和来源。依据环境条件，分析可以是定性的、半定量或定量的，也可以是组合的方式。

对识别出的网络舆情风险进行分析，可以对其分析结果进行描述，为每一个重要风险建立档案，这项工作伴随着风险识别过程的开始而开始，并随着风险分析过程的持续而持续。

风险识别的输出常用数据库的形式进行记录，这些数据库可以是简单的 EXCEL 表格，也可以是 Access 数据库、SOL 数据库，或高级的大型 ORACLE 数据库等。数据库的字段一般包括下列基本项（见表 1）。

表 1　风险分析输出的基本描述

风险编号	风险名称	风险事件	利益相关者	风险原因	风险后果	风险类型	舆情等级	趋势走向	现有控制措施	……
X00001										
X00002										
X00003										
……										
……										

风险编号。风险编号需要组织建立一个编号规则，整个组织可以对所有风险按流水号进行统一编号。

风险名称。由风险描述者根据风险事件、风险类型、后果等因素编辑填写适当的、具体的风险名称。

风险事件。风险事件是风险的载体，这里的事件不仅指某件事情，也包括某一热点话题。

利益相关者。风险的利益相关者，可能包括政府决策者、新闻发言人、舆情工作人员、普通网民、意见领袖、事件当事人等。

风险原因。此处的风险原因是显性的直接原因，间接的或本质的风险原因在风险分析阶段进行。

风险后果。主要指后果的形态，关乎财务、健康、安全、声誉、生命、品牌等。

风险类型、舆情等级、趋势走向、现有控制措施等项目则可事先建立一个描述目录，将常见的风险类型、舆情等级、趋势走向、现有控制措施进行汇总概括，以便描述，如表 2 所示。

表 2 风险分析输出描述示例

风险类型	舆情等级	趋势走向	现有控制措施	……
宗教冲突与民族矛盾、反革命、反党、腐败问题、谣言及诽谤、公共安全、国家安全	常态 轻度风险 中度风险 高度风险 极度风险	争论激化、影响扩大、社会恐慌、难以控制、人身攻击、矛盾升级、网络暴力、群体性事件、引起外媒关注等	过滤、屏蔽、关闭网站、疏导、公开、解释、澄清、查处、新闻发布会等	

随着网络舆情风险分析过程的深入以及风险识别能力的提升，风险分析描述表中的记录、要素、描述目录可以根据能力、需求等具体情况进行不断的修改、完善。

（四）网络舆情风险评价

在 ISO 31000 中，风险评价的目的是基于风险分析的结果，帮助做出有关风险需要处理和处理实施优先的决策。在网络舆情风险应对决策过程中，风险评价包括将分析过程中确定的风险程度与在明确状况时建立的风险准则进行比较。基于这种比较，处理需求应予以考虑。

根据各级组织所制定的不同状况下的风险准则，我们可以对各类网络舆情风险进行评价，并根据评价的风险等级采取相应的风险应对措施。在某些情况下，风险评价直接决定了组织的下一步应对决策。因此，风险评价一经确定，除了保持现有措施，不应以任何方式处理风险决策。

三　基于 ISO 31000的网络舆情风险应对

在 ISO 31000：2009 标准中，“风险应对”是风险管理过程中的重要子过程，是风险管理的目的之一。组织通过实施风险应对而达成“改变风险”的目的。网络舆情风险应对工作内容包含两个方面：其一是选择风险应对方式，其二是实施风险应对方式。

（一）风险应对方式的选择

风险具有二重性，它对目标的影响可能是正面的，也可能是负面的。正因为如此，风险应对的方式也各异。在ISO 31000：2009标准中，共列举了7种风险应对方式，包括规避风险、增大风险、消除风险源、改变可能性、改变后果、分担风险、保留风险。

针对具体情况，选择合适的风险应对方式，有助于组织更好地完成对于风险的应对。选择风险应对的基本原则包括两个方面：一是要平衡收益与应对成本的关系，二是要考虑法律法规及其他要求。另外还要注意在选择风险应对方式时，并不总是只考虑经济因素，有时，出于社会责任和自然环境保护等原因，组织可能要把财务收入放在第二位。

（二）风险应对方式的实施

ISO 31000：2009特别指出：风险应对计划的目的是将如何实施所选择的应对方式形成文件。也就是将风险应对计划制成一份可查阅和追踪的文件。同时，要求风险应对计划包括至少7项内容。

第一项要阐述选择某种风险应对方式的原因或理由，特别之处是要考虑预期收益；第二项要确定至少两类人，一类是批准该应对计划的负责人，另一类是对实施该计划负有责任的人；第三项要阐述该计划中建议的行动，解释如何进行风险应对；第四项要指明按照应对计划实施风险应对所需的资源，如人、财、物等，特别之处是要明确突发事件所需的资源；第五项要明确风险应对绩效的测量方法和限制条件；第六项要明示风险应对的报告要求和监测要求；第七项要求明确实施风险应对的时机与具体日程安排，组织可能已为风险应对制定了应对计划，但实施该计划需要考虑适当的时机。

（三）网络舆情风险应对策略

1. 完善网络舆情预警和研判体系

目前，我国对于突发性强、覆盖面广、影响力大、传播速度快的网络舆情危机缺乏有效的预警。针对这个情况，可以从两方面完善网络舆情预警机制：一方面，加强地方政府与舆情系统开发企业、高校的合作，三者合力，充分发挥各自的优势，提高突发事件网络舆情管理水平，更加科学地应对突发网络舆情事件；另一方面，负责舆情监管的部门领导要对舆情预警的重要性有充分的认识，并对负责具体预警工作的工作人员进行培训，以强化激励的方式加强对预警工作的重视，内化到日常预警工作中去。

2. 将舆情应对纳入城市管理各个方面

舆论的形成赋予了舆论的社会性，网络舆情的形成表明舆情涉及城市管理的各方面及相关机构。互联网时代赋予言论的活跃和自由，可以使一个发生在小人物身上的故事或一件毫不起眼的事情迅速成为全国关注的大事件，网络与舆论的结合对现实生活产生了不可估量的影响。在网络时代，只有将网络舆情纳入城市管理内容中，积极调动相关部门和专业人才的力量，将网络舆情应对工作常态化，才能提高城市舆情应对能力。

3. 尊重网络民意，确保信息快速公开

（1）重视草根和意见领袖作用。综观众多引起全国关注的网络舆情事件，从形成到发展的过程中，草根和意见领袖在事件初期、中期、末期都或多或少地表现出积极的参与热情，在一定程度上推动了舆情事件的发展。草根和意见领袖的身份和地位决定了两者对事件评论的立场和角度的差异，与官方言论相比，草根及意见领袖的评论具有可读性强、时效快的特点。除此之外，草根和意见领袖对事件评论的文风带有调侃和讽刺，让人在轻松的调侃环境中看待一些严肃的社会事件。

（2）确保信息公开、透明化。当网络舆情事件发生后，城市管理者会结合网络舆情的具体情况采取相应的处置方案，在网络舆情事件初期选择及时公开信息，并通过权威媒体发布官方信息，确保信息透明化，平息舆论风波，控制舆论形势向利好方向发展。

（3）提高舆情应对时效。现实生活中，网友对于网络舆情事件处置的心理期待是希望有关部门能在最短的时间内公布真相和表明官方态度，防止网络谣言的滋生和扩散。这就要求城市管理者和舆情管理部门构建快速的联动机制，争取做到舆情事件在24小时内有一个鲜明的态度以及事件的调查结果。

基于语气词情感分析的网聊文本安全预示*

张美云**

摘　要： 本文立足语言学的情感语义分析和语气词义素分析理论知识，首先对词语情感极性进行标注，再建立语气词情感库，并与传统的文本情感分析相结合，对网络聊天文本进行情感极性与强度分析。通过大数据技术中机器学习和自然语言计算技术，采用多模态学习方法，对聊天短文本语句进行训练与学习，对语义情感进行自动计算与预测，增加对文本情感分析的准确性，便于及时发现情感安全隐患，从而对情感存在安全隐患的网络聊天者采取有效的安全预警。

关键词： 语气词　网聊文本　情感分析　安全预示

文本情感分析，又称意见挖掘，简单而言，是对带有情感色彩的主观性文本进行分析、处理、归纳和推理的过程。① 随着自媒体的不断发展，微博、微信、QQ 等网络聊天工具已经成为人们学习工作、发表言论、交流感情的重要辅助工具。特别因其便捷、随意、即时等特性，深受青少年喜爱。

---

* 本文为国家社科基金项目“旅游安全视阈下的多模态语义识别研究”（17XYY012）研究成果。

** 张美云，海南三亚学院教授。

① 周咏梅、杨佳能、阳爱民：《面向文本情感分析的中文情感词典构建方法》，《山东大学学报》（工学版）2013 年第 6 期。

因此，搜集网络聊天工具语料进行文本情感分析，不仅是一项科学研究任务，而且可以惠及社会学、心理学、教育学、医学甚至犯罪学等领域。

一　网络聊天文本情感分析

互联网具有开放性、虚拟性、隐蔽性、发散性、渗透性和随意性等特点，越来越多的网民喜欢通过这种渠道来表达观点，互联网逐渐成为舆情话题产生和传播的主要场所。网络信息和社会信息的交融对社会的直接影响越来越大，甚至关系到国家信息安全和长治久安。因此，社会管理者应及时对这些舆论进行反馈。然而，由于互联网上的信息量十分庞大，仅靠人工的方法难以应对网上海量信息的收集和处理，因此需要依靠情感分析技术自动地对舆情信息进行监控。而技术分析的前提是拥有合适的语料库以及相应的技术手段。

目前对于中文文本情感分析的语料库比较丰富，在新闻评论以及产品评论中的应用也越来越广泛，充分体现了其在政治和经济领域的价值。① 但是，将这些成型的语料库用于网络聊天文本的情感分析，则需进一步完善。比如现有文本情感语料库处理文本的粒度虽然从词、短语、句子、篇章以及多篇章的层级进行整理，但是其语料来源与网络聊天文本有较大区别，或者说网络聊天文本并非其主要语料来源。而网络聊天文本表现方式的复杂性、语言形式的丰富性、语体风格的多样性、表达主体的不定性都成为其情感分析的制约因素。

情感分析是一个新兴的研究方向，情感分析研究中包括情感信息的抽取、情感信息的分类、情感信息的检索与归纳以及情感分析的评测与资源建设等关键问题。其中情感信息抽取的研究属于情感分析的基础，这项研究尚有众多的基础性任务，如在评价词语的抽取与判别任务中，大量的研究者局限于词本身来识别词的主客观性以及褒贬性，而忽视了词语所在语境的影

① 徐琳宏、林鸿飞、赵晶：《情感语料库的构建和分析》，《中文信息学报》2008 年第 1 期。

响，[①] 在对词的情感极性识别中，又比较重视实词的情感界定，而轻视虚词在情感表达中的作用。

本文试图在已有研究成果的基础上，搭建一个便捷平台，根据网络聊天文本口语化程度高这一特质，通过探讨语气词等特殊词语的语法功能对文本情感分析的意义，进而总结网络聊天文本情感分析的有效路径。

二　语气词在网聊文本情感分析中的作用

语气词是表示语气的虚词，常用在句尾，有时也用在句中停顿处表示种种语气。语气词的语法特征有两个方面：一是附着性强，只能附着在句子或别的词语后面，起一定的语法作用；二是语气词常常跟语调一起共同表达语气，所以一个语气词可以表达多种语气。语气不同，文本所表达的情感也不同。

分析文本情感首先要区分其主观和客观的情感倾向，在去除客观情感倾向之后，主观情感倾向又可以进一步分为褒、贬两极：积极的正面的主观情感多以褒义词语以及相对应的句子、篇章体现，消极的负面的主观情感多以贬义词语以及相对应的句子、篇章体现。[②] 积极的情感表现如高兴、惊奇、赞叹等，消极的情感表现如生气、厌烦、憎恶、悲伤、恐惧等。如果针对某一对象的网络聊天文本进行情感分析的结果多体现出悲伤、恐惧等情绪，是应该引起社会机构关注的。因此，对网络聊天文本进行情感分析，可以在早期发现网络聊天人群心理的安全隐患。

现代汉语的语气词丰富是其重要的语法特征，语气词同情感因素有很大的关联。学者们在研究句子语气时，又在语气的层级之下划分种种口气，如强调或确信、勉强或疑问、猜测或提醒、迟疑或不满，种种口气都是一种感情的流露。

现代汉语最基本的语气词一般认为是 6 个单音节词：的、了、呢、吧、吗、啊。其他大多由其中两个或三个语气词连用而产生连读合音的结果，例

① 杨玲、朱英贵编著《贬义词词典》，四川辞书出版社，2005。

② 谢丽星、周明、孙茂松：《基于层次结构的多策略中文微博情感分析和特征抽取》，《中文信息学报》2012 年第 1 期。

如“啦”是“了啊”的合音。另外还有一些常用单音节语气词，以及多音节语气词，都与情感因素有较大关联。因此，通过对语气词进行义素分析，并建立语气词情感库，能够更加准确地分析网络聊天文本的情感特质，进而为相关研究提供可靠参考。

语气词有其基本的语气义素，这种基本的义素是对语气词本身在各种语用环境中语气意义的概括，例如，语气词“啊”的基本义素是：

啊：[增加感情色彩，使语气舒缓]（啊的音变——呀、哇、哪——本文不明确写出来，只用一个“啊”，便于表述）。但是，“啊”的具体感情色彩较复杂，可根据语境及句型结构进行如下分类。

啊 a：[感叹、惊奇、兴奋]（感叹句尾，句中常出现程度副词“真、真是、多、多么”等。天气真好啊!）

啊 b：[解释、说明、宣告、威胁，暗含强制要求接受]（说明性陈述句尾，一般为强调句或句中常有“是”等表判断的词语。你是上海人啊。）

啊 c：[加强肯定或否定语气]（应答性陈述句尾，在回答问题时使用。谁干的？——张三啊。我没去过北京啊）

啊 d：[加强否定，感情强烈]（反问句尾，句中包含“怎么这么”“怎么那么”等。你怎么这么烦啊）

啊 e：[催促、提醒、嘱咐]（祈使句。快点走啊！别迟到啊。）

另外，6 个语气词可以两个叠用，其语气意义是基本义素的相加，如：

的啊（哒）：的[本来如此，确实如此] +啊 c[加强肯定，使语气舒缓]，对被认为确实如此的事情深信不疑。如：美美哒（的啊）。

了啊（啦）：了[变化已实现] +啊[增加感情色彩，使语气舒缓]（此处“啊”的感情色彩根据句子确定）。如：这是我的啦（了啊 b）——表宣告占有；走啦（了啊 c）！——表对已发生的“走”的动作的确认、肯定；你怎么把它吃啦（了啊 d）？——表示否定、反对的态度。

三　基于语气词的情感语义分析

网络聊天记录是以短语模式呈现的社交文本，其短文本的特性使文本语义特征更加稀疏，应用传统的文本计算方法无法满足语义计算的要求，[①] 同时，由于聊天语言交流交互次数多，尤其是在微信朋友圈中，若对每一次的回复都进行分析，既可能无法得到语义，同时又会对计算强度和效率有很高的要求，本文从语言学角度出发，应用计算语言语义计算经验和机器学习算法，构建基于语气词的情感语义分析模型，并对该模型进行设计与实现，取得较好的计算结果。

（一）分词与自定义语气词分词词典

为了文本自动标注的需要，本文以结巴分词工具为基础，对训练文本进行分词处理，根据语气词（statement label designator，SLD）情感分析的特点，按照结巴分词自定义词典的规则，自定义词典格式一个词占一行；每一行分三部分：词、词频（可省略）、词性（可省略），用空格隔开，顺序不可颠倒。本文的自定义词典，主要包括词和词性两个部分，格式如表 1 所示。

表 1　语气词自定义词典

词	词频	词性	备注(类似)
怎么这么	Null	ds	
怎么那么	Null	ds	
真是	Null	ds	
啊	Null	y	
的啊	Null	y	哒
了啊	Null	y	啦
的了	Null	y	

同时，引入否定词库（词性为 fd）、程度副词库（词性为 ds，包括 ds1，ds2，ds3，ds4，ds5 等 5 级强度）、感叹词库（词性为 e，与语气词库自定

① 赵妍妍、秦兵、车万翔等：《基于句法路径的情感评价单元识别》，《计算机研究与发展》2011 年第 5 期。

义方法相同)，采用全切分方法，可对未定义词典前切分结果与定义后进行对比，其结果如下。

定义前：怎么/r 这么/r 漂亮/a 啊/zg

定义后：怎么这么/d 漂亮/a 啊/y

由此可见，在不把语气词作为情感分析停用词，同时又建立了语气词情感分析相关语料库的情况下，切分的结果更加清晰地表现出情感特征。

通过语义依存关系分析也可以看出语气词参与情感分析对情感极性与强度真实把握的意义，如图 1 所示。

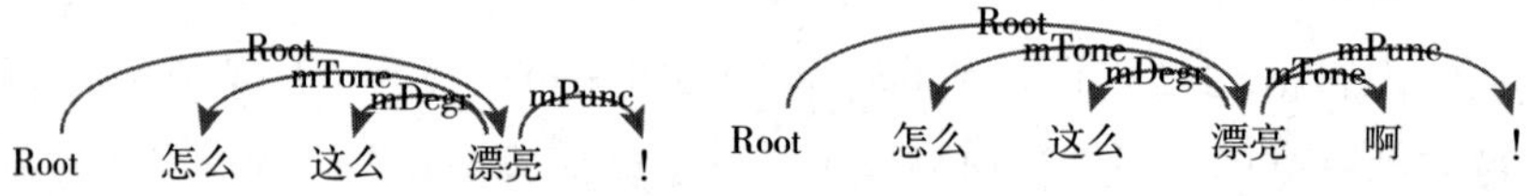

图 1　语气词参与情感分析的意义强度

由此可见，定义以后的语气词参与了情感分析，在“漂亮”与“啊”之间多了一层 mTone（）语义关系，并起到了一定的强化情感色彩的作用。

（二）网聊文本的情感分析

为解决网络聊天中短文本语义稀疏性，提高文本计算效率，应用同一话语者话语组合方式，构建新的长文本，这里定义 $D=\sum Di\ (i\geqslant 1)$，其中 Di 为话语者 D 的某时间段某次话语文本，进而再进行文本计算，可以提高计算的精度。

如某时间段内话语者 A 和 B 文本记录如下。

A：你说是真的啊！　　　　　（记为 D_{A0}）B：没错就是这样啊。

A：天啊，他怎么这样对我啊！（记为 D_{A1}）B：现在你明白他是什么人啦。

A：我快要疯了呀！　　　　　（记为 D_{A2}）B：人心叵测啊！

A 整合计算结果为：$D_A = D_{A0} + D_{A1} + D_{A2}$，即：你说是真的啊！天啊！他怎么这样对我啊！我快要疯了啊！

对 B 文本整合之后为：没错就是这样啊。现在你明白他是什么人啦(了啊)。人心叵测啊！

以A文本为例进行语义依存关系分析（整句分析），结果如图2所示。

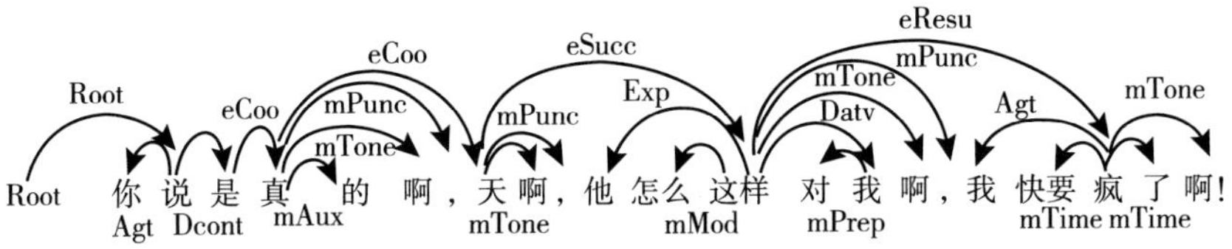

图2　语义依存关系的整句分析

从图2可以看出，在A文本中，核心情绪表达为：真、这样、疯，这些词语在语义依存中均有5个以上的关系对象。而这三个词都具有比较强烈的情感色彩。

同样，对B文本整合之后分析结果的核心情绪表达为：是、明白、是，这些词语属中性词，情绪比较客观稳定。

由此可以得出结论，发言人A情绪较为激动，心理不稳定因素增强，有必要对其保持更多的关注，消除心理安全隐患。

（三）语义情感计算模型设计与实现

在传统的文本情感分析中是将语气词视为停用词的。仍以文本A为例，如果将“啊”作为停用词，则语义依存关系如图3所示。

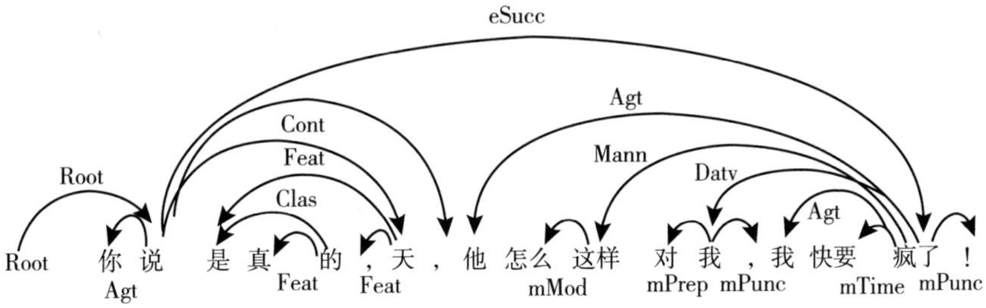

图3　“啊”的语义依存关系

其核心情绪则表达为：说、疯。与包含语气词的情感分析的结果有较大偏差，其情绪强度明显减弱。

因此，为了准确地从短文本中分析出语义情感，可以采用多模式的机器学习方式，即采用监督学习的朴素贝叶斯算法和基于规则的语气学习模型。① 如图 4 所示。

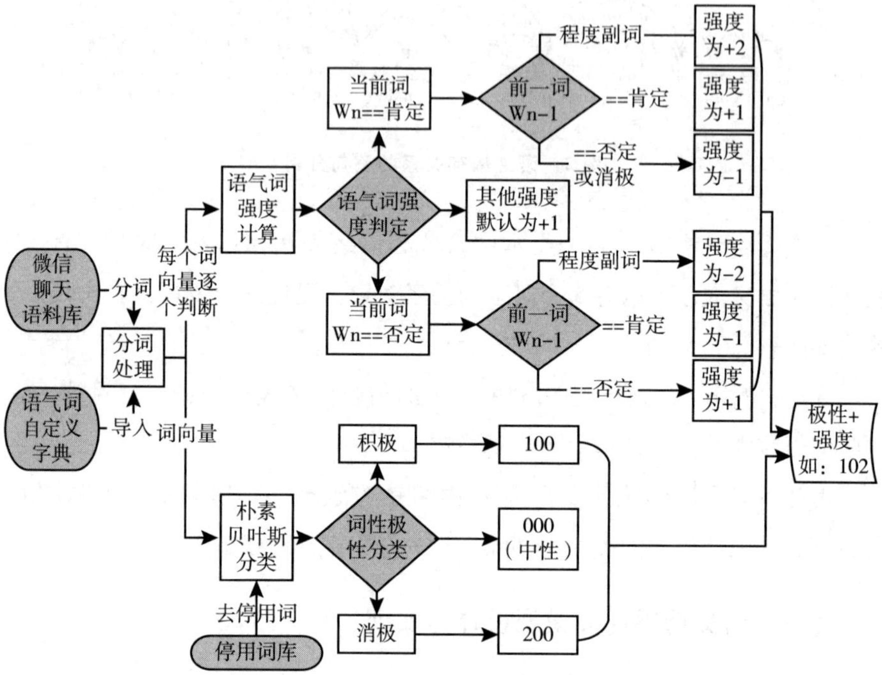

图 4　监督学习的朴素贝叶斯算法和基于规则的语气学习模型

应用 python2.7 实现机器学习语义计算模型，对 1000 条正负各 500 聊天短文本进行计算处理，分别应用语气词多模算法与语气特征词计算结果进行对比分析，通过查准率（P）、查全率（R）进行对比评价可知，使用语气词多模算法要比单纯使用传统的将语气词作为停用词的语义库分析效果更为理想，如表 2 所示。

① 陈建美、林鸿飞、杨志豪：《基于贝叶斯模型的词汇情感消歧》，《全国第九届计算语言学学术会议论文集》，清华大学出版社，2007。

表 2　语气词多模算法的语义库分析效果

项目	情感极性强度	P	R
SLD + 情感特征	正向	0.973863	0.890000
	负向	0.867156	0.956000
情感特征	正向	0.859123	0.780000
	负向	0.760561	0.891000

四　结论

本研究主要针对聊天短文本领域评论文本的情感极性与强度分类问题，提出了一种以情感词典为基础，结合语气词抽取情感特征的方法。通过对语气词进行义素分析，标注其情感极性，建立语气词情感库，且与传统的文本情感分析相结合，可以增加对文本情感分析的准确性,[①] 从而为聊天室、QQ群、微信朋友圈短文本聊天情感预警提供新的方法，可以提醒相关部门或人员对存在安全隐患的网络聊天者采取有效的安全引导与处理。

① 史继林、朱英贵编著《褒义词词典》，四川辞书出版社，2005。

多舆情事件替换效应的耦合机理研究*

房亚楠　陈　安**

摘　要：替换效应广泛存在于网络的多舆情事件中，明晰社会影响力内部微观转化可深化对网络舆情中的替换效应的认知，同时为舆情分析提供参考。本文以替换效应中的变与不变为原则构建有限时间内相继网络舆情事件的耦合指标体系，基于物理学中的耦合模型，综合运用层次分析法，选取实证案例借助耦合度分析方法，分析多个舆情事件间替换现象的内在机理。研究结果显示，通过计算双重耦合度可评估整个替换现象的表现程度。相继事件间的内外因耦合度差值较小时，内外因共同作用于该耦合系统；差值较大时，可确定替换效应的主动力，进而明确不同因素的微观转化程度，并能确定某事件的公众偏好。

关键词：多舆情事件　网络舆情　替换效应　耦合

---

* 基金项目：北京市自然科学基金“特大城市非常规突发事件演化机理及防控机制研究”（9182017）；中国科学院科技战略咨询研究院院长青年基金“DIIS 智库研究方法论的模型研究”（Y7X1151Q01）；中国科学院科技战略咨询研究院“国家及部门委托的有关评估任务”（Y600781601）。

** 房亚楠，河南理工大学应急管理学院研究人员，主要研究方向为网络舆情效应研究及应急管理；陈安，中国科学院科技战略咨询研究院研究员，博士生导师，主要研究方向为应急管理、风险评估与预测预警、管理机制设计、大数据技术研究与开发。

一　现状分析

随着互联网的不断普及，网络舆情登上历史舞台，发展至今，已成为现实社会的缩影，同时也在影响着我们的生活。国内舆情研究始于 2003 年，党的十六届四中全会通过的《中共中央关于加强党的执政能力建设的决定》提出了加强舆情管理的要求，[①] 可见我国对于舆情重视开始时间较晚，但自此之后，网络舆情研究与实践步入发展的快车道。

网络舆情传播是一个系统的、动态的复杂过程，[②] 近些年来不少学者从网络舆情中的特殊现象入手，借鉴心理学中的效应，以定量分析作为基础方法探究舆情发展规律。面对庞大的网络、众多的事件、广泛的主体，舆情管理工作，关键在于判断公众选择的走向，对网络舆情的研究工作无疑是对公众选择的研究。公众选择则是从心所为，又可归为心理学，在心理学研究中我们会发现对人的众多心理效应的研究，其中有一部分效应就被用于网络舆情研究中。其中王根生等依据网民关系网络拓扑的小世界效应特性，提出网民观点的倾向度转换规则，在网络舆情网民关系小世界网络矩阵表示的基础上，构建基于小世界效应的网络舆情演化迁移元胞模型，运用该模型分析网络舆情演化，揭示了网络舆情演化的观点极分化和观点漂移的现象。[③] 羊群效应是为人所熟知的效应，在网络舆情中这个效应存在度很高，陈福集等就网民群体内部、网民和政府之间建立演化博弈模型分析羊群效应。[④] 网络舆情基于众多网民对某一事件的意见、观点表达而产生，当涉及众多网民与众多观点时，就会出现从众心理，因此在网络舆情传播中就会产生从众效应。

① 李昌祖、许天雷：《舆论与舆情的关系辨析》，《浙江工业大学学报》（社会科学版）2009 年第 4 期。

② 曾润喜、陈创：《网络舆情信息传播动力机制的比较研究》，《图书情报工作》2018 年第 7 期。

③ 王根生、勒中坚：《小世界效应的网络舆情演化迁移元胞模型》，《小型微型计算机系统》2011 年第 12 期。

④ 陈福集、黄江玲：《基于演化博弈的网络舆情传播的羊群效应研究》，《情报杂志》2013 年第 10 期。

刘锦德等用网络世界结构模拟真实世界的人际关系网络，借鉴经典的心理学的从众心理，同时引入“网络水军”的概念，构建个体在群体压力下的从众模型，通过模拟仿真研究从众特性对网络舆情传播的影响。[①] 除此之外，还有对邻避效应、衍生效应、扩音效应、前10效应、示范效应的研究，这些效应旨在反映单个网络舆情事件的特殊发展规律，它们可能产生衍生、反转、新周期等现象，了解这些效应有助于对网络舆情发展趋势的预测。[②] 替换效应旨在刻画多个网络舆情事件之间的关系，其可从耦合模型和转移模型两方面进行分析。耦合可分为单个事件之间耦合和多个事件之间耦合，朱恒民等利用模型构建研究方法分析了耦合网络的线上线下互动传播模式；[③] 齐佳音等利用耦合模型对单个突发性公共网络危机事件间的影响因素耦合进行了深入分析；[④] 许嫒等以“魏则西”及“雷洋”事件为例分析了在政府指导下的时序耦合的企业相关双舆情。[⑤] 兰月新等学者在构建网民关注度转移模型的基础上进行数值仿真，刻画了两个舆情事件之间的定量关系。[⑥] 本文在此基础上将从耦合角度深化对网络舆情中替换效应的研究，综合运用层次分析法[⑦]分析网络舆情传播过程中的替换效应。

替换效应是指一件突发事件发生后，引起了一定的公众关注度，在这件事情的公众关注度还没有降低到平稳状态时又发生了一件舆情事件，公众会在好奇心的驱使下不自觉地关注新发生的突发事件，这时会加速事先发生的

① 刘锦德、王国平：《网络舆情传播的从众效应》，《江西社会科学》2015年第5期。

② 夏一雪：《网络话题传播规律建模与预测问题》，《现代情报》2018年第4期。

③ 朱恒民、杨柳、马静等：《基于耦合网络的线上线下互动舆情传播模型研究》，《情报杂志》2016年第2期。

④ 齐佳音、刘慧丽、张一文：《突发性公共危机事件网络舆情耦合机制研究》，《情报科学》2017年第9期；邓建高、段欣迪：《面向国家公共安全的信息行为线上—线下融合治理模式初探——评〈突发性公共危机事件与网络舆情作用机制研究〉》，《图书情报工作》2018年第15期。

⑤ 许嫒、梁循：《政府指导下时序耦合的企业相关双舆情分析——以“魏则西”及“雷洋”事件的耦合为例》，《中国管理科学》2016年第S1期。

⑥ 兰月新、刘冰月、张鹏等：《基于舆情大数据的网民关注度转移模型研究》，《现代情报》2018年第10期。

⑦ 王晰巍、邢云菲、赵丹等：《基于社会网络分析的移动环境下网络舆情信息传播研究——以新浪微博“雾霾”话题为例》，《图书情报工作》2015年第7期。

多舆情事件公众关注度的下降，即前一事件在后继事件出现后公众关注度迅速降低的现象。[①] 为了研究多个事件的耦合，将舆情事件的下降期分为陡降期和缓降期两个阶段。本文将主要利用先发事件的陡降期数据，同时借鉴物理学中的耦合模型用于计算耦合度，从微观角度分析替换效应的内在转化。

二 替换效应的耦合模型

（一）替换效应的耦合系统

替换效应是以多舆情事件为主体进行研究的，“多舆情事件”的定义为：两个及两个以上的备受网络公众关注的，能随事件的发展立即引发大量网民讨论的网络舆情事件。“立即”与“大量”二词反映了多舆情事件的特点，其强调的是时间上和数量上的及时跟随性，“两个及两个以上”反映了多舆情事件的形成条件。[②] 通常在同一时间段内替换效应多以双舆情事件的形式出现，也会出现三个舆情事件的交替替换，但其归根结底表现为两两事件间的替换。那么本文就替换效应的核心（两个舆情事件间的耦合）讨论其耦合机制，由于替换效应主要存在于相继发生的事件中，其现象具有强烈的时间性，只能在短暂的一段时间内出现，所以替换效应的耦合是有限时间的耦合。

为便于标识，我们将先发事件记为事件 1（E1），后继事件记为事件 2（E2），关注各舆情事件的公众记为网民群 1（N1）和网民群 2（N2）。替换效应主要表现为社会影响力的转移，引发社会影响力转移的原因可被归结为内因与外因。其中外因是指事件本身所引发的网民关注，倘若它的舆情价值更高，便会吸引更多公众的关注，其主要刻画单独关注这一事件的公众。内因则表现为网民的转移，即网民将关注从事件 1 转移至事件 2。所以替换效

① 陈安、房亚楠：《多舆情事件的演化机理及其公众关注度的替换/叠加效应研究》，《广州大学学报》（社会科学版）2017 年第 6 期。

② 陈安、房亚楠：《多舆情事件的演化机理及其公众关注度的替换/叠加效应研究》，《广州大学学报》（社会科学版）2017 年第 6 期。

应的社会影响力转移是内外因耦合的结果，其耦合系统见图 1。衡量替换效应耦合系统的基本单位是两个相继事件，为得到总耦合度以衡量替换程度，首先要得到每个事件的耦合度或是两个事件的内外因耦合度，那么衡量替换效应耦合系统需经过两次耦合，所以本文称其为双重耦合。经过大量数据计算，我们发现通过这两种方式计算得到的总耦合度是相同的，其区别主要在于这两种方式所蕴含实际意义不同，图 2 中左侧计算方式通过对单个事件的耦合度计算，从而计算替换效应耦合系统的耦合度，该方式可用于描述单一事件间的影响力贡献大小；图 2 中右侧计算方式通过两个事件内因耦合度和外因耦合度计算，从而得出替换效应耦合系统的耦合度，该方式用于刻画相继事件间的公众关注转移与事件本身的影响力比较。双重耦合可为替换效应的耦合系统不同角度的微观分析提供数据参考。

图 1　替换效应的耦合系统

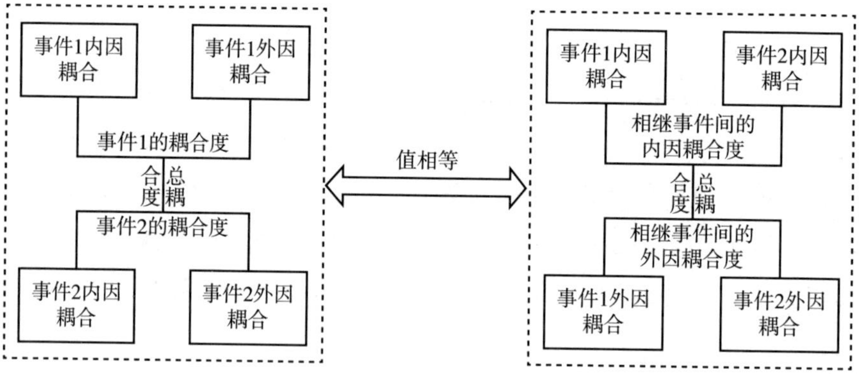

图 2　双重耦合计算示意

（二）替换效应的耦合度评估指标构建

基于上述对替换效应形成原因分析，替换效应可分为外因引起的耦合和内因引起的耦合。① 外因耦合主要从事件本身出发建立指标体系，根据事件 1 与事件 2 发生的相对时差性，将先发事件与后继事件设置不同的指标体系，如表 1 所示。事件 1 作为先发事件便可视为替换效应耦合系统的输出序参量，事件 2 可被视为耦合系统的输入序参量。其中事件 1 的评估指标由信息透明度、公众关注度下降速率和媒体指数构成。信息透明度越高，越有利于促进事件 1 的参量输出，而这个指标无法获得具体值，所以本文采取专家打分法进行估值，其打分标准参照表 2，通常我们选取 5 ~ 10 个专家对该事件进行打分，按照专家的专业程度可对此打分进行赋权后求平均值，若各个专家间无明显专业差别，取其平均值即可。公众关注度下降速率可由百度指数获得，取公众关注的陡降期曲线段的数据，求其下降速率。媒体指数通过百度指数中给出的媒体指数得到。事件 2 作为替换效应耦合系统中的后继事件，其指标体系由利益相关者、参与度、公众关注上升速率和媒体指数获得。利益相关者是该事件引发公众关注的直接且稳定的公众，其利益相关者比率根据 CNNIC 的第 41 次《中国互联网络发展状况统计报告》中的数据进行估计（见图 3）。在确定事件类型后，衡量一下网民结构中哪几个属性的网民更容易关注该事件，然后将其相加，便可得到利益相关者比率。参与度主要是指网民参与评论或讨论相关事件的程度，由于微博成为现阶段网民发表言论的主要阵地，所以本文以微博平台数据占总数据的比例刻画参与度。公众关注的上升速率与媒体指数与事件 1 类似。

上述指标评估大部分采用大数据平台的数据计算，但有些舆情事件在数据平台上获取不到具体数据，此时若要分析其替换效应，指标可采用专家打分法，并设定具体的打分规则。

---

① 齐佳音、刘慧丽、张一文：《突发性公共危机事件网络舆情耦合机制研究》，《情报科学》2017 年第 9 期。

衡量外因耦合系统的指标权重本文采用层次分析法①确定，将事件 1 的指标体系和事件 2 的指标体系分开衡量权重，可得到表 1 中的数据。

表 1　替换效应的外因耦合指标体系

突发事件	序参量	指标	数据来源	权重
事件 1（E1）	输出	信息透明度	专家打分	0.1882
		公众关注度下降速率	百度指数	0.7066
		媒体指数	百度指数	0.1052
事件 2（E2）	输入	利益相关者	统计数据	0.0883
		参与度（参与议论）	微指数	0.2533
		公众关注上升速率	百度指数	0.4898
		媒体指数	百度指数	0.1686

表 2　信息透明度参照

信息透明度	低	较低	中	较高	高
属性值	[1,30)	[30,40)	[40,60)	[60,80)	[80,100)

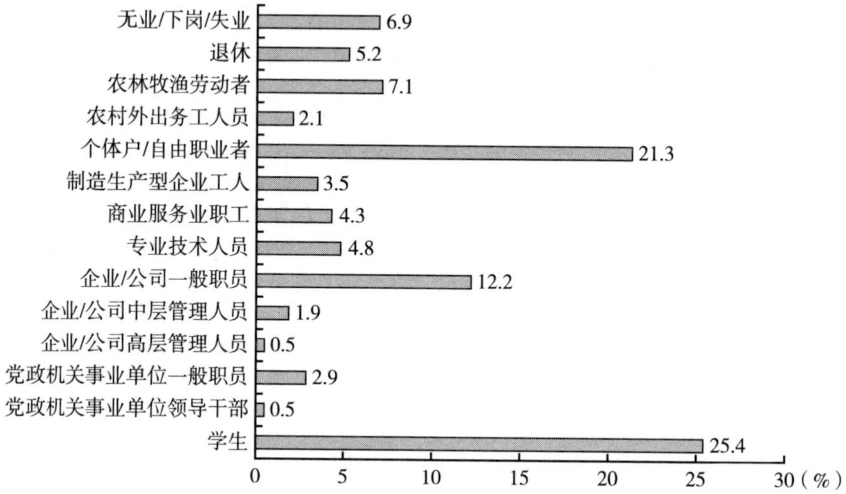

图 3　2017 年网民结构统计

① 朱峰、张宏伟：《基于“AHP + 熵权法”的 CW - TOPSIS 冲击地压评判模型》，《中国安全科学学报》2017 年第 1 期。

内因耦合体系指标主要衡量主体为网民群体，通过网民社会属性、环境属性和心理属性①的分析确定是不是事件 1 网民的关注转移到了事件 2。社会属性主要是指网民自身所带属性，其包括职业、性别、年龄等，在网络舆情中，可获得具体数据的只能是网民的性别与年龄，所以我们选取两个事件中占比较多的一个属性作为衡量该耦合系统的具体社会属性。设年龄属性比例为 A_{ia}，设 A_{ig} 为性别属性，设 P 为总关注度，则社会属性值为：

$$A_{is} = A_{ia} \times A_{ig} \times P_i$$

环境属性刻画关注不同类型事件的网民间的交集，利用 Press C 提出的环境属性值用以描述替换效应的内因耦合体系指标，如表 3 所示。② 可按照以下公式进行计算：

$$A_{ie} = (A_j/9) \times P_j$$

表 3　环境属性值

舆情事件类型	国家安全	民族冲突	恐怖袭击	严重自然灾害	严重安全事故	公共健康事件	轻微自然灾害或生产事故	名人头条	政务
属性值	0.1	0.2	0.3	0.4	0.5	0.6	0.7	0.8	0.9

资料来源：Press C., *Handbook of Crisis and Emergency Management*, Crc Press, 2001。

其中，A_j 表示环境属性值，p_j 是关于该事件网民参与评论或主动发微博的概率，因此结合百度指数（B_i）与微指数（W_i）的数据，求其概率为：

$$p_j = W_i/(B_i + W_i)$$

心理属性刻画的是网民对于舆情事件的心理特点，在确定其属性值时，利用 Likert R 提出的表 4 中区间数加以确定。③ 当某网民对事件 1 处于中性态度时，他就有很大的可能在短时间内转移注意力。因为事件 1 与其利益并没有

① Wang G., Liu Y., Li J., et al., "Superedge Coupling Algorithm and Its Application in Coupling Mechanism Analysis of Online Public Opinion Supernetwork", *Expert Systems with Applications*, 42 (5), 2015: 2808-2823.

② Press C., *Handbook of Crisis and Emergency Management*, Crc Press, 2001.

③ Likert R., "A Technique for the Measurement of Attitudes", *Archives of Psychology*, 22 (140), 1932: 1-55.

多大关系，他可能只是出于好奇心的驱使才关注事件 1。而当某网民对事件 1 持较为强烈的负面态度时，说明该事件对该网民的利益影响或正义感的满足具有较大的作用，所以对于该舆情事件网民通常会陷入较为深度的关注，那么由事件 1 的关注转移到事件 2 的概率就会略小。当网民对事件 1 持积极态度，矛盾点不存在的事件对网民的吸引力会很低，这也说明网民注意力转移的概率更大，与中性态度的网民相比，其处于少量甚至没有矛盾点的状态，而中性态度或许事件也会有一定的矛盾点，但是网民只是关注，并不产生心理变化。

由于网民的社会属性、环境属性和心理属性是确定关注事件 1 的网民是不是继续选择关注了事件 2，而这三个属性均是衡量公众的重要指标，所以该指标无权重之分，均为同等重要的要素。

$$A_i = \frac{A_{is} + A_{ie} + A_{ip}}{3}$$

表 4　心理属性值

心理类型	特别负面	负面	中性	积极	特别积极
属性值	[0,0.2)	[0.2,0.4)	[0.4,0.6)	[0.6,0.8)	[0.8,1.0)

资料来源：Likert R.，“A Technique for the Measurement of Attitudes”，*Archives of Psychology*，22 (140)，1932：1－55.

（三）替换效应的耦合度模型

基于以上对替换效应的内因耦合和外因耦合指标体系构建，对以上指标的具体值进行获取与标准化后，便可利用物理学中的耦合度模型概念进行耦合度计算。由相继发生的事件之间通过上述的耦合作用形成的一种自组织结构，我们称为替换效应的耦合系统，该系统通过替换规律的耦合作用构成有序组织，多舆情事件间的耦合度用来描述两个事件间的耦合程度，即替换效应的强弱，并能就此分析出该替换效应的主要作用因素。①

① 裘江南、董磊磊、叶鑫等：《突发事件耦合度模型研究》，第四届国际应急管理论坛暨中国（双法）应急管理专业委员会第五届年会论文集，2009。

1. 功效函数

设变量 U_i ($i=1, 2, \cdots, m$) 是多舆情事件耦合系统的序参量，U_{ij} 为第 i 个序参量的第 j 个指标，其值为 X_{ij} (1，2，…，n)。α_{ij} 和 β_{ij} 是系统稳定临界点上序参量的上、下限值。那么相继多舆情事件耦合系统对有序的功效系数 U_{ij} 可表示为：

$$U_{ij} = \begin{cases} (X_{ij} - \beta_{ij})/(\alpha_{ij} - \beta_{ij}) U_{ij} \text{ 具有正功效} \\ (\alpha_{ij} - X_{ij})/(\alpha_{ij} - \beta_{ij}) U_{ij} \text{ 具有负功效} \end{cases}$$

式中，U_{ij} 为变量 X_{ij} 对系统的功效贡献大小。那么结合本应用实际式构造的功效系数应具有以下特点：U_{ij} 的取值范围为 $0 < U_{ij} < 1$，此式主要适用于专家打分制的耦合度计算，β 表示专家打分最小值，α 表示专家打分最大值，其具体数值根据打分制设计情况而定。①

依据实际构建系统分析，两个舆情事件之间的耦合作用表现为对事件的公众关注度的反向增减关系或社会影响力的转移问题。事件 1 的输入因素很可能在事件 2 的发展过程中一部分转化为事件 2 的序参量。设其为 U_1、U_2，本文我们采用层次分析法来对各个序参量的有序程度的总贡献做集成运算：

$$U_A(U_i) = \sum_{j=1}^{n} \lambda_j u_{ij} \sum_{j=1}^{n} \lambda_j = 1, \lambda_j > 0$$

式中 U_A (U_i) 为某个多舆情事件对耦合系统的总序参量，λ_j 为影响因素的权重。②

2. 耦合度函数

借助物理学中的容量耦合概念及容量耦合系数模型，两个多舆情事件的相互作用的耦合度模型可以表示为：

---

① 齐佳音、刘慧丽、张一文：《突发性公共危机事件网络舆情耦合机制研究》，《情报科学》2019 年第 9 期；王琦、陈才：《产业集群与区域经济空间的耦合度分析》，《地理科学》2008 年第 2 期。

② 裘江南、董磊磊、叶鑫等：《突发事件耦合度模型研究》，第四届国际应急管理论坛暨中国（双法）应急管理专业委员会第五届年会论文集，2009；王琦、陈才：《产业集群与区域经济空间的耦合度分析》，《地理科学》2008 年第 2 期。

$$C = \left[\frac{U_A(U_1) \cdot U_A(U_2)}{(U_A(U_1) + U_A(U_2))(U_A(U_1) + U_A(U_2))}\right]^{1/2}$$

其中 U_A（U_1）为事件 1 对相继多舆情事件耦合系统有序的功效贡献大小，U_A（U_2）为事件 2 对系统有序的功效贡献大小，C 表示两个舆情事件之间的耦合度。C 值越大，说明事件 1 与事件 2 之间的耦合程度越大，即从事件 1转移到事件 2 的序参量较多。当 C 无限趋近于 1 时，相应多舆情事件之间耦合度最大，事件 1 发生的变化将会对事件 2 产生完全的影响，但在替换效应中这种状况通常不会出现。

三 案例分析

本文选取 2017 年 8 月发生的海底捞后厨事件和帕卡台风两件舆情事件作为案例，分析其耦合度。2017 年 8 月 25 日一段海底捞后厨视频曝光，视频显示，北京海底捞劲松店、太阳宫店后厨状况堪忧，其中劲松店不仅有老鼠在后厨地上乱窜爬进装食物的柜子里，工作人员还把打扫用的簸箕和抹布直接放入洗碗池内清洗；而在太阳宫店后厨工作人员在清洁下水道时用的竟然是漏勺。8 月 26 日大量媒体对海底捞公司的公关处理作出评论，并对食药监局检查结果进行报道。海底捞是备受大众欢迎的火锅店，该报道一出着实让不少消费者大跌眼镜。因此 8 月末海底捞后厨事件引得公众广泛关注。2017 年 8 月 24 日帕卡台风在菲律宾以东的西北太平洋洋面上生成，25 日 21 时以热带风暴形式在菲律宾吕宋岛东部沿海登陆，26 日早晨移入南海，晚上加强为强热带风暴，27 日 8 时加强为台风，当日 9 时在广东省台山市东南部沿海登陆，20 时减弱为热带低压，23 时中央气象台对其停止编号。帕卡台风作为一起自然灾害事件是海底捞后厨事件的后继事件，随着海底捞官方迅速且漂亮的回应，随即公众对海底捞后厨事件的关注度进入下降阶段，随着同时期发生的自然灾害事件帕卡台风进入公众视线，部分公众的视角随着媒体报道的转移也随之改变。由此将海底捞后厨事件记为事件 1，将帕卡台风记为事件 2，通过百度指数和微指数两个大数据平台可得到以下数据，如表 5 所示。根据前文介绍的方法可计算得出表 6 中的数据，因为各个指标的单位不统一，所以要将指标值进行标准化，标准化公式为：

$$y_i = \frac{\chi_i}{\sum_{i=1}^{n} \chi_i}$$

标准化后的新序列 y_1、y_2，. . . ，y_n 在［0，1］区间中，且无量纲。

表 5　案例 1 数据统计

事件 1（E1）	百度指数			微指数			
	最大值	稳定低值	媒体指数	最大值	稳定低值	女性公众	19～24 岁
	73118	10069	640	81286	10063	80. 2%	57. 7%
事件 2（E2）	百度指数			微指数			
	起步值	最大值	媒体指数	最大值	稳定低值	女性公众	19～24 岁
	363	92816	3	46751	1477	89. 66%	20%

表 6　案例 1 指标值

突发事件	指标	标准化	社会属性	环境属性	心理属性
事件 1（E1）	信息透明度	0. 0093	0. 4633	0. 0351	0. 25
	公众关注度下降速率	0. 9163			
	媒体指数	0. 0744			
事件 2（E2）	利益相关者	0. 0001	0. 1793	0. 0146	0. 4
	参与度(参与议论)	0. 6691			
	公众关注上升速率	0. 3308			
	媒体指数	0. 00004			

根据以上耦合公式计算出内因耦合度 $C1 = 0.385$，外因耦合度 $C2 = 0.5700$，总耦合度 $C = 0.4672$。从图 4 中我们可以看出，事件 2 的公众关注峰值高于事件 1，这便可证明事件 2 在社会影响力方面，具有一定的替换效应，但事件 1 的关注度下降速度没有事件 2 快，结合中等耦合度来看，在事件同时发生的有限时间内，有部分公众关注出现多关注点，且对于共同关注这两件事的公众来说，对事件 2 投入的精力较事件 1 少，新的公众

对其的关注也很快消退，该案例外因耦合度较高，综合内外因耦合系统，事件 1 与事件 2 间的替换程度中等。

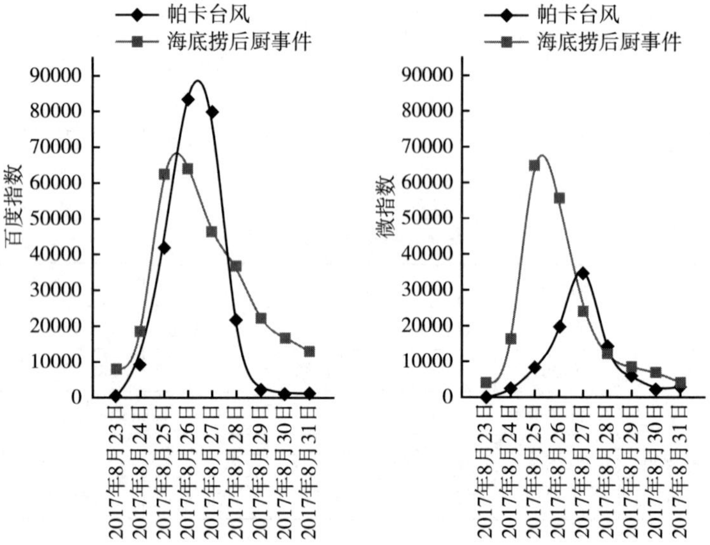

图 4　案例 1 替换效应示意

为了对比上述案例，本文选取 2017 年 8 月底 9 月初发生的榆林产妇跳楼事件和“港独”事件。2017 年 8 月 31 日 20 时左右，在陕西榆林市第一医院绥德院区妇产科，一名孕妇因被别人拒绝剖腹产而从 5 楼坠下死亡，但究竟是家属还是医院拒绝为产妇进行剖腹产，医院和家属各执一词，引发公众大量议论。对于产房外的监控画面如何看待也成为当时无法解开的矛盾点，一时间，这一事件引发网友对女同胞在生孩子时的家庭伦理展开热烈讨论。同时期，香港中文大学内地女学生怒撕“港独”海报事件备受关注，当时，“港独”一词再次进入公众视野。根据事件发生的前后顺序，设榆林产妇跳楼事件为 E1、“港独”事件为 E2，为研究这两件舆情事件的耦合机理，通过对数据平台的定时搜索，可获得以下数据，如表 7 所示。根据前文中关于外因、内因耦合系统的指标计算，可得出表 8。

表 7　案例 2 数据统计

事件 1（E1）	百度指数			微指数			
	最大值	稳定低值	媒体指数	最大值	稳定低值	女性公众	25～34 岁
	51155	5965	320	48871	27359	63.36%	47.24%
事件 2（E2）	百度指数			微指数			
	起步值	最大值	媒体指数	最大值	稳定低值	女性公众	25～34 岁
	728	33211	420	9040	272811	38.27%	40.26%

表 8　案例 2 指标值

突发事件	指标	标准化	社会属性	环境属性	心理属性
事件 1（E1）	信息透明度	0.0047	0.2991	0.0271	0.2
	公众关注度下降速率	0.9679			
	媒体指数	0.0274			
事件 2（E2）	利益相关者	0.0050	0.1541	0.0198	0.2
	参与度（参与议论）	0.0103			
	公众关注上升速率	0.9363			
	媒体指数	0.0484			

根据耦合公式计算出内因耦合度 $C1=0.1479$，外因耦合度 $C2=0.5684$，总耦合度 $C=0.2899$。从图 5 中可以清晰看出，事件 2 的峰值没有事件 1 高，结合关注两个事件的网民社会属性来看，其存在较大的偏差，一个事件集中于男性，一个事件集中于女性，因此这也是导致该替换效应案例的内因耦合度较低的原因。从图 5 中可以看出该案例的替换效应较为明显，因此其外因耦合度较高。与案例 1 对比，其总耦合度没有案例 1 高，主要归因于其内因耦合度的转化率较低，同时其外因耦合度较高，所以其具有明显的社会影响力转移，但在这背后公众的注意力由事件 1 转移到事件 2 的较少，在此案例中，关注事件 2 的新注入公众较多，所以各自具有略平缓的下降曲线。

四　结论

本文以网络舆情中的替换效应为主要研究对象，通过对耦合度的刻画揭

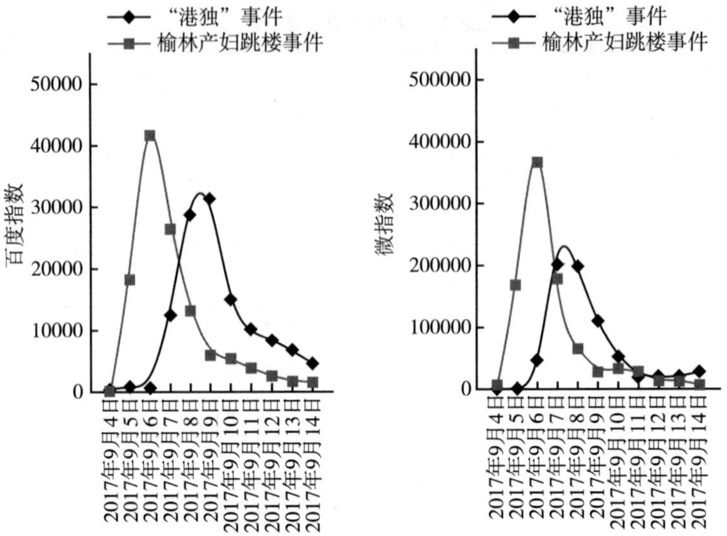

图 5 案例 2 替换效应示意

示替换效应的内在机理，从微观角度审视替换效应。基于替换效应的含义，构建相继发生事件在有限时间内的内外因耦合指标体系，厘清有限时间内替换效应的内外因耦合机制，基于内外因耦合度，通过耦合公式进行二次耦合计算出总耦合度，作为分析事件整体替换效应表现的参考。内因耦合旨在描述公众的转移，即关注事件 1 的公众同时也关注了事件 2，因此本文采用社会属性、环境属性和心理属性的耦合来刻画，即以“不变”的原则刻画公众随事件变化的不变。外因耦合系统着重描述社会影响力的转移，处于不同时间的事件具有不同的特性，因此其外因耦合系统的耦合指标会根据发生时间的先后顺序有不同的变化，即社会影响力主体随事件的变化在转移。由此，内外因耦合从不变与变的角度深化了对替换效应的认知。

依据内外因耦合度差值大小可将结果分为两类，一类是差值较大。该类可分为两种情况：一是内因耦合度较高，外因耦合度较低，这时网民的属性决定了其关注方向，事件 1 的下降速率较大；二是内因耦合度较低，外因耦合度较高，这时，替换效应的主动力为外因耦合，即事件 2 的公众关注会有大量并没有关注事件 1 的公众注入，其多出现在关注群体存在较大差异的事件中。另一类是差值较小。该类可分为两种情况：一是内外因耦合度均处于中等状态，即数值的差较小且两个数值中等，这时，外因与内因共同作用；二是内外因耦合度均处于较高的状态，即数值的差较小且两个数值较高，此时，替换效应表现明显，内外因耦合作用程度较大，且事件1的下降速率较快。

网络营销风险识别及其“智”理研究

白瑞珍*

摘　要： 网络营销风险是企业开展网络营销风险活动不可避免的难题。本文在分析我国现有网络营销良好的发展潜力基础上，重点讨论网络营销过程中面临的风险因素以及风险产生的原因，并提出运用大数据技术对网络营销风险进行“智”理。网络营销风险“智”理指出了大数据在助力网络营销风险及危机预测和辅助网络营销风险突发事件处置中的作用。同时，为了兼顾风险管理的科学性和合理性，网络营销风险管理必须重视人的作用，发挥人的价值理性对大数据技术运用的指导。

关键词： 网络营销　风险识别　风险因素　风险“智”理

自20世纪90年代开始，互联网技术逐渐被应用于经济领域，网络营销作为一种新兴的、基于互联网的推广和营销模式由此诞生并发展。与基于大量人力和广告投入的传统营销模式相比，网络营销将网络作为营销工具和途径，无论是对卖方（企业）还是买方（顾客）都具有明显的优势。从企业角度出发，网络营销成本低；营销环节减少，与客户沟通交流方便快捷；服

* 白瑞珍，中国科学院科技政策与管理科学研究所研究人员。

务优化；即时联通国际市场，减少市场贸易壁垒。① 同时，顾客不再只是被动地面对广告的轰炸，在互联网中完全可以根据自己的喜好或需求去选择并作出购买的决定，而且不受时间和地点的限制，因此具有很大的便利性和自主性。另外，根据《2014 年信息与通信技术》报告统计，截至 2014 年底，全球互联网用户数量高达 30 亿，占全球人口总数的 40%，其中，2/3 的互联网用户来自发展中国家。面对如此庞大的目标客户群体和网络营销不可替代的优势，企业纷纷开展网络营销活动的趋势已然不可阻挡。

然而，网络营销在给企业发展带来新的契机的同时，其自身的局限性和风险性也日趋明显。在我国，许多学者已经对网络营销风险展开了一定的研究，提出了合理进行风险规避的措施。但这些措施基本停留在健全法律法规、企业制度建设、网络基础设施完善等。② 本文在此基础上提出大数据驱动下的网络营销风险管理向风险治理和风险“智”理的转变，强调人与技术的紧密协作，以兼顾风险管理的科学性和合理性。

一 我国网络营销状况

网络营销在我国的发展可以被简单地分为萌芽和应用发展两个阶段。1997 年中国互联网络信息中心的成立，促使我国网络营销进入真正的萌芽阶段，其重要标志包括网络广告的兴起、Email 营销的诞生以及电子商务网站建设的推动等。在这之前，虽然互联网逐渐被企业应用，但其对网络营销的概念和方式非常模糊，效果产生与否取决于偶然因素。在萌芽时期，人们对网络营销开始有了相对理性的认知，为其在实践中的应用奠定了理论基础。进入 21 世纪之后，网络营销在我国进入了实质性的应用发展阶段，主要表现为：网络营销服务市场初步形成，企业网站建设发展迅速，网络广

① 乔睿：《基于网络营销的顾客忠诚度影响因素评价研究》，西安电子科技大学硕士学位论文，2010。

② 陈水芬、吴诗启：《当前企业网络营销风险及其规避措施》，《企业家信息》2011 年第 7 期；王亚男：《浅谈企业网络营销风险及其规避对策》，《企业导报》2012 年第 5 期；吴君、李良：《浅析我国企业网络营销的风险及对策》，《商业现代化》2008 年第 7 期。

告、Email 营销和搜索引擎营销深层次应用，网上销售环境日趋成熟完善等。[①] 目前，我国网络营销具有网民规模全球第一、网络营销推广在企业营销推广渠道中占比第一以及网络营销模式多样化的特点。

（一）网民规模全球第一

截至 2015 年 12 月，我国网民规模达 6.88 亿，互联网普及率达 50.3%（见图 1）。从 2005 年到 2015 年十年的网民数趋势变化中不难发现，我国网民规模整体呈现稳定增长的趋势，其中，2015 年共计新增网民 3951 万人[②]。

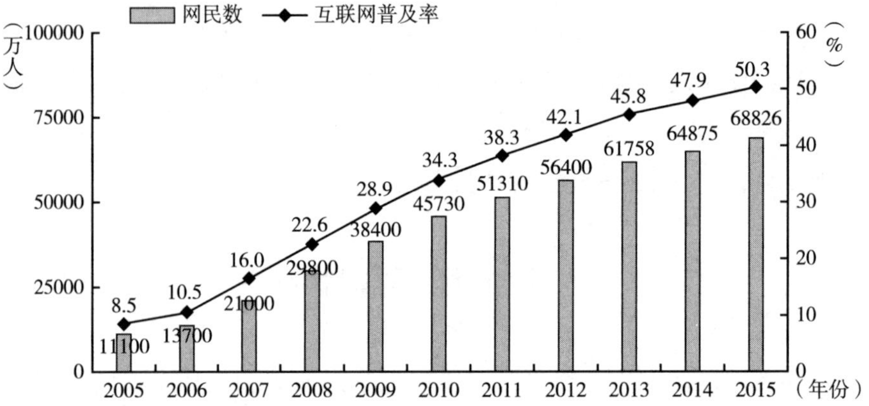

图 1　2005～2015 年中国网民规模和互联网普及率

资料来源：CNNIC 中国互联网络发展状况统计调查。

（二）网络营销推广在企业营销推广渠道中占比第一

目前，企业营销推广的主要渠道包括互联网、户外广告、报纸、杂志、电视、手机、电台等方式。根据中国互联网络信息中心（CNNIC）的统计报告，2015 年全国利用互联网开展营销推广活动的企业占 33.8%（见图 2），在众多推广渠道中，占比第一。可见，网络营销是最受企业欢迎的营

① 赵丽霞：《我国网络营销的现状与发展趋势研究》，《开发研究》2012 年第 4 期。

② 中国互联网络信息中心：《中国互联网络发展状况统计报告》，http://www.cnnic.net.cn/hlwfzyj/hlwxzbg/201601/P020160122469130059846.pdf。

销渠道之一。另外，2015 年开展互联网营销的企业比 2014 年（24.2%）上升了 9.6 个百分点，网络营销市场呈现繁荣发展态势。

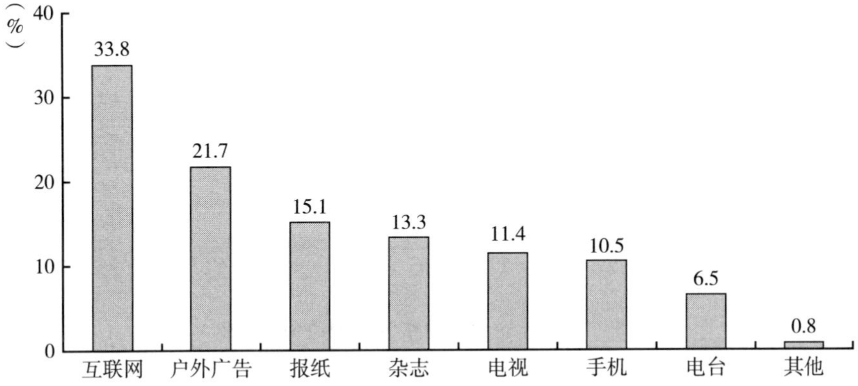

图 2　2015 年企业营销推广渠道使用情况

资料来源：CNNIC 中国企业互联网应用状况调查。

（三）网络营销模式多样化

网络营销模式指一个企业开展网络营销的具体实践操作手段，模式的多样性和丰富性是一个国家或企业网络营销发展状况的重要体现。近年来，随着计算机技术、网络技术和通信技术的快速发展，我国网络营销模式也不断多样化，包括即时聊天工具营销推广、电子商务平台推广、搜索引擎营销推广、电子邮件营销推广、软文营销推广、网站展示型广告、微博营销推广、网络联盟广告、团购类网站营销推广、网络视频贴片广告等十多种。其中，使用即时聊天工具进行营销推广的企业比例高达 64.7%（见图 3），已经超过一半。电子商务、电子邮件、微博等的发展使网络的平台性、开放性、互动性得到了很好的体现，这将为企业在服务和商业模式上的创新带来广阔的空间。

上述种种数据均表明我国网络营销已形成一定的规模，但仍具有很大的发展空间和发展潜力。目前，网络营销受到越来越多企业的青睐，已成为企业经营活动不可或缺的一部分。庞大的网民规模及其不断增长的趋势，也为

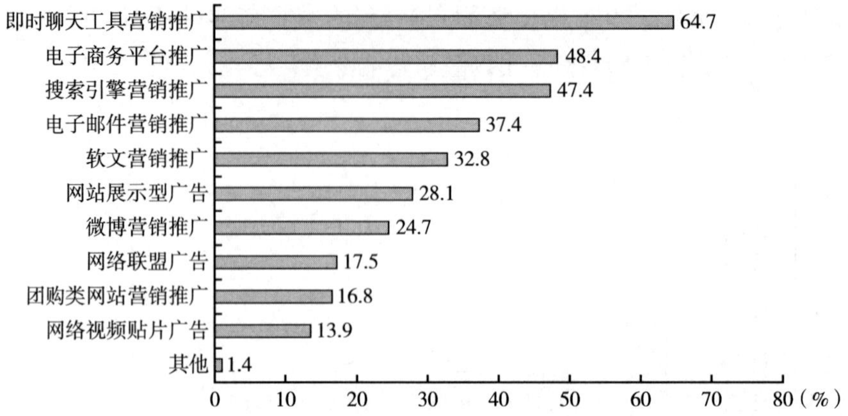

图 3　2015 年企业各网络营销渠道使用比例

资料来源：CNNIC 中国企业互联网应用状况调查。

企业网络营销创造了进一步发展的可能。然而，由于网络天然的虚拟性以及相关法律法规的不完善等，企业在拓展网络营销业务过程中将不可避免地面临多方面的风险，一旦应对不当将引发危机事件，进而导致经济损失和影响企业形象等。因此，对企业网络营销所面临的风险进行识别和有效的应对对企业的健康稳定发展至关重要。

二　网络营销面临的风险

网络营销风险指在网络营销相关的活动过程中，由于各种未知的、无法预料的不确定性因素的影响，导致网络营销的实际收益与预期收益之间产生偏差，从而带来蒙受损失的可能性或不良机会。①

（一）网络营销风险的特点

网络营销风险作为风险的一种，除了具有风险基本的客观性、普遍性、

① 陈水芬、吴诗启：《当前企业网络营销风险及其规避措施》，《企业家信息》2011 年第 7 期；胡占君、金海水：《我国网络营销中的道德问题及其对策》，《中国流通经济》2012 年第 11 期。

损失性、不确定性等特点外，还具有一些新特点，表现为：投机性、可变性、复杂性；与传统营销相比，风险可能性加大，危害程度更大，影响范围更广等。

1. 投机性

由于营销活动本身具有的投机性，网络营销风险在很多情况下属于投机风险，即既存在损失的可能，也存在获利的可能。投机风险的本质是不确定性，而这种不确定性一方面与投机决策的选择密切相关，另一方面也与社会环境的变化紧密相连。但社会环境的变化受到国家政策、经济水平、社会文化等多方面因素的影响，不是个别或几个企业可以制约或控制的。因此，网络营销风险的投机性使其管理在很大程度上依赖于“人”（投机决策者）的管理水平和个人经验，不可避免地增加了控制和规避风险的难度。

2. 可变性

可变性是指在风险治理的过程中各种风险在质和量上会发生变化，随着治理的开展，有的风险得到控制，有的风险会发生并得到处理，同时在治理的每个阶段都可能发生新的风险。

3. 复杂性

以互联网作为信息沟通和传播的平台和途径，使企业的营销活动从主动向消费者进行信息灌输转变为以消费者需求为驱动的营销推广，毫无疑问拉近了企业与顾客之间的距离。但这种消费者对营销活动的“参与性”也增加了企业的风险，使网络营销风险的发生原因、表现形式、影响力等变得复杂多样。就其成因而言，有企业内部的和外部消费者的；有可预测的和不可预测的；有直接的和间接的。此外，由于网络营销模式的多样化、网络营销企业与网民之间的交互性、网民群体构成的复杂性等，网络营销风险所造成的影响呈现极为明显的复杂性。

4. 与传统营销相比，风险可能性加大，危害程度更大，影响范围更广

传统环境中的营销风险除了来自企业内部以外，外部风险主要来源于新闻媒体方。但媒体单位为了保证自身的权威性和对待企业信息的严肃性，会对发布的信息进行严格的审查，通常不会恶意传播谣言。而在网络环境中，

任何一个“普通网民”都是潜在的风险源，一个网络帖子、一段个人微博、一些即时通信群组的讨论等这些往往极具个人偏见的信息都可能给一个企业带来危机。加之网络环境下信息传播的广泛性、即时性、交互性等，使企业没有足够的时间采取措施来应对风险。这种风险一旦得不到有效的控制，将直接影响到企业的形象，给企业造成难以挽回的不良局面。

（二）网络营销风险识别

风险识别是风险管理的第一步，主要内容包括判定存在哪些风险因素、引起这些风险因素的主要原因以及这些风险因素引起的后果及严重程度等问题。营销风险识别指通过对大量来源可靠的营销数据进行系统、科学的分析处理，厘清企业存在的营销风险因素，进一步确定企业面临的潜在风险及其性质，并预测其发展趋势。

营销风险识别的方法有很多种，例如专家会议法、德尔菲法、故障树法、损失统计记录分析法、头脑风暴法等。但每种方法都有局限性，没有一种方法可以穷尽营销的所有风险或导致风险的所有因素，因此在实际应用中依据具体情况综合选择几种方法效果更佳。

对于网络营销而言，有些风险因素是比较明显和容易识别的，但也有些是潜在的和较为隐蔽的，而后者往往也是更为重要的，这就要求风险管理人员必须采取有效的、科学的方法和途径进行识别。此外，企业在开展网络营销活动过程中，受到企业内外种种因素的影响，风险往往是变化无常的：A 风险消除，B 风险出现；C 风险减小，D 风险增大……因此，营销风险管理者须明确地意识到网络营销风险的识别是一个持续不断的过程。

1. 网络营销的风险因素

本文通过对近 15 年来国内学者关于网络营销风险的研究进行文献分析，归纳出网络营销风险产生的因素（见表 1），并对各风险因素在研究中出现的频数进行统计，结果见表 2。

根据表 2 统计结果，明显可以看出目前我国网络营销最突出的风险因素包括三类：技术风险、信用与道德风险、法律风险。

表1　网络营销风险因素归纳

研究者	时间	风险类型
陶勇	2001	技术风险，信用风险，法律风险，商业风险
彭光辉	2004	信息风险，信用风险，法律风险，其他风险
仲岩	2005	市场风险，管理风险，制度风险，技术风险
高军，王睿	2006	安全风险，信用风险，法律风险，物权转移风险，产品识别风险
赵贺民	2007	支付风险，技术风险，信用风险
刘斌，郁阳刚	2007	信用风险，技术风险，法律风险，管理风险
唐俊亮	2007	外部风险（竞争风险、客户风险），内部风险（营销组织、营销人员），技术风险
吴君，李良	2008	支付风险，技术风险，信用风险，法律风险，物权转移风险
陈水芬，吴诗启	2011	技术风险，支付风险，道德风险，物流配送风险，法律风险，客户风险
魏琼杰，袁翊茗	2011	安全风险，技术风险，信用风险，法律风险，物权转移风险，产品识别风险
王群	2013	网络技术与信息安全风险，信用与道德风险，法律法规缺失风险，服务与客户流失风险，物流配送风险
刘蓉	2015	技术风险，市场风险，信用风险，物流风险，制度与管理风险

表2　各风险因素频数统计

风险类型	频数	风险类型	频数
技术风险	9	安全风险	2
信用与道德风险	9	市场风险	2
法律风险	8	产品识别风险	2
管理风险	3	商业风险	1
物权转移风险	3	信息风险	1
支付风险	3	竞争风险	1
物流配送风险	3	营销组织风险	1
客户风险	3	营销人员风险	1
制度风险	2		

（1）技术风险。利用计算机技术、网络技术和通信技术进行信息传播以达到企业的营销目的是网络营销与传统营销最根本的区别，也是其特有的风险因素。技术风险指由于企业网络设施落后、网络技术不成熟和不稳定等问题给交易双方带来的风险。

在网络营销中技术风险表现形式多样，常见的有：上网速度慢、网站崩溃、信息被盗、感染病毒、数据传输出错、黑客攻击等。其中计算机病毒和黑客网络犯罪的后果最为严重。计算机病毒隐藏在计算机中，非专业人员难以发现，并且病毒能够繁殖传播。黑客攻击网站盗取商业机密或个人信息，获取非法经济利益，实施网络犯罪，不仅造成企业或个人的经济损失，而且影响网络用户对网络安全的信任。但也不能忽视诸如上网速度慢、网站崩溃等带来的风险，此类风险一旦造成支付无效等后果，会使网络交易变得混乱，不利于交易双方的沟通，将直接影响到企业网络营销的效益。

（2）信用与道德风险。企业的可持续发展离不开企业良好的信用水平与道德规范。但由于网络营销的很多环节发生于虚拟空间，这就意味着网络营销是建立在交易双方诚信基础上的。而这种诚信机制的失效所带来的风险即成为信用与道德风险。一方面，企业诚信的缺失，会损害企业的声誉和形象，不利于其进一步开展正常的网络营销活动；另一方面，消费者在交易过程中表现出的不自律、不信守承诺等道德问题，也可能给企业带来损失。具体地说，我国网络营销中的信用与道德风险表现为：侵犯隐私权、信息欺诈、数字化产权、信息污染、信息安全等。①

（3）法律风险。网络营销的全球性使营销活动跨越时空，网络营销活动的开展可以发生在不同国家或地区的企业和个人之间。但各国（地区）之间的文化、法律等的差异不可避免地增加了交易过程中冲突发生的可能性，因而成为激发风险的重要因素之一。不仅如此，交易出现纠纷后的司法管辖权问题、应当适用的准据法问题等，又会形成跨国家或地区的营销法律风险。此外，传统法律的实体性要求与网络营销电子商务的虚拟化之间存在冲突，也使网络营销面临一定的法律障碍。

目前，还没有一套完整的法律法规是针对整个网络体系的行为规范。网络营销的主要法律风险包括：合规性法律风险、知识产权保护法律风险、电子合同法律风险、电子支付法律风险、网络消费者知情权益保护法律风险、网络消费者隐私权保护法律风险、经营者法律意识淡薄及监管制度不全等。②

① 胡占君、金海水：《我国网络营销中的道德问题及其对策》，《中国流通经济》2012 年第 11 期。

② 中国互联网络信息中心：《中国互联网络发展状况统计报告》，http：//www. cnnic. net. cn/hlwfzyj/hlwxzbg/201601/P020160122469130059846. pdf。

2. 网络营销风险产生的原因

网络营销风险的存在是企业开展网络营销活动并取得期望效益的关键制约因素，分析风险产生的原因有利于加强企业对网络营销风险的认识，从而为规避风险提供重要依据。本文从环境因素和内部成因两个方面讨论网络营销风险产生的原因。

（1）环境因素。危害网络营销的环境因素主要包括法律环境和网络环境两个方面。

一方面，网络营销法律环境（即相关的法律法规问题）不完善是导致网络营销风险的重要原因。首先，与传统营销相比，网络市场的虚拟性使许多原有的市场监督机制不再适用，造成市场监管机制不健全。其次，网络营销发展速度快，与之配套的法律法规建设跟不上步伐，造成众多法律空缺，形成风险隐患。

另一方面，网络环境中的信息不对称问题也为网络营销活动的有效开展带来了很大的风险。网络世界是一个“虚拟世界”，企业和消费者之间的信息是不对称的，这种不对称经过网络进一步放大，为一些企业“弄虚作假”提供了短期内“赚取暴利”的机会。如果企业禁不起诱惑，极有可能做出损害网络营销长期发展的选择，损人不利己。因此，网络空间不可避免的信息不对称是网络营销风险尤其是道德风险的又一重要来源。

（2）内部因素。对于我国许多开展网络营销的企业而言，自身因素是导致网络营销风险的重要原因。其一，企业对网络软硬件安全防护的重视不够。根据 CNNIC 的调查统计，截至 2015 年 12 月，在我国仅有 17.1% 的企业部署了软硬件集成防护系统。先进技术、创新应用的不断发展虽然有助于推动互联网的快速发展，但同时也导致了危害网络安全的新兴攻击软件频繁出现，整体网络安全形势日趋紧迫。

其二，网络营销中企业过度追求高效性和经济性，对网络营销过程中现实的和潜在的风险认知、预估不足。企业在经营过程中追求利益最大化的动机往往会导致企业注重短期行为，而忽略长远发展。企业的风险管理是一项成本高、见效慢的投资，因为风险只有达到一定的积累或在特定的条件触发下才会转化为企业的损失事件。大多数情况下，例如道德风险，在短期内对企业的危害不会明显显露，因此常常被企业忽略或得不到应有的关注，但一旦风险发生，企业在应对时又显得措手不及。

其三，营销主体经验和能力的局限性。营销活动是复杂的经营活动，是企业为了满足一定目标市场的需求而发现、创造和交付价值的过程。网络营销借助互联网实现营销目标，涉及很多方面，包括市场需求分析、营销预算、选择营销方式和推广产品、销售等，每个环节都存在许多不确定性因素。加之营销主体的互联网技术不高、专业性不够，截至2015年12月，有24.4%的企业设置了专职团队，负责互联网相关的运维、开发或电子商务、网络营销工作。在虚拟的网络环境中，营销主体由于经验和能力的局限性，对风险的生成、发展和后果没有充分的认知和把握，或虽意识到风险存在但缺乏有效的防范和应对能力，从而酿成损失。另外，营销主体责任心不够，从而降低对工作质量的要求，也会带来风险和损失。

三　网络营销风险“智”理

德国著名社会学家乌尔里希·贝克在《风险社会》一书中反复强调，风险是发展的副产品。风险与发展相伴而生，工业发展须承担破坏自然的风险，网络营销活动的开展同样不可避免地要承担技术、法律、道德等风险。风险得不到有效控制就会转化为风险损失，因而风险管理已经成为企业管理中不可或缺的战略主题，其重要性也在逐步提高。

网络营销风险管理指企业识别和评估网络营销风险，并采取措施进行风险预测、监控和反馈的全部过程。[①] 而主导这一切活动的主体为企业，可见，网络营销风险管理是以企业为中心的一元主体思维模式，强调企业在应对网络营销危机中的预防和管控。随着专家学者对网络营销风险因素分析的深入，如上文所述企业意识到法律法规、网络技术等风险成因，网络营销风险管理向网络营销风险治理转变。为了有效地规避风险，除了企业需要内部

① 高军、王睿：《试论企业网络营销风险管理体系的建立》，《现代管理科学》2007年第4期。

制度建设和预防机制外，政府也应发挥其宏观调控的作用，完善国家宏观管理体制，健全法律法规，成立政府支持下的信用评级机构。① 因此，网络营销风险治理是政府与社会各利益方等多元主体共同治理的思维模式，强调协同治理。目前，在大数据技术的驱动下，网络营销风险管理变得更加积极主动，风险治理正向风险“智”理转变。

网络营销风险“智”理指在大数据驱动下的组织、人员、信息、资源等全要素共同治理的思维模式，强调整体治理。大数据通过对看似没有任何价值的碎片化信息、非结构化数据进行挖掘、梳理，开发其利用价值，一方面有助于网络营销风险及危机预测；另一方面可以辅助网络营销风险危机事件处置，提升企业风险应对能力。但技术始终是工具，主导网络营销风险管理的核心依然是“人”，因此，提高“人”对大数据这一工具的认知和运用能力至关重要。

（一）大数据助力网络营销风险及危机预测

在网络营销活动中，风险因素多达十几种，造成风险管理繁杂多变的情况，仅仅依靠管理者经验决策、企业或政府信息压制、权力命令等传统手段很难达到满意的效果。大数据对各种多源异构数据的搜集、分析和处理能力是风险预测能力不足的极好补充。风险预测要求监测风险点和危机源，大数据从海量信息中筛选、梳理出那些关键的信息线索，在相关关系分析的基础上，进行合理、科学的预测。

（二）大数据辅助网络营销风险危机事件处置

西蒙的有限理性理论表明，多种外部因素如信息掌握情况、认知水平以及时间限制等对决策者的决策产生影响，这种影响迫使他们在风险事件应对中选择相对“令人满意”的方案，而不是最优方案。在网络营销风险或危机处理中，大数据可以通过对总体数据而不是样本数据的统计分析查找风险

① 陈水芬、吴诗启：《当前企业网络营销风险及其规避措施》，《企业家信息》2011 年第 7 期；王亚男：《浅谈企业网络营销风险及其规避对策》，《企业导报》2012 年第 5 期；吴君、李良：《浅析我国企业网络营销的风险及对策》，《商业现代化》2008 年第 7 期。

突发事件的关键要素，从而对这些要素进行进一步的干预和控制，使决策更加科学，风险应对更加快捷有效。

（三）“大数据+”的网络营销风险“智”理中，应重视人的地位

大数据分析是工具理性，提供的只能是参考依据，应当避免出现技术决定论的状态。尤其是大数据在风险管理的应用过程中，由于风险应对多数情况下是在解决对相关方（企业或消费者）的危害或损失问题，人的价值理性在数据分析的方向确定中起着不可替代的作用。只有人与技术的紧密协作，才能兼顾管理的科学性和合理性。但目前我国企业中还没有建立起完备的技术人才体系，大数据相关的人才也比较匮乏，企业对大数据的应用还比较少。根据CNNIC的数据统计，截至2015年12月，采用大数据的企业只占12.6%。[①] 因此，与时俱进的新技术培训对构建大数据网络营销风险管理平台是必要的。

① 中国互联网络信息中心：《中国互联网络发展状况统计报告》，http://www.cnnic.net.cn/hlwfzyj/hlwxzbg/201601/P020160122469130059846.pdf。

网络众包模式组织机制设计及其风险考量

黄 金　迟 菲　郭晓蕊　陈 安*

摘　要： 对众包模式的深入研究和探索，有助于中国企业更好地运用该模式进行创新。本文通过对企业实践案例分析，归纳总结出众包模式的组织结构规律。首先，本文分析了众包与外包和威客相比的特点；其次，按照网络社区的成员完成任务是否需要协作将众包分为单独任务型众包和协作任务型众包，并分析了每个类型众包的特点；再次，深入研究众包模式的组织机制，总结出企业端和网络社区端各自不同的特点；最后，经过深入研究协作型众包的特点，对企业端提出强专业弱管理的扁平化组织结构的构想，对网络社区端提出优质内容和人才沉淀的管理激励机制。

关键词： 众包　协作　网络社区　组织设计

众包（crowdsourcing）是指一个公司或机构把过去由员工执行的工作任务，以自由自愿的形式外包给大众网络用户的做法，这种做法实质上是依托互联网技术的一种分布式的问题解决和生产模式，具有低成本生产、联动潜

* 黄金，北京中网易秀科技有限公司职员，主要研究方向为移动互联网；迟菲，中国科学院科技战略咨询研究院、中国科学院大学研究人员，主要研究方向为风险与应急管理、管理机制设计；郭晓蕊，首都师范大学硕士研究生；陈安，中国科学院科技战略咨询研究院研究员、中国科学院大学教授。

在生产资源、提高生产效率，以及满足用户个性化需求等优势，是一种由互联网技术带来的新的生产组织形式和商业模式。

众包是基于互联网技术的兴起而诞生的，作为一种分布式的问题解决和生产模式，在互联网发达的美国，已经被众多企业当作企业创新的一种手段或方式，如世界500强的知名公司宝洁成立创新中心，通过网络社区，向大众公开自己的研发课题，寻求外援，获得意外的惊喜；宝马汽车在德国开设了客户创新实验室，为用户提供在线的工具帮助他们参与宝马汽车的设计；乐高公司鼓励和资助用户们参与公司的各项设计任务，从机器人操纵系统到积木套装产品，也收到意想不到的效果；网络零售巨头亚马逊推出了提供众包服务的平台 Mechanical Turk，企业用户和个人用户可以通过完成某项工作获得报酬，取得不俗的效果。可见，这些公司都在生产或设计的部分环节或阶段采用了众包模式，并获得了相当大的成功。目前在中国，不少企业已经在开始实践众包模式，如最早的中国创新激励中心（EvoCentive）、中搜网、猪八戒网、智慧岛等，为行业工作者搭建一个展示自身能力、通过专业技能获得收入的平台。

但这些实践大多局限于解决单人独立任务型的工作任务，如为企业产品设计广告词、为产品设计一个好的商标、解答一个难题等单项单人工作任务，并通过悬赏、招标等方式实现。而在需要协作的大型工作任务，尤其在需要多人协作任务型的众包模式中，如翻译一本外文大部头书籍、给一部外文电视剧加字幕、一个基于众包模式的互联网产品等任务，这方面的研究和实践都相对较少，而这种模式是众包中最有潜力、最有效用的运行模式。近年来有不少公司开始实践这类众包模式，如小米公司、译言网等。这种模式的核心是需要一套相应的组织机制设计来保证其落地，因此，如何设计该组织机制尤为重要，可以说，组织机制设计的好坏，直接决定了多人协作任务型众包模式的成败。在大型需要协作的任务型众包模式中，如何将该商业模式落地化、实用化、可操作化，尤其是在该模式下如何设计一套有效的组织结构、管控机制来保证该模式的实施，是一个值得深入研究的课题。

目前国内外在众包方面的研究，主要集中在以下两个方面：一方面集中于众包模式在不同领域的应用方面[①]；另一方面是对众包模式理论方面的探索[②]。在对众包模式理论的探索方面，目前尚未有关于众包模式组织机制设计的研究，众包涉及企业端的组织以及网络大众的组织方面，良好的组织机制会有利于众包模式为企业发挥更大的价值。

本文通过文献研究对众包模式的原理、背景、运行过程、机制进行梳理，对比分析与众包模式相似的外包、威客的优劣势，根据协作的程度对众包模式提出新的分类。在研究了需要协作的众包案例的组织设计机制后，提出了众包模式在企业端和网络社区端的组织机制设计构想。

一　网络众包的特点

众包是指一个公司或机构把过去由员工执行的工作任务，以自由自愿的形式外包给大众网络用户的做法。与传统的外包以及威客相比，众包有以下特点。

（一）众包和外包相比的特点

外包是指企业动态地配置自身和其他企业的功能与服务，并利用企业外部的资源为企业内部的生产和经营服务。

外包一般是企业雇用外部公司人员为其提供服务，是公司和公司的合作行为，而众包是从外部网络社区吸引人才的参与，主要是公司和外部人员的合作行为。

外包强调的是大规模的、专业化的生产，众包强调的是长尾的、业余的

① 肖岚、高长春：《“众包”改变企业创新模式》，《上海经济研究》2010年第3期；刘苏：《专业服务众包模式应用研究》，北京工业大学硕士学位论文，2011。

② 魏拴成：《众包的理念以及我国企业众包商业模式设计》，《技术经济与管理研究》2010年第1期；张鹏、鲁若愚：《众包式创新激励机制研究——基于委托代理理论》，《技术经济与管理研究》2012年第6期；张晓霞：《众包与外包商业模式比较及其启示》，《商业时代》2010年第16期；Brabham D. C.，“Moving the Crowd at Threadless：Motivations for Participation in a Crowdsourcing Application”，*Information*，*Communication & Society*，13（8），2010：1122-1145。

基于兴趣的创新。

另外，二者在具体的行为方面也有区别。在外包过程中，出于降低成本的考虑，企业将非核心业务委派给外部的专业公司，所以外包业务存在明确的承包方。而采用众包模式的企业，会将一些核心业务，比如重要产品的设计，或是关键技术的开发，委托给并不明确的个体。与外包相比，众包通常能够节省更多的企业成本。更重要的是，众包能够带来企业自身资源无法产生的核心顾客价值，以及全新的营销理念。

最后，从企业边界角度来说，外包仅仅模糊了价值创造过程中的企业边界，而众包则是彻底打破了企业与环境、生产者与消费者、制造与销售等不同领域间的障碍。众包模式对企业的帮助，绝非仅限于其在价值创造中的作用。外包模式只是把非核心业务外包出去，一般而言，自己的核心业务是不可能外包的。众包实现的突破就在这里，它可以把核心业务也外包出去，如宝洁的研发技术众包，通过项目分切的机制设计，既可以把核心业务外包，也不用担心机密的外泄，达到全方位的外包。关于二者的区别，对比如表 1。

表 1　众包和外包的区别

模式	实施对象	动机	产生类型	任务	关系
众包	对网络大众	创新	长尾	有核心任务	兴趣
外包	对公司	降低成本	大规模	非核心任务	合同

特别地，众包和开源的不同之处也简要说明一下，开源是一种通过公众志愿地开创和进行合作性的行为活动，而众包中的行为活动是由某个客户提出，并且以个人或小组为基础来进行的。另外，开源和众包的不同点在于参与者的动机不同：开源参与者通常出于反垄断动机，利用自身的技术能力参与项目的完善、扩展或推广，为自己和社会提供可资利用的免费的软件资源；众包参与者则通常是看重项目的实用性或公益性，甘愿为项目付出自己的智慧或劳动，使项目日臻丰富和完善，从而使自己从项目中直接或间接受益，有时这种受益表现为项目方的各种奖励或经济回报。

（二）众包和威客相比的特点

威客是将人的知识、智慧、经验、技能通过互联网转换成实际收益的互联网新模式。[①] 威客理论提出，用悬赏模式应对低端任务，用招标模式应对中高端任务，为每个威客开辟个人空间进行能力展示和智力作品买卖，对每个任务发布者和威客进行信用评级，通过支付宝进行支付保护。

从本质来讲，威客是众包模式的一种具体应用形式。国内的威客网站，如猪八戒、K68 等都属于众包概念的范畴，属于众包模式的初级阶段，目前国内的一些威客网站，还停留在悬赏阶段，通过威客平台，能在更大的范围内寻找到能完成任务的人，但这些人之间没有互相协作。

两者区别对比如表 2 所示。

表 2　众包和威客的对比

模式	导向	过程持续	收益	适合类型
众包	兴趣	较长	长期收益	可虚拟项目
威客	利益	短暂	短期回报	创意项目

如表 2 所示，众包和威客的区别在于，威客是基于利益导向的，从一开始就强调完成怎样的任务获得怎样的收益，过程更短暂，获得的收益也是短期获取，追求的层次也比较低。而众包是基于兴趣导向的，是对某个领域感兴趣并投入其中之后开始创造商业价值，过程会延续比较长，并且获得的是长期收益，思维层面上更开放。

二　网络众包模式的分类

现有研究对众包的模式有多种分法，如有按免费模式、用户制作内容模式、悬赏解决难题模式、网络社区的内循环生态模式等，也有按集体智能、大众创造、大众投票、大众集资等类型来分。

① 刘锋：《威客的商业模式分析》，中国科学院研究生院硕士学位论文，2006。

本文按照是否需要协作的原则，将众包分为单独任务型和协作任务型两个类型。

（一）单独任务型众包

单独任务型众包是指众包的任务是一个独立完整的任务，不需要多人协作，由承包方凭借自身一个人的能力和智慧即可完成，这种类型的众包是最常见的，如目前的大部分现金悬赏任务众包模式就是这种类型，通过任务发布者发布任务、全额预付现金给众包平台网站、众多网络社区承包人参与任务、任务奖金支付给作品最好的一名承包人等几个步骤即可完成众包。

这种类型的众包模式应用范围主要在生活领域、简单在线工作、创意等，如征名、广告语、知识问答等类型。

这类众包模式需要明确任务，设计好公平公开的评选标准，给承包人合理的激励。

对于这类众包模式，需要在公司端设计对接网络社区大众的分包、发包、收包、合包等部门。

（二）协作任务型众包

协作任务型众包是指众包的任务是一项系统任务，单独一个人没有办法完成，或者单人完成所需的时间不能接受，或者单人完成的仅是一个半成品，需要网络社区中的众多人员一起协作完成，由公司发包方先分包，将任务分解，承包的每个人完成自己的一部分后，由公司进行汇总、升华。这种模式是由公司的组织形式对应网络社区的组织形式，能在更大范围内协作，调动网络资源，完成更为大型的任务，创造更大的社会价值、经济价值。

这种类型的众包模式应用范围主要在系统工作、复杂任务，如大型软件、大型书籍翻译、大数据收集等一个人明显不能完成，或一个人完成明显成效不高，需要集众人智慧完成的工作和任务。

这类众包模式的组织设计核心包括三个方面：第一，公司端对接网络大众的接口部分需要设计合理的组织机制对接网络社区组织，做好分包、发包、收包、合包的工作；第二，要对网络社区大众端做引导激励机制，让大众有效地完成协作任务；第三，企业端自身的组织结构需要根据众包模式进行梳理和调整，只有降低决策中心、提升运行效率，才能支持众包模式下业务快速运行的特点。

三 协作型众包模式的组织机制设计

（一）协作型众包模式的组织机制设计的必要性分析

众包作为基于互联网技术兴起的并行生产方式，在公司端通过分包、发包、收包、合包等几个步骤来完成任务。网络社区的大众通过接包、执行、回包等几个步骤来完成生产。

在组织中，横向的分工产生了供研产销等各个职能部门，横向的合工产生了流程。纵向的分工产生了总经理、部门经理、员工等科层级别，纵向的合工产生了权力分配和沟通机制。横向和纵向组合起来，形成了组织的职能、层级、流程、权限分配等，构成了可以正常运行的组织。

企业在可虚拟的生产环节采用众包模式进行生产，包括分包、发包、收包、合包。在这过程中，分包是企业将任务拆分成网络社区大众可以接受的小任务，任务的颗粒大小决定了社区网络大众是单独完成，还是需要协作完成。一般来说，公司端的分包越细，越利于网络大众独立完成，但会造成收包和合包的工作量增大，由于核心工作由公司端完成，因此比较容易控制风险。分包的颗粒较大，就需要网络大众中能力较高的人来完成，或者由几人协作完成，企业端会减轻收包和合包的工作量；但任务颗粒大，主要工作由网络大众完成，会增加公司的控制风险。因此，公司必须评估工作的重要性和风险性，针对分包、收包、合包的工作量和众包的效果设置公司端对接社区大众的组织结构，在这个组织设计中，要有对应的分包、发包、收包、审核包、合包等部门，并承担相应职责。

互联网不仅是一种信息工具，也是一种信息分享、直接沟通、快速改进的概念和生产方式，因此，对于采用众包来展开生产的企业，如果仅仅把众包当作一种工具、一个项目，而不去根据众包的思想进行企业组织结构的重新梳理和设计，是不能最大化地获取众包这种具有变革性的生产模式带来的好处的。比如，实行众包模式的企业层级过多，由众包模式获取的市场端的商机经由企业层层汇报决策，必然贻误商机。因此，对于实行众包模式的企业根据互联网的生产方式来重新对组织机制进行设计和更新就尤为重要。

企业可采用第三方平台实施众包，也可以通过企业自建网络社区来实现众包，如果采用第三方平台，则相对简单，网络端的组织、运行机制均由第三方完成。如果企业足够大，并且是基于互联网构建的公司，如小米公司、搜狗公司、译言网等，一般会自建网络社区，因此对于网络社区的运行机制设计和管理就必须重视，因为这是实施众包的基础，没有大量网络大众的参与，众包就不可能产生其跨地域、跨行业的并行生产优势。

基于以上分析可以看出，企业采用众包模式，如果没有根据自身的组织特点和众包的具体内容来设计、更新其组织机制，是很难取得成功的，因此对于企业实施众包模式而言，组织机制设计是关键的一环。

（二）协作型众包模式的组织机制设计

对于协作型众包模式的组织机制设计，关键有以下两点。

一个是网络协作机制的完善，既要保证最大的灵活性，又要保证最高的效率，听起来这是一对矛盾体，但在网络时代，这是可以办到的。另一个关键点是组织结构的改变。传统的组织有固定的边界和内部结构，但在“众包”中，这两者都更加模糊化和不确定。“众包”要随时面对变化，不但包括任务执行者的流动性，还包括内外部职能的不断调整变化。某个时刻，这个职能还是外部职能，但下一个时刻就可能变成内部职能了，反之亦然。在这类众包模式中，匹配的社区 CRM（用户管理系统）和合理的信用机制至关重要。

如果众包概念明确地定义在“征集者给出具体任务包，由大众分解完成”，那么，众包模式很难具备商业模式应该具备的稳定性、持续性、扩张性。这样的“众包”，在特定一些领域里才有可能出现，同时还必须辅以需求发起方或组织方给出的强需求、强框架。更多时候，“众包”很难独立存在，需要依托一个更大的、有别的收入来源的平台、社区来凝聚用户，继而让它们“顺便”地完成众包任务。

从以上分析可以看出，如果按照单独任务型众包模式，将一项工作广撒网式地、不加选择地交给很多人做，的确可以降低生产成本，但同时也提高了选择成本。而协作型众包模式通过对网络社区大众的有效组织和筛选，通过技术、专业手段去挑选参与工作的人，实现一种专业的集聚方式，使有专业素养的人有效浮现、聚拢。同时，在公司端设计一套与之配套的组织机制，让众包变成一种有层级架构的“众包”，而非单一层面海量的“众包”。

1. 企业与网络社区对接的组织设计

企业通过网络社区实现众包，必然要设计对接的基本组织结构，实现众包的执行，包括分包机构、收（审）包机构、合包机构，具体如图 1 所示。

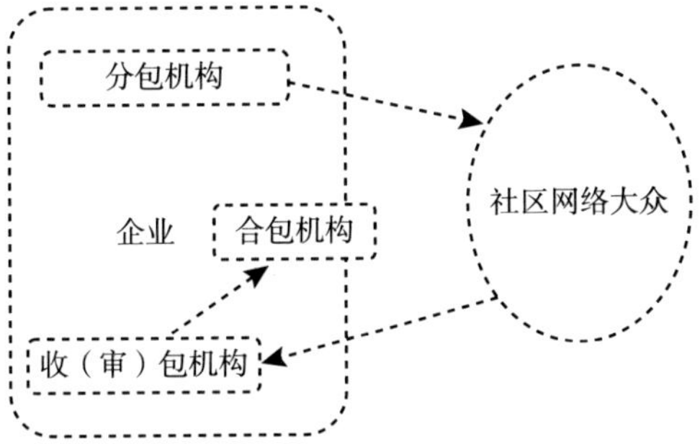

图 1　企业端对接众包模式的组织机制设计

如图 1 所示，分包机构：对于协作型众包，由于任务是一个大型、多人任务，需要由网络社区的大众一起协作完成，因此，众包执行的第一步，是公司的分包机构要将任务分解成尽可能小的任务，让每个小任务简单、易于理解和操作，这种分包能保证任务的本质够简单，因为大众太多样化了，只有这样将任务简单明了，才能调动大众的积极性，提高参与率，最终保质保量地完成并解决任务。

收（审）包机构：由于发包的公司将任务分解得尽可能小，因此，任务数量必然就会大大增加，当这些任务完成之后，如何将这些任务收集起来，也是一项艰难的任务，同时，还要对这些任务进行审核、评分，确保其能达到要求。另外，对于一些非一次性的任务，还需要对任务进行不定时的抽检和年检，确保任务在不断更新的过程中不会出现新的问题和谬误。

合包机构：既然将大任务分解成小任务，就必然要将完成的小任务合起来，还原成大任务解决方案，这个在开源软件项目 linux 中，负责将代码串起来，形成完整软件的社区领袖就是合包机构。

这三个职能机构是所有要采用众包模式的企业必不可少的部门，企业可以用一个部门实现这些职能，也可以用不同的部门实现，并配以相应的流程机制，保证分包、发包、收包、审包、合包这一系列的众包模式的顺畅实施。

2. 企业端适配众包模式的组织机制设计

企业实施众包模式，设计对接网络社区的各个部门仅仅是一个基础，如果公司整体不根据互联网的思路进行调整，没有支撑众包的快速响应的组织机制设计，众包模式就不可能取得很好的效果。因此，采用众包模式的公司应该对研发、营销等部门和相关流程做相应的适配，设计扁平化组织结构来适应众包模式的生产方式。

传统的公司组织结构有直线职能制、事业部制、矩阵制，而针对协作型众包模式的公司端的组织机制设计，更偏向于强专业、弱管理的扁平化组织结构。

作为现代企业组织结构中一个比较新的组织形式，扁平化组织结构打破了现有组织结构内部的层级联系、纵向联系、横向联系，降低了管理中心，给予一线的工作人员更大的主动权，极大地提升了企业响应市场的能力和决策效率，在一定程度上减少了管理失误，也降低了企业的经营成本。

从扁平化组织产生的原因来看，信息技术的迅速发展是最根本的原因，企业组织面对市场环境的瞬息万变，必须做出快速反应和迅速决策以保持企业的竞争优势。组织结构的扁平化无疑增强了组织快速反应的能力。在协作型众包模式下，企业对接的是成千上万的专业网络社区大众，必须有一个快速反应的机制来收集和过滤各类信息。

如图 2 所示，扁平化的组织结构能有效支持基于互联网技术的众包模式，将决策权下放，快速响应网络社区大众的需求和反馈，最大效用地利用社区大众的智慧。如在研发环节，将研发的主题拆解成许多功能模块，每个模块都由几个研发工程师负责，这些工程师通过以上发包、收包、合包的方式，与网络社区大众进行沟通，获取反馈信息，对产品快速做出改进。在这样的研发小组中，不设组长，各个工程师是配合关系、是一个网状结构关系，大家共同将这个模块打造好。在研发小组之上，直接由总监管理，这样，建立一个强专业、弱管理的扁平化的研发团队的组织结构，就避免了传统的工程师、研发经理、研发总监等层层的管理沟通，提升了效率。同样，在营销和客服环节也可以采取类似的方法。

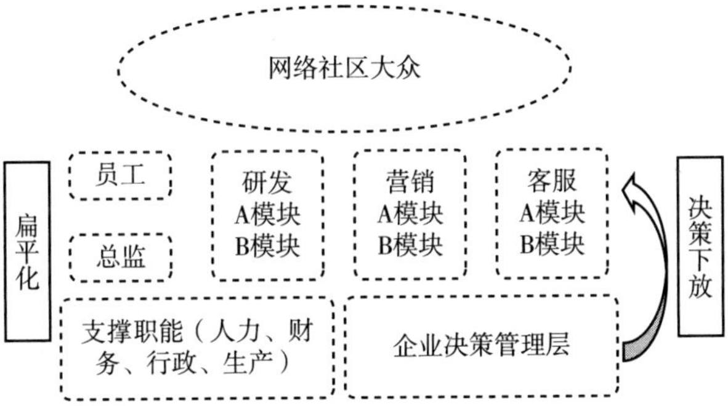

图 2　企业端适配众包模式的组织机制设计

3. 网络社区端的组织机制设计

网络社区的组织结构是变化的，一般会有自成长现象，从一个网络社区组建、汇集人群的离散状态逐步向自发组织进化，最后进化为有意见领袖的团体群落。对于协作型众包任务，任务会分配给网络社区大众，意见领袖对于任务的协作、完成会起到至关重要的作用。

以上演变过程可用图 3 来表示，小星星表示因一个大目标聚集的网络社区大众，一开始是离散状态的，经过一段时间的相互了解，演变成自组织的社区网络，相同兴趣和目标的大众聚集在一起，形成小圈子。在这个过程中，由于有成员能力较强，在圈子中逐渐形成影响力，最后，这个圈子演变成有意见领袖（大星星表示）组织的社区网络，意见领袖会极大地影响相应网络社区大众的看法和意见。

社区领袖的形成机制。要做一个成功的众包项目，最核心的部分必须有一个一定数量的、活跃的社区，而对于协作型众包模式，社区大众的自我组

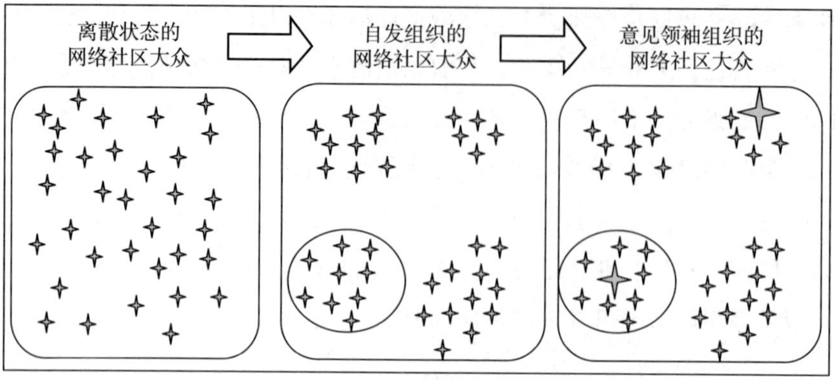

图3　社区网络机制设计

织是很难形成高效的团队完成任务的，大众会按照自己的能力和兴趣，完成自身领到的任务，但由于每个人的能力和对要求的理解不一致，就会造成任务完成质量参差不齐。

而在实践中也可以看到，最成功的众包都是由大众和指导他们的某几个人合作完成的，这种模式在开源软件项目中比较常见。

因为大众也是需要方向、标准和指引的，需要指明方向、答疑解惑的，这些指导大众的人是由大众自发选出的志愿者或是自发形成的领袖。这些人将注意力放在集体上，指导和鼓舞大众，指明方向，避免人云亦云的错误。

这些社区领袖可以是在社区运行过程中自然形成的，也可由公司发包方聘请高手，入驻社区，对大众进行指导。

针对网络社区的组织动态的、自发进化的特点，需要有一定的机制来保障任务的完成，其中，最重要的就是，优质内容和人才的自然沉淀机制。

由于一般网络社区的数量都是海量的，按照史特金定律，任何事物，其中90%都是垃圾，为了找出那有效的10%，就需要设计一套自然淘汰劣质内容、沉淀优质内容和人才的机制。众包的工作特点是处理数量庞大的提交内容，通过设计民主的方法评价机制，把内容的好与坏、承包人的好与坏交给大众去评判，建立对人和事的打分机制，对于打分高的人和事物，网络社区自动会将该内容凸显出来，进而就可以从中发现好的事物和优秀的人才。

4. 社区大众的激励问题

不同于外包的专业盈利导向，众包是基于兴趣导向的，要激励大众，必须深入了解大众的参与动机。每个承包人的动机是不一样的，有的为了个人荣誉，有的纯粹出于兴趣，有的为了提高技能，有的为了提升品牌、在其他方面盈利，当然，有的就是直接为了物质层面的报酬，因此，对于承包方的激励可分为两种：精神层面和物质层面。

精神层面激励的方法有很多种，本文认为，可以用于众包模式的精神层面激励的方法主要包括以下几种类型。①个人展示差异化激励。通过荣誉激励的主要手段还是积分和等级体系，关键是要做到不同积分等级用户的前台页面个人展示形式及特权的差异化。有对比，有差距感，用户才有成为顶层的动力和上升到高级别之后的优越感。②特权差异化。简单地说，就是向高等级的用户开放普通用户所不具有的一些权限，给人一种等级上的对比，激起用户往更高级别奋斗的动力。③专家认证，提供专家圈子的功能。一方面，组建活跃用户官方专家组，并严格限制加入者的门槛，形成一种专家组的身份象征和努力冲动感；另一方面，开放用户自发组成民间专家组的功能，并宣传某些活跃圈子，形成专家组的集体成就感，通过良好的圈子互动来保持用户的贡献激情。然而，精神激励的效果会随着时间、竞争环境的加剧而被稀释，仅凭精神激励，知识贡献者可能缺乏自律意识和自我修改动力。精神激励也缺乏与其他众包管理手段的联动能力。众包并不意味着对系统完全的放任，也需要一套包括协作、决策、引导、激励、规范的管理体系，这一体系中的所有层面和维度都必然是互相联系而不可分割的。

物质层面的激励包括：可以给予承包者一定酬劳，具体可以采取直接分成、积累积分兑现、股份等多种形式。如译言网采用支付稿酬和版税制的方式，目的是提高译者们的收入，更好地激励任务的承接方。

四　结论

目前，国内外关于众包的研究资料较少，在众包的实际应用中探讨组织机制设计方面的公开文献也相对较少。但不论是在中国，还是在国外，对于偏协作型众包的应用，企业界已经取得不少成果，为我们的研究留下可参照的案例，分析这些案例，包括小米手机、搜狗拼音、《失控》的翻译、众包地图等实践案例，我们总结出协作型众包实践案例的一些规律。本文从是否需要协作出发将众包模式分成单独任务型众包和协作任务型众包，这样的分类更好地揭示了众包这种并行生产模式的协作特性，也更好地聚焦了要将众包模式大规模应用在现代社会的生产中，前提是必须处理好网络大众之间的协作关系。本文还归纳总结协作型众包模式的组织机制特点，包括公司端的组织机制、公司对接网络大众的组织机制和网络社区网络端的组织机制。本文还进一步提出企业与网络社区对接的组织机制设计的建议，包括公司端要针对互联网众包商业模式设计强专业弱管理的扁平化组织结构的建议，还提出在网络社区端形成意见领袖群落组织机制建议，并提出需要设置优质内容和人才沉淀的管理激励机制。通过这些建议，可以让这套基于协作型众包的组织机制设计方法促进企事业单位更好地运用众包模式提升效率，这对于推动我国企业在运用挖掘网络社区资源这一个巨大的宝藏、提升企业创新水平、提高网络资源运用效率等方面具有一定的启发意义和参考价值。

海外风险治理

国际合作反恐应对机制现状分析与对策建议

曹　杰　黄纪心　温金洋　陈　安*

摘　要： 恐怖主义威胁着国家安全和地区稳定。本文以国际反恐合作为主题，从国际反恐形势、国际反恐应对机制、恐怖袭击事件分析和对策建议四个方面对国际反恐合作进行分析，提出当前国际反恐中存在的问题并分析其原因。反恐合作不仅要加强区域间的交流与演习，更要建立国际反恐合作机制，并建立健全国际反恐法律法规，保障国际反恐合作依法合规进行。

关键词： 恐怖主义　国际合作　机制建设

一　国际反恐形势：恐怖主义现状与特点

1. 国际恐怖主义现状

近年来，中东地区的战事不断升级，地区混乱局势加剧。从阿富汗战争、伊拉克战争、利比亚战争再到如今的叙利亚动乱，中东的稳定秩序已然

* 曹杰，河南理工大学安全与应急管理研究中心、浙江越秀外国语学院研究人员；黄纪心、温金洋，河南理工大学安全与应急管理研究中心研究人员；陈安，中国科学院科技战略咨询研究院研究员、中国科学院大学教授。

崩溃。与此同时，恐怖主义却日益发展壮大。随着美军撤离伊拉克，以及对中东的军事干预日渐减弱，中东的恐怖活动日益猖獗，以“基地”组织和“伊斯兰国”为主的两大恐怖组织制造了多起恐怖袭击，造成了大量无辜平民的伤亡。其中“伊斯兰国”恐怖组织的发展速度惊人，其地区影响力已经超越了“基地”组织。不可否认，作为恐怖主义代表的“基地”组织随着本·拉登被击毙以及多名主要骨干被美军消灭，其整体的实力受到了巨大打击。而原先作为“基地”组织伊拉克分支的“伊斯兰国”却逐步发展壮大，这也就是后来的“伊拉克和黎凡特伊斯兰国”（ISIL），亦即“伊拉克和大叙利亚伊斯兰国”（ISIS）。除此之外，还有如“埃塔”西班牙恐怖组织、爱尔兰共和军、意大利“红色旅”、秘鲁“光辉道路”、中国的藏独和疆独分子等，全球都在面临着恐怖主义，由于宗教、不同势力的支持、恐怖组织的暴力威胁等因素，恐怖主义一直难以被完全消除。“9·11”事件以来，每年死于恐怖袭击的人数不断增加，使人们更加要求采取有效的措施防范和打击恐怖主义。

2. 国内外研究现状

由于恐怖袭击一直以来都是破坏地区稳定、危害人民生命安全的极端活动，所以长久以来对于反恐的研究始终是人们关注的焦点。杨亚婧从国际治理和全球治理的角度出发，分析了当前国际反恐合作的现状[①]；肖新从新制度理论的视角分析了国际反恐合作中存在的问题及对策[②]；潘光、王震从新形势下恐怖主义的发展特点对国际反恐合作进行了阐述[③]；Sascha－Dominik Bachmann 认为全球恐怖主义活动需要财政支持，打击恐怖主义的办法就是限制获得这类资助的途径[④]；Jana Maftei 认为反恐不仅要靠加强国家的边境防御，还要加强国家间的协同指挥，[⑤] 例如欧盟在打击恐怖主义上发挥的协

---

① 杨亚婧：《国际治理理论视角下的国际反恐合作》，山东大学硕士学位论文，2010。

② 肖新：《新制度视野下的国际反恐合作研究》，苏州大学硕士学位论文，2007。

③ 潘光、王震：《国际反恐合作：新态势、新发展和绩效评估》，《社会科学》2010 年第 11 期。

④ Sascha-Dominik Bachmann, “Civil Liability of Corporate and Non-state Aiders and Abettors of International Terrorism as an Evolving Notion under International Law”, *Journal of International Commercial Law and Technology* 1, 2011.

⑤ Jana Maftei, “EU's Role in Fighting Terrorism”, *EIRP Proceedings* 4, 2009.

调欧洲国家的作用；Alfred Gerstl 认为去政治化的反恐合作能够使各国进行更多的非政治性的技术交流与合作①。本文分析了在新形势下，加强国际反恐合作对于应对当前恐怖主义的必要性，从巴黎恐怖袭击事件的分析出发，论证国际合作对于反恐的重要性。

3. 当前恐怖主义的特征

（1）持续性。以美欧为主导的西方国家在中东地区的频繁军事行动，导致原先趋于稳定的中东格局被打破，从阿富汗战争、伊拉克战争、叙利亚战争再到如今的叙利亚动乱，中东局势混乱不堪。在这种情况下，恐怖主义缺少了以往的约束而迅速发展壮大，从而成为能够对抗西方军事打击的武装力量。

（2）扩散性。新形势下，恐怖组织已不再满足于仅仅局限在一个区域内，换句话说恐怖主义正在随着形势的变化而进行自我调整。随着西方国家的打击，恐怖主义逐渐向周边扩散，甚至向其他国家扩散，恐怖活动范围变广、影响变大。

（3）凝聚性。西方的霸权主义和强权政治，以及对于中东地区的强势干预，造成大规模的人员伤亡，致使人们对西方国家产生强烈的敌视态度，更多的人选择加入恐怖组织阵营来对抗西方国家，同时人们又为恐怖主义提供掩护，使恐怖分子能够轻而易举地融入当地群众。

（4）对抗性。在经历数次战争后，恐怖组织吸收了大量战争中存活下来的士兵、获取了大量武器装备，同时经过战争的历练而获得了宝贵的战斗经验，致使恐怖组织逐渐发展壮大，从而成为西方国家无论怎样大规模打击都始终无法消灭的武装力量。

二　当前国际反恐应对机制存在的问题

1. 现有的国际反恐合作机制

1972 年 12 月，联合国成立了由 35 国代表组成的国际恐怖主义问题特

① Alfred Gerstl, "The Depoliticisation and 'ASEANisation' of Counter - Terrorism Policies in South - East Asia: A Weak Trigger for a Fragmented Version of Human Security", *ASEAS* 1, 2010.

设委员会，旨在防止和消除国际恐怖主义。

（1）在针对非法劫持和绑架人质方面：1973 年 12 月 14 日，联合国大会通过了第 3166 号决议《关于防止和惩处侵害应受国际保护人员包括外交代表的罪行的公约》；1979 年 12 月联合国大会再度通过了《反对劫持人质国际公约》。

（2）在防止海上犯罪方面：1988 年，国际海事组织制定了《制止危及海上航行安全非法行为公约》和《制止危及大陆架固定平台安全非法行为议定书》；1997 年，联合国起草并通过《制止恐怖主义爆炸国际公约》，并于 1998 年起草了《制止核恐怖主义行为国际公约》，旨在防止核扩散和限制核武器的使用，1999 年通过了《制止向恐怖主义提供资助的国际公约》。上述这些公约和决议都明确地规定了各缔约国或联合国成员国在打击预防恐怖主义上应尽的义务，标明了惩治恐怖活动的两项国际准则，即普通管辖原则和引渡或起诉原则。

对于当前国际反恐合作，西方国家主要的合作组织是北约（北约联合部队），而在亚洲主要是以中国的上海合作组织为主，在中东地区则是以阿拉伯联盟为主要反恐组织（阿拉伯联合部队）。

2. 当前国际反恐合作存在的不足

这些反恐组织的主要反恐手段以联合反恐演习为主，除了以美国为主导的北约一直以来对中东恐怖组织开展军事行动外，其他组织对于联合实战反恐的经验少之又少。[①] 而且当前国际反恐虽然有多个国际组织共同进行反恐交流与合作，但是反恐行动牵扯到一国的国家安全与机密，因此虽然有信息交流以及反恐演练等活动，但是从深层次来看，由于各国之间有着不同的国家安全政策，即便是反恐协作，也往往很难起到真正效果，而且国际反恐演练正逐渐失去其作用，成为各国展现其军事实力的表演。另外，不同地区、不同国家面对的恐怖主义种类和性质不同，以中国为例，当前中国存在的恐怖组织有东突厥斯坦伊斯兰运动、东突厥斯坦解放组织、世界维吾尔青年代

---

① 马振超：《当前国际反恐合作的制约因素分析与思考》，《国际关系学院学报》2007 年第 3 期。

表大会和东突厥斯坦新闻信息中心，这些恐怖组织的目的是制造恐怖袭击事件，达到分裂中国的目的，其性质是反对国家统一和民族团结的分裂组织。而如“基地”组织、“伊斯兰国”等恐怖组织则是对西方国家发动恐怖袭击，阻挠西方国家对中东的干预，提高其国际影响力，从而达到其在中东发展壮大的目的。两者对比可见，不同区域的恐怖组织对不同国家的威胁是不同的，这也使得各国采取的反恐对策有所不同，使各国在国际反恐合作上存在局限性，反恐信息不对称，难以在国际反恐合作上取得长远的成效。①

3. 现实恐怖事件暴露的反恐措施失灵问题

面对诸如 2015 年 11 月法国巴黎发生的一系列恐怖袭击事件，世界各国纷纷谴责恐怖袭击，向法国和法国人民表示支持和慰问。法国总统奥朗德表示，巴黎遭到史无前例的恐怖袭击，全国进入紧急状态。美国总统奥巴马对巴黎恐怖袭击事件表态称，这是一起针对全人类的恐怖袭击。奥朗德发表全国讲话，谴责“伊斯兰国”组织策划了巴黎恐袭案，并称此次恐怖袭击是“战争行为”，系由境外 IS 组织策划实施、法国国内势力协助。2015 年 11 月 16 日，奥朗德在法国国会召开特别会议，并宣布设立 3 天的哀悼日。

针对类似事件，我们归纳起来有几点认识。①一些国家的政府对于恐怖袭击警惕性不足，放松了戒备，没有提高反恐安全级别，以为恐怖分子发动不了多大的袭击，即便有恐怖袭击也造成不了多大的危害，认为当前的反恐措施已经足够应对，致使恐怖袭击发生，造成数百人的伤亡。②一些国家的政府对于恐怖主义监管力度不足，对那些在国家安全部门挂了号的危险分子，一直没有受到严格的监视和控制，这才使其有机会发动恐怖袭击。对于已确定的危险分子，政府没有做到有效的监管，使恐怖分子能够在政府的监控下为所欲为，这充分暴露出一些国家反恐措施存在很大的漏洞。此外，加上中东战局等问题的扩大，大量难民进入欧洲一些国家，使这些国家的安全形势更为严峻，原先的监管措施无法对难民进行全面监管，这极易使恐怖分子轻易进入这些国家，发动恐怖袭击或者进行其他恐怖活动。③一些国家的

① 李伟：《当前国际恐怖与反恐斗争的特定与趋势》，《现代国际关系》2007 年第 2 期。

国内安保机制薄弱。比如，举办某些大型公共活动时，警方却没有部署足够的警力来负责安保工作；一些恐怖分子趁机混入活动场所，制造事端；警方反应迟缓，从事件发生到采取有效应对措施的时间过长，这是导致人员伤亡、酿成惨案的重要原因之一。④国与国之间缺乏有效的反恐信息交流。如北约组织进行恐怖主义打击行动时，由于各国的利益诉求不同，各方不愿过多地交流相关信息，致使在反恐信息的交流上存在诸多阻滞。同时，由于中东战事等不断升级，大量难民涌入各国，各国对于难民的审查信息没有进行相互通报，这为恐怖主义的扩散建立了良好的环境。事实上，北约作为中东打击极端主义的主要力量，表面上打击力度很大，接连摧毁多个恐怖主义目标，但从深层次来看，由于打击极端主义时间跨度长，军力、财力消耗巨大，再加上近年来欧洲经济低迷，欧洲国家对于打击恐怖主义越来越力不从心[①]，在打击境外恐怖主义、维护边境安全、国内安保等方面难以做到全面应对。

三　国际反恐合作应对的策略及建议

1. 完善自身反恐机制

最坚固的堡垒从来都是从内部被攻破的。首先，各国应当加强自身的反恐机制，完善反恐应对措施，对重点区域、可疑人物进行实时监控。例如建立警察、消防、医院、部队的联动协同机制，确保事件发生后在最短时间内快速部署救援力量并对事件进行控制。

2. 加强国家间反恐信息交流与合作

各国除了对本国恐怖主义进行有效监控外，对于国家周边的恐怖主义也需要时刻保持警惕，对于发现可能对他国造成威胁的恐怖活动要及时通告他国，加强与周边国家的反恐演练，提高区域应对恐怖主义的能力。

3. 建立国际反恐信息中心

由于当前恐怖主义存在扩散化的趋势，不同地区的国家往往存在共同的

① 陈敏华:《国际反恐形势的新变化及其对策思考》,《阿拉伯世界研究》2010 年第 6 期。

恐怖主义，但是由于距离的关系，相关的信息交流会非常不便，而且这些国家也很少建立相应的信息沟通机制，因此跨区域的恐怖主义是当前的一个重点。针对这种情况，可以在联合国的基础上建立国际反恐信息中心，可以将收集到的恐怖主义信息进行上报，同时又能够获取更多的资料，从而在这些信息中找到恐怖主义活动的规律，更好地进行反恐行动。[①]

4. 建立健全国际反恐法律法规

任何行动只有在法律的约束下才能确保其有效性，国际反恐也不例外。国家间的反恐行动与信息交流是极其敏感的，每个国家都有其自身的国家利益，任何的违规行动都将导致国家间的冲突，只有用法律对这些活动进行约束，确保这些反恐活动都在法律框架内运行，这样才能在保障国家利益的基础上进行有效的反恐交流与行动。

① 潘光：《国际反恐统一战线和中国的国际反恐合作》，《上海市社会主义学院学报》2003 年第 83 期。

海洋区域开发的担保国制度与中国海区开发安全

——以《“区域”内矿产资源开采规章草案》为例*

卢芳华**

摘　要：国际海底区域及其资源是人类共同继承财产，中国是区域开发的先驱国，目前已拥有三种资源、四块勘探矿区。区域开发制度和法律规章对于我国区域开发活动具有重要的影响。为了实现全人类的共同利益，《联合国海洋法公约》规定，法人和自然人在国际海底区域承包项目必须获得公约缔约国的担保，担保国对由自身过错造成的国际海底区域活动损害承担责任，面对“区域”矿产资源商业开发阶段即将到来的新形势，为了确保“区域”海洋环境免受开发活动可能造成的有害影响，国际海底管理局正在抓紧制定“区域”内矿产资源开采规章。在2017年8月第23届会议上，管理局审议并公布了《“区域”内矿产资源开采规章草案》，相较于管理局已发布的三个勘探规章，该草案在“区域”海洋环境保护方面取得了长足进

* 本文系国家社科基金项目“《斯瓦尔巴德条约》与中国的北极权益拓展研究”（17BFX140）、“维护国家海洋权益研究专项：中国参与全球海洋治理：理念、政策与路径”（17VHQ009），以及国家海洋发展战略研究所课题“‘区域’开发中的担保国责任和赔偿制度研究”“国际海洋保护区建设与管理经验研究”“气候变化相关公约和协议在南北极的适用研究”等课题的阶段性研究成果。

** 卢芳华，应急管理大学（筹）华北科技学院校区文法学院党委副书记、教授，法学博士，主要研究方向为国际法、海洋法。

步，提出了有效保护“区域”海洋环境的基本原则，发展了环境影响评价和监测制度，明确了担保国应承担的担保责任。但该草案中明显存在管理局、承包者和担保国权利义务不明确等问题，有些条款对担保国义务的设定还明显超越《联合国海洋法公约》的规定，这些制度缺失将大大降低担保国与承包者的积极性，不利于海底矿产资源开发工作的推进。我国应努力发挥在管理局中的作用，积极参与“区域”内矿产资源开采规章的制定进程，并进一步完善国内深海法律体系，为“区域”资源的商业开发做好国内准备。

关键词：国际海底区域　担保国　《联合国海洋法公约》　《开采规章草案》

最近十余年来，国际海底区域（简称“区域”）开发有了很大发展，由于“区域”自然条件恶劣、生态环境脆弱，一旦在资源开发中出现环境损害，其影响将是巨大而且不可逆转的。对此必须建立起对开发者的监管机制，预防损害发生，为此，《联合国海洋法公约》（简称《公约》）第153条第2款确立了担保制度①，要求“区域”开发者必须获得公约缔约国的担保。对于担保国应承担何种责任，《公约》第139条第2款②和附件三第4条第4款③有所规定，但较为模糊。

① 《公约》第153条第2款，“区域”内活动应依第3款的规定：（a）由企业部进行，和（b）由缔约国或国营企业，或在缔约国担保下的具有缔约国国籍或由这类国家或其国民有效控制的自然人或法人，或符合本部分和附件三规定的条件的上述各方的任何组合，与管理局以协作方式进行。

② 《公约》第139条第2款，在不妨害国际法规则和附件三第22条的情形下，缔约国或国际组织应对由于其没有履行本部分规定的义务而造成的损害负有赔偿责任；共同进行活动的缔约国或国际组织应承担连带赔偿责任。但如缔约国已依据第153条第4款和附件三第4条第4款采取一切必要和适当措施，以确保其根据第153条第2款（b）项担保的人切实遵守规定，则该缔约国对于因这种人没有遵守本部分规定而造成的损害，应无赔偿责任。

③ 附件三第4条第4款，担保国应按照第139条，负责在其法律制度范围内，确保所担保的承包者应依据合同条款及其在本《公约》下的义务进行“区域”内活动。但如该担保国已制定法律和规章并采取行政措施，而这些法律和规章及行政措施在其法律制度范围内可以合理地认为足以使在其管辖下的人遵守时，则该国对其所担保的承包者因不履行义务而造成的损害，应无赔偿责任。

国际海底管理局发布了《“区域”内多金属结核探矿和勘探规章》《“区域”内多金属硫化物探矿和勘探规章》《“区域”内富钴铁锰结壳探矿和勘探规章》①，根据国际海底管理局的请求，国际海洋法法庭海底争端分庭在2011年2月发表咨询意见，②这些都为“区域”在开发过程中，担保国责任和承包者义务问题做出解释和规定，但都缺乏对担保国权利的规定。《“区域”内矿产资源开采规章草案》（简称《开采规章草案》或《草案》）对担保国的权利规定更是付之阙如。

无论是担保国还是承包者都是在利益的驱动下参与海底矿产资源勘探和开发，海底矿产资源开发面临高难度的技术挑战、市场不确定性及环境问题③相关的风险，《开采规章草案》中明显存在管理者和承包者的地位不对等、承包者和担保国权利不明确等问题，这些制度缺失将大大降低担保国与承包者的积极性，不利于海底矿产资源开发工作的推进。

一　担保国责任制度的法律规定

为了避免发达国家利用其掌握的技术和资金优势，霸占国家管辖范围以外海域的海床洋底的矿产资源，广大发展中国家要求对该区域资源的勘探和

① 管理局于2000年制定《“区域”内多金属结核探矿和勘探规章》（《多金属结核规章》），2010年制定《“区域”内多金属硫化物探矿和勘探规章》（《多金属硫化物规章》），2012年制定《“区域”内富钴铁锰结壳探矿和勘探规章》（《富钴结壳规章》）。这三个规章合称为《探矿和勘探规章》，见国际海底管理局网站，www. isa. org. jm/files/documents/mcode。

② 2010年3月1日，瑙鲁向管理局秘书长转交一项提议，就担保国所负责任和义务的若干具体问题征求国际海洋法法庭海底争端分庭的咨询意见，此案被联合国国际海洋法法庭列为第17号案，名称为“关于担保个人和实体从事‘区域’内活动的国家所负责任和义务（请求海底争端分庭发表咨询意见）”。

③ “区域”从地理学角度来说由上至下垂直存在三个层带：表层及亚表层、中间深度层和近底层。深海中的海洋生物活动主要集中在表层及亚表层，位于中间的中间深度层属于金属开采中的尾矿排放带，最底层的则是接受强烈撞击的近底层。目前的采矿系统分为采矿运输设备和收集设备两部分，前者在进行采矿活动时会干扰近底层，而收集设备的运行也会影响海底表层沉积物并产生底层水的浑浊现象。由于沉积物上附着动物群落，采矿系统对沉积物的干扰和破坏将会使底栖生物面临被杀死的威胁，进而影响深海区域的食物链和海水，破坏海洋平衡。虽然目前采矿活动确实会对上层环境产生影响，但是还不足以危及上层生态系统。

开发进行管制，使其为全人类谋福利。在1967年第22届联合国大会上，马耳他常驻联合国大使阿维得·帕多致函联合国秘书长，要求将“国家管辖范围以外海床洋底的和平利用问题”列入第22届联合国大会议事日程，建议宣布国家管辖范围以外的海床洋底为“人类共同继承财产”，并成立一个国际机构控制、管理和监督该区域资源的勘探和开发。①

（一）担保国责任制度的历史发展

1970年，第25届联合国大会通过了《关于各国管辖范围以外的海床洋底以及底土的原则宣言》，首次以联合国大会决议的方式宣告国家管辖范围以外的海床洋底及其底土以及该区域的资源是人类共同继承财产，该区域资源的勘探和开发应为全人类谋福利。② 经过1973年至1982年共11期会议的协商与谈判，第三次联合国海洋法会议通过了《联合国海洋法公约》，《公约》第136条、第137条规定，国际海底区域及其资源是人类共同继承财产，“区域”内资源的一切权利属于全人类，由国际海底管理局（简称“管理局”）代表全人类行使，“区域”内的活动应为全人类的利益而进行，“区域”活动产生的一切收益，应由全人类共享。为了实现“区域”资源开发的可持续发展，区域内的开发活动由管理局、承包者和担保国三方承担。其中，管理局作为人类共同继承财产的托管人，要为全人类的共同利益保护和保全“区域”海洋环境，是代表全人类管理和保护国际海底区域的组织，拥有广泛的职权。承包者是国际海底区域活动的直接主体。担保国是为承包者在国际海底区域从事勘探开发活动提供担保的国家。

《公约》为“深海海底区域”矿物资源的勘探和开发建立了担保制度，《公约》缔约国的公民、法人或者其他组织从事相关活动必须有国家的担

① United Nations General Assembly, “Declaration and Treaty Concerning the Exclusively for Peaceful Purposes of the Seabed Arrd of the Ocean Floor, Underlying the Seas Beyond the Limits of Present National Jurisdiction, and the Use of Their Resources in the Interests of Mankind”, Document A/6695, 22nd Session, August 18, 1967.

② United Nations General Assembly, “Declaration of Principles Governing the Seabed and the Ocean Floor, and the Subsoil Thereof, Beyond the Limits of National Jurisdiction”, First Committee 1933rd Plenary Meeting, Twenty-Fifth Session Official Records, December 17, 1970.

保，在向管理局提出勘探和开发申请时，要附有国家出具的担保书。为公民、法人或者其他组织提供担保的国家即所谓的担保国。担保国在区域开发过程中的权利义务责任问题是《“区域”内多金属结核探矿和勘探规章》《“区域”内多金属硫化物探矿和勘探规章》《“区域”内富钴铁锰结壳探矿和勘探规章》以及规章立法的重点之一。此外比较重要的文件是2010年瑙鲁代表团向管理局提交的《国际海洋法法庭海底争端分庭的咨询意见》，其对“区域”活动国家担保责任做了进一步阐述。

《公约》第153条第2款①确立了担保国责任制度，在“区域”内活动的承包者必须获得公约缔约国的担保（sponsor）。缔约国有责任确保承包者在“区域”内的活动符合《公约》，海管局规则、规章和程序以及勘探开发合同的规定。

担保国责任属于违反自身义务而承担的责任。平行开发制度中提到申请者提交勘探开发计划时，需要向管理局承诺遵守《公约》、规章和承包合同为其规定的义务。在“区域”内从事勘探开发活动的承包者需要遵守上述的义务，担保国则在其从事勘探开发过程中需要确保承包者遵守上述义务，依据《公约》规定，担保国需要采取“一切必要和适当的措施”和“可以合理地认为适当的措施”来确保承包者遵守上述义务。

（二）担保国的“确保义务”和“直接义务”

《公约》规定的国家担保义务是指缔约国作为担保国时应当承担的法律义务，担保义务的法律基础主要体现在《公约》及其附件三以及《国际海洋法法庭海底争端分庭的咨询意见》（简称《咨询意见》）中。

《公约》第153条规定除管理局企业部、缔约国和国营企业外，其他从事“区域”内活动的具有缔约国国籍或由这类国家或其国民有效控制的自

① 《公约》第153条第2款，“区域”内活动应依第3款的规定：（a）由企业部进行，和（b）由缔约国或国营企业，或在缔约国担保下的具有缔约国国籍或由这类国家或其国民有效控制的自然人或法人，或符合本部分和附件三规定的条件的上述各方的任何组合，与管理局以协作方式进行。

然人或法人均应取得缔约国的担保。根据这些国际文件，国家在勘探开发阶段，作为担保国，履行担保义务。缔约国不必然是担保国，而担保国必然是缔约国。明确担保国应承担何种义务至关重要，直接关系到国家责任的承担。

担保国责任制度的法律基础是《公约》第 139 条、第 153 条规定的缔约国一般义务，即确保《公约》、管理局规定获得遵守的一般义务；《公约》第 139 条规定，在不妨害国际法规则和附件三第 32 条的情形下，缔约国或国际组织应对由于其没有履行本部分规定的义务而造成的损害负有赔偿责任；共同进行活动的缔约国或国际组织应承担连带赔偿责任。但如缔约国已依据第 153 条第 4 款和附件三第 4 条第 4 款采取一切必要和适当措施，以确保其根据第 153 条第 2 款（b）项担保的人切实遵守规定，则该缔约国对于因这种人没有遵守本部分规定而造成的损害，应无赔偿责任。

《公约》第 153 条第 4 款规定，缔约国应采取一切必要措施，协助管理局确保相关规定得到遵守。

《公约》附件三第 4 条第 4 款规定，担保国应负责在其法律制度范围内，确保所担保的承包者应依据合同条款及《公约》下的义务进行国际海底区域内活动，但如该担保国已制定法律和规章并采取行政措施，而这些法律和规章及行政措施在其法律制度范围内可以合理地认为足以使在其管辖下的人遵守时，则该国对其所担保的承包者因未履行义务而造成的损害，应无赔偿责任。

《公约》之外比较重要的文件是 2010 年瑙鲁代表团向管理局提交的《咨询意见》，其对“区域”活动国家担保责任中的国家担保义务做了进一步阐述。国际海洋法法庭海底争端分庭认为担保国要履行确保义务和直接义务。确立了确保义务的性质为一项尽责义务，担保国必须在其法律体系内采取必要和适当的措施确保被担保的从事“区域”活动的私人实体遵守《公约》第十一部分、1994 年《执行协定》、管理局制定的规章以及与管理局签订的合同条款。直接义务的提出是分庭的一项创新，《公约》以及管理局制定的规章都没有相关规定。这些直接义务包括根据《公约》第 153 条第 4

款协助管理局对“区域”活动进行控制、采取预防措施[①]和最佳环境做法[②]、保证承包者服从管理局的紧急命令、对在国家管辖权下的自然人和法人引起的海洋环境污染损害提供赔偿追索权以及进行环境影响评估的义务。[③]

分庭的这些结论大部分是源于直接适用于这个问题的一些具体国际法律文件，即《公约》以及 1994 年的《执行协定》、《多金属结核规章》和《多金属硫化物规章》。

（三）担保国的赔偿责任

在“区域”活动中，担保国的责任源于其未履行《公约》及相关法律文书中的义务。《咨询意见》指出在两种情况下担保国承担赔偿责任，一种是担保国没有履行其通过自身行为的直接义务而造成的损害；另一种是担保国未履行其义务导致对被担保的承包者造成了损害，并且这种未履行尽职义务和损害之间有因果联系。担保国因为不履行其自身直接义务而造成损害的行为可以归因于担保国，担保国为此承担责任也是合理的。对于担保国未履行其直

① 预先防范措施的应用是《多金属结核规章》和《多金属硫化物规章》下的一项法律义务，在后者的附件四“标准合同条款”中有所陈述。分庭也特别注意到使预先防范措施作为国际习惯法的趋势，因此借着越来越高的呼声，如果不能成为国际习惯法规则，也可以承认预先防范措施作为已经建立的国际法律原则。

② 对于担保国“最佳环境做法”的义务，分庭注意到《多金属结核规章》和《多金属硫化物规章》的不同，前者仅涉及最佳技术的运用，而后者吸收了更为严格的最佳环境做法的标准。随着科技的发展，管理局的成员国确信“最佳环境做法”需要根据科学知识的进步而进行相应运用，分庭要求重新解释早期的《多金属结核规章》使之与后来的标准一致，因此主张将“最佳环境做法”作为海底采矿作业的普遍标准。

③ 分庭讨论了作为国际习惯法一般义务的环境影响评价的含义，并再次依据纸浆厂案的判决，主张环境影响评价应该属于《公约》第 142 条关于超越国家管辖权范围的“区域”沉积物提出的协商和事前通知制度的一部分。《公约》第 142 条沿海国的权利和合法利益：①“区域”内活动涉及跨越国家管辖范围的“区域”内资源矿床时，应适当顾及这种矿床跨越其管辖范围的任何沿海国的权利和合法利益；②应与有关国家保持协商，包括维持一种事前通知的办法在内，以免侵犯上述权利和利益，如“区域”内活动可能导致对国家管辖范围内资源的开发，则需事先征得有关沿海国的同意；③本部分或依其授予或行使的任何权利，应均不影响沿海国为防止、减轻或消除因任何“区域”内活动引起或造成的污染威胁或其他危险事故使其海岸或有关利益受到的严重迫切危险而采取与第十二部分有关规定相符合的必要措施的权利。

接义务导致的损害赔偿责任只受《公约》第139条第2款的支配，并且这种情况不适用《公约》第139条第2款和附件三第4条第4款的免责规定。

前面第一部分已经提到担保国的“确保义务”中的“确保”并不是一种绝对的保证责任，也就是说如果因被担保的承包者未履行承包者义务而造成损害并不必然等同于担保国不履行“尽职义务”。如果担保国已制定法律和规章并采取行政措施，并且这些措施在其法律制度范围内可以合理地认为足以使在其管辖下的人遵守，即已履行“尽职”义务，但被担保的承包者因未履行其自身的义务造成实际损害，那么根据《公约》第139条第2款和附件三第4条第4款的规定是可以免除担保国的赔偿责任的。在担保国没有履行其尽职义务时，由于担保国并没有实际参与“区域”活动，造成损害的实际上是进行“区域”活动的承包者，因此承包者在“区域”活动中造成的损害行为不能直接归因于担保国，所以承包者造成实际损害事实也并不必然引发担保国的赔偿责任。那么担保国如何在这种情况下为承包者在“区域”活动中所造成的损害承担赔偿责任同时又符合国际法中不法责任的构成要件呢?《公约》第139条第2款对担保国所要承担的责任和承包者所造成的损害之间的关系做出了解释。

二　《开采规章草案》对担保国义务的规定

2016年3月至2017年3月，包括中国大洋矿产资源研究开发协会在内的7个首批承包者的多金属结核勘探合同相继到期，为此管理局在第22、第23届会议上分别通过了7个承包者的合同延期申请。五年的延期合同到期后，承包者很有可能直接转入开发阶段。在2011年管理局第17届会议上，斐济代表团提出鉴于深海采矿即将开始，理事会应当立即着手进行海底采矿法规的制定工作。[①] 2012年管理局第18届会议上，秘书长向理事会提交了一份关于拟订“区域”内多金属结核开发规章的工作计划，[②] 正式启动

① 管理局:《斐济代表团对理事会的发言》，ISBA/17/C/22，2011年7月22日。

② 管理局:《关于拟订“区域”内多金属结核开发规章的工作计划》，1SBA/18/C/4，2012年4月25日。

了“区域”内矿产资源开采规章的制定工作。

2017 年 8 月，管理局在多次进行利益攸关方调查和举办相关研讨会的基础上，审议并公布了《“区域”内矿产资源开采规章草案》。[①]《草案》是管理局将之前拟定的开采规章与合同条款、环境规章和海底采矿事务局规章三部分合并之后公布的首个完整草案，旨在为管理局监管“区域”开发活动建立一套更为简洁、综合和结构化的框架，同时可以避免多项监管文书可能造成的重复和矛盾。

从“区域”开采草案框架来看，《草案》第 91 条为担保国义务部分，规定在不损害第 3 条（担保书）和第 15 条的原则（使用开发合同作为担保）下，以及根据《公约》第 139 条第 2 款、第 153 条第 4 款和附件三第 4 条第 4 款规定的义务，采取一切必要措施，确保其担保的承包者遵守相关的条款和规定。《草案》为缔约国和担保国设定的义务还有以下几方面。

（1）提交申请书的义务。根据《草案》第 2 条第 2 款，每一份申请书的提交方式如下：①缔约国的申请书，由其为此目的指定的机构提交；②实体的申请书，由其指定代表或担保国为此目的指定的机构提交，这条说明担保国指定部门有向管理局提交申请书的义务。

（2）对承包者培训的义务。《草案》第 35 条规定，考虑到在“区域”内开展活动的行业可能缺乏某些技能，管理局发布相关培训指南，承包者、管理局和担保国可以通过相互协议不时地修改和制定培训计划。可知，担保国有对承包者培训的义务。

（3）合作与交换资料的义务。《草案》第 81 条规定，缔约国应与管理局合作，提供管理局履行《公约》规定的职责和义务所必需的数据和资料；缔约国和承包者应与管理局合作；管理局应酌情与担保国、船旗国和主管国际组织协商与合作，采取措施，促进海上生命和财产的健康和安全，保护和保全海洋环境；管理局应对担保国、船旗国和主管国际组织采取适当措施，

① International Seabed Authority, “Draft Regulations on Exploitation of Mineral Resources in the Area”, ISBA /23/LTC/CRP. 3, August 8, 2017.

交换信息和数据，以促进遵守和执行普遍接受的国际规则和标准。这条规定为担保国设定与管理局合作和交换信息与技术的义务。《草案》第33条避免对“区域”的资源造成不必要的浪费；第3款，缔约国应尽其所能地协助秘书长提供有关发生在其管辖和控制之下的矿石的加工、处理和精炼的数据或信息，也为缔约国设定交换信息的义务。《草案》第65条审计和检查部分，第6款规定，缔约国应尽其所能地与秘书长和任何检查员合作并协助执行本条款下的任何审计工作，并应根据该缔约国的法律，为检查员取得承包者记录提供便利，并协助其与承包者交换与本《草案》第七部分规定的义务有关的资料。

（4）担保国有义务将终止担保的情况通知管理局。《草案》附件十第12节担保的终止部分第一款规定，如果承包者国籍或控制权发生变化或《草案》所界定的承包者担保国终止其担保，承包者应从速通知管理局。也就是说，担保国有义务将终止担保的情况通知管理局。

（5）执行《公约》管辖的法院或法庭作出的关于管理局和承包者的权利和义务的最终裁决。《草案》第93条争端的解决部分规定，根据《公约》附件三第21条第2款，由《公约》管辖的法院或法庭作出的关于管理局和承包者的权利和义务的最终裁决，可以在《公约》任何缔约国的领土执行。

三 《开采规章草案》担保国责任制度存在的问题与建议

法律和技术委员会在其2017年8月会议上审议了一份题为“‘区域’内矿产资源开采规章草案”的文件。随后管理局《“区域”内矿产资源开采规章草案秘书处的说明》（ISBA/23/C/12）提出13个问题，邀请各方进行评论，其中，具体问题“担保国的作用：规章草案第91条规定了为确保承包者合规而需要担保国的几种情况。为了确保担保国保证让其所担保的承包者合规，还应该让担保国承担哪些其他义务？”相关方的评论意见，对担保国角色和责任问题都有所阐述。

（一）《开采规章草案》担保国责任制度存在的问题

阿尔及利亚在评论意见中指出：《草案》第 91 条规定了为确保承包者合规而需要担保国的几种情况，但管理局和担保国都对承包者有监督义务，二者如何分工以避免重复是需要进一步立法明确的问题。

比利时认为管理局、担保国、利益攸关方都有义务采取措施来确保承包者遵守，但这并不意味着可以为担保国创设新的义务。英国提出，担保国的义务已经在《公约》第十一部分、“区域”内活动担保国责任问题咨询意见中列出。这些义务在《公约》第 91 条都有适当的反映。但第 81 条以及担保国与管理局之间的合作义务还没有列入。综上所述，担保国权利、责任义务条款存在以下问题。

其一，第四部分环境事宜中，规定为了促进《公约》第十一部分和《协定》的执行，特别是为了根据《公约》第 155 条规定确保有效地保护海洋环境免受有害影响，管理局、担保国和承包者应采用以下原则规划、实施和修改“区域”内活动必要的措施：①制定环境目标；②应采用和实施最佳环保做法；③在对海洋环境风险进行评价和管理时，应适用《里约宣言》原则 15 所体现的预防措施，并考虑最佳可用科学证据；④在管理“区域”内的活动时，应适用生态系统方法；⑤应鼓励获取有关保护和保全海洋环境的资料和信息、问责制和透明度以及有效的公众咨询。这些义务究竟是对担保国设定的，还是对管理局的要求，并不明确。针对管理局的问责机制或是监督机制没有规定，同时对于法技委是否需要监督与问责也没有规定。

其二，《草案》第 91 条担保国在不损害第 3 条和第 15 条的原则下，以及根据《公约》第 139 条第 2 款、第 153 条第 4 款和附件三第 4 条第 4 款规定的义务，采取一切必要措施，确保其担保的承包者遵守……这一提法可以理解为为担保国设定了义务，但担保国采取的具体措施尚不清楚。[①] 第 23

① Comments on the Draft Regulations on Exploitation of Mineral Resources in the Area（ISBA/23/LTC/CRP. 3 * ）Submitted by the Government of Japan, 20 December, 2017, p. 38.

条承包者对海洋环境的持续义务很重要，但应在《草案》的附属文件中确立为海洋环境提供有害影响基准的具体标准。《草案》第28条第2款规定：承包者应遵守适用于其在“区域”活动中适用的所有法律和规章，无论是国内、国际或其他法律和规章。这里的国内、国际或其他法律和规章范围很广，并不明确。这些模糊的规定，对于担保国的义务履行与否存在不确定性。

其三，《草案》第91条规定了为确保承包者合规而需要担保国的几种情况，但管理局和担保国都对承包者有监督义务，二者如何分工以避免重复是需要进一步立法明确的问题。

其四，《草案》没有关于“担保国权利”的阐述，明显存在管理者、担保国和承包者的地位不对等，承包者和担保国权利不明确，会导致担保国、承包者积极性大大降低，不利于海底矿产资源开发工作的推进。建议从开发前、开发中、开发后三个阶段分析担保国的权利。担保国权利应保障其在承包者开发过程中能约束承包者的行为，履行其义务；并有权参与区域相关法律制定，对一些可能承担法律责任的情形有免责权利。

（二）担保国的权利制度的立法建议

担保国是在利益的驱动下为承包者在区域的开发活动提供担保。而海底矿产资源开发面临高难度的技术挑战、市场不确定性及环境问题相关的风险，担保国权利缺失会加大担保国担保活动的风险，使担保国参与区域开发活动顾虑重重，积极性不高，不利于海底矿产资源开发工作的推进。而目前从《草案》看，没有针对担保国权利的明确规定，鉴于“权利”和“义务”的对等性，担保国的权利也应在《草案》正文中有相对应的表述。

担保国权利的设定应以其在区域开发中的职能为依据，担保国在区域开发中并非直接的开发者，而仅是开发活动的担保者，这种担保与民事担保行为也有明显的不同，担保国责任不属于民法意义上的连带责任和补充责任，担保国仅对自身没有履行义务所产生的损害承担责任，而承包者也只对自己不遵守《公约》的行为所导致的损害承担责任，鉴于此，担保国的权利设定应在“确保承包者履行遵守义务”这一限度内。涉及开发实践中开发者的实体权利如勘探权、建设权、矿石采掘权、矿石移出和运输权、矿产品销售权等权利应由承包者直接享有。因此，担保国的权利可以分为实体性权利和程序性权利，实体性权利集中在参与制定和修改区域开发规章（《草案》第94条、《公约》第156条）、获得管理局提供技术及信息的权利（《公约》第144条）、申请开发权（《公约》附件三第3条）、发展中国家及其实体在保留区活动的优先权（《公约》附件三第8条、第9条）、终止担保的权利（《草案》第14条）、收益分享权、免责权（《公约》第187条、第188条、第190条、第191条）等权利，程序性权利有诉讼权、咨询权、调解权、答辩权等权利。主要的建议如下。

（1）建议在《草案》中增设担保国权利专章，明确担保国权利。

（2）关于《草案》第1条的修改建议。对于缔约国在区域的权利问题，《草案》第1条第4款规定区域活动不得影响《公约》第87条所规定的科学研究自由，也不得影响《公约》第143条和第266条在“区域”内进行海洋科学研究的权利。但这些自由没有将《公约》第87条其他公海自由内容都包含在内，减少了缔约国的权利。建议将《公约》第87条列入《草案》第1条。

（3）增加“获得管理局提供技术、信息权利”（《公约》第144条）、“勘探和开发申请权”（《公约》附件三第3条）等权利。这些权利仅在《公约》中有规定，在《草案》中并未提及，建议补充。

（4）增加“承包者修改合同条款或权利和义务的转让时被告知权”。《草案》附件十第17节赋予承包者修改合同条款权利，《草案》第15条对担保国使用开发合同作为担保做出规定。无论是“修改合同条款”或“权利和义务的转让”都会变更区域开发活动责任方以及开发合同的主要条款，担保国作为担保方应该享有审批权或是被告知权，在承包者转让部分权利时有终止担保或要求承包者提交新的担保书的权利，以更好地履行对生产活动的监督与管理权利。

（5）免责权。在承包者免于赔偿时（《草案》附件十第9节），担保国也应免除相关的赔偿责任。

（三）担保国义务条款及立法建议

《公约》规定的国家担保义务是指缔约国作为担保国时应当承担的法律义务，担保义务的法律基础主要体现在《公约》（第139条、第153条）及其附件三（第4条第4款）以及《咨询意见》中。国际海洋法法庭海底争端分庭认为担保国要履行确保义务和直接义务。

确保义务为尽责义务，是“行为义务”而不是“结果义务”[①]。担保国必须在其法律体系内采取必要和适当的措施确保被担保的从事“区域”活动的私人实体遵守《公约》第十一部分、1994年《执行协定》、管理局制定的规章以及与管理局签订的合同条款。由于担保国本身并不在“区域”内实施相关勘探和开发的活动，所以这并不要求担保国在任何情况下都要绝对地确保被担保的承包者履行义务，也并不意味着担保国要绝对保证被担保的承包者在“区域”内的活动完全不会发生损害或是损害威胁，而是要求担保国在自身的法律制度内采取必要和适当的措施来防止损害的发生或损害威胁的产生。在担保国已采取措施的情况下，可以对被担保的承包者未履行其义务所造成的损害不承担赔偿责任。

担保国采取的措施要符合“合理适当”的标准。因为担保国采取法律、法规、规章和行政措施属于担保国国内自主决定的事项，所以担保国对此享有自由裁量权，但这并不意味着担保国可以在其法律制度内任意决定采取任何的措施，海底争端分庭指出担保国采取的这些措施要符合“合理适当”这一标准。《公约》对于什么是“合理适当”措施并没有作出详细的列举，不过要求担保国必须善意履行[②]并且以合理、相关和有益于全人类利益的方式客观地考虑所要采取的措施。担保国采取的措施必须符合客观情况且有理有据，并且应该在承包者与管理局所签订合同有效期内一直有效。

① 参见乌拉圭河纸浆厂案和2001年国际法委员会《预防危险活动的跨界损害》条款草案。国际法院在“乌拉圭河纸浆厂案”的判决中阐述了对符合一项专门的条约义务的“尽职履行的义务”的含义：这项义务不仅涉及通过适当的规则和措施，而且要求其在适用于公共和私人经营的行政管理措施（比如对这些经营者的活动进行监测）时保持特定水平的警惕。

② 《联合国海洋法公约》第157条第4款和第300条。

担保国在其国内法中有必要包含履行《公约》规定的义务所必要的相关规定。这些相关规定的内容涉及被担保的承包者的经济可能性和技术能力、颁发担保书的条件、担保国确保承包者履行环境保护义务、建立执行机制以便有效监督承包者在“区域”的活动，执行有关国际法庭和仲裁庭的裁决以及承包者不遵守规定的惩罚措施。这些有关担保国义务和赔偿责任的一般性规定平等适用于所有担保国，不论它们是发展中国家还是发达国家。

从“区域”开发草案框架来看，《草案》第91条为担保国设定义务。《草案》为缔约国和担保国设定的义务还有：提交申请书的义务（《草案》第2条第2款）、对承包者培训的义务（《草案》第35条）、合作与交换资料的义务（《草案》第81条）、将终止担保的情况通知管理局的义务（《草案》附件十第12节第1款）、执行《公约》管辖的法院或法庭作出的关于管理局和承包者的权利和义务的最终裁决的义务（《草案》第93条）。从《草案》内容看对于担保国的义务规定还存在以下问题需要进一步澄清。

(1)《草案》第91条规定的承包者合规需承担的义务，管理局和担保国都对承包者有监督义务，二者如何分工以避免重复是需要进一步明确的问题。

(2)《草案》第91条第1款（a）总的概括担保国应确保承包者遵守并履行义务，从（b）~（j）分别列出具体的条款内容，这些条款之间是否有履行上的先后顺序要求，在归责时是否有等级的区分。

(3)《草案》第17条为确保《公约》第155条规定的确保有效地保护海洋环境免受有害影响，管理局、担保国和承包者应采用一些原则规划、实施和修改“区域”内活动必要的措施，这些义务是为担保国设定的，还是对管理局的要求，并不明确。最佳环境做法、《里约宣言》原则15、生态系统方法、最佳可用科学证据、承包者指导意见和良好的行业做法具体标准和措施不明确，管理局可能会根据本条款不时地采用新的标准。这些标准按照条约规定是需要强制遵守的，所以，需确定这些标准，以确保担保国和承包者清楚地了解他们的义务，并确保担保国和承包者在理解这些标准时是一致的。《里约宣言》原则15对于发达国家与发展中国家是否有不同的标准，问责制和透明度以及有效的公众咨询有没有明确的措施，这些模糊的规定，对于担保国确保遵守的义务履行与否存在不确定性。

(4)《草案》第23条承包者对海洋环境的持续义务，没有具体标准。《草案》第28条第2款规定：承包者应遵守适用于其在“区域”活动中适用的所有法律和规章，无论是国内、国际或其他法律和规章。这里国内、国际或其他法律和规章范围很广，并不明确。这些模糊的规定，对于担保国确保遵守的义务履行与否存在不确定性。

(5)《草案》第91条第1款（a）制定环境目标的根本考虑应是保护和保全海洋环境，包括生物多样性和生态完整性，与《公约》第145条不一致。“保护和保全海洋环境，包括生物多样性和生态完整性”的规定过于宽泛，对于担保国确保遵守的义务履行与否存在不确定性。

（四）担保国责任条款的立法建议

《草案》中没有更多关于担保国责任制度的规定，对于担保国，《公约》第139条规定：“在不妨害国际法规则和附件三第22条的情形下，缔约国或国际组织应对由于其没有履行本部分规定的义务而造成的损害负有赔偿责任；共同进行活动的缔约国或国际组织应承担连带赔偿责任。但如缔约国已依据第153条第4款和附件三第4条第4款采取一切必要和适当措施，以确保其根据第153条第2款（b）项担保的人切实遵守规定，则该缔约国对于因这种人没有遵守本部分规定而造成的损害，应无赔偿责任。”《公约》第139条“清楚地确立了产生（担保国）赔偿责任的两个条件：担保国未履行其义务……以及发生损害”。担保带来的法律责任和义务主要包括两类：确保遵守的原则性义务和其他直接义务。担保国只对其自身不履行义务所造成的损害承担责任，承包者不履行《公约》义务并造成损害的事实不足以使担保国承担损害赔偿责任。从赔偿范围看，“在任何情形下，赔偿应与实际损害（actual amount of damage）相等”。但何为“实际损害”，没有明确的界定。依据《探矿和勘探规章》附件四第16节第1款规定：“（承包者）应对其本身及其雇员、分包者、代理人及他们为根据本合同进行承包者的业务而雇用为他们工作或代他们行事的所有人员的不法行为或不行为所造成的任何损害，包括对海洋环境的损害的实际数额负赔偿责任，其中包括为防止或限制对海洋环境造成损害而采取的合理措施的费用，但应顾及有辅助作用的管理局的行为或不行为”。在确定“实际损害”时还“应顾及有辅助作用的管理局的行为或不行为”。

四 中国在“区域”资源开发阶段的应对之策

中国目前从事“区域”勘探活动的承包者有两个，分别是中国大洋矿产资源研究开发协会（简称“中国大洋协会”）和中国五矿集团公司。中国大洋协会分别在东北太平洋获得了面积为 7.5 万平方公里的多金属结核勘探区，在西南印度洋获得了面积为 1 万平方公里的多金属硫化物勘探区，在东北太平洋获得了面积为 0.3 万平方公里的富钴结壳勘探区。2017 年 5 月，中国五矿集团公司在东太平洋获得了 1 块面积近 7.3 万平方公里的多金属结核资源勘探矿区，中国由此成为首个在“区域”拥有三种资源、四个矿区专属勘探权的国家。2017 年 5 月 11 日，管理局与中国大洋协会在北京签订了多金属结核勘探延期合同，经延期后合同于 2021 年 5 月 21 日到期，管理局预计于 2020 年进入开发阶段，邀请中国大洋协会做好开发准备。

面对“区域”矿产资源即将进入商业开发阶段的紧张局势，中国应努力发挥在管理局中的重要作用，积极参与国际海底事务。中国一向坚决反对少数大国霸占海洋，支持“区域”及其资源为全人类共同继承财产的原则。1971 年第 26 届联合国大会恢复了中国在联合国的合法席位，增加中国为海底委员会的成员，从此中国开始参加联合国关于国际海底问题的会议和讨论。在第三次联合国海洋法会议上，中国与广大发展中国家一道，为维护“区域”及其资源的人类共同继承财产的法律地位作出了不懈的努力。管理局成立以后，中国分别于 1996 年和 2000 年成功当选 B 组（主要投资国）理事会成员，2004 年又成功当选 A 组（主要消费国）理事会成员。在管理局开展的各项“区域”立法进程中，中国政府代表团积极发表意见，在解决申请区块的重叠主张争议、关联申请者的限制、多金属硫化物区块的定义等问题上发挥了重要的作用。在担保国责任问题上，中国主张在《公约》范围内明确担保国的权利义务责任。

中国还应积极参与“区域”内矿产资源开采规章的制定进程，在管理局发起的利益攸关方调查以及规章讨论中发表有利于实现全人类共同利益且符合本国意志的环境主张。

另外，中国应进一步完善国内深海法律体系，为“区域”资源的商业开发做好国内准备。为了有效落实作为担保国对本国公民、法人的深海海底勘探和开发行为的有效管控责任，中国于2016年2月颁布了《深海海底区域资源勘探开发法》（简称《深海法》），《深海法》的出台是中国履行国际义务和始终坚持遵循国际法立场的重要体现，《深海法》的规定已经达到了国际标准，履行了担保国的义务。考虑到管理局“区域”勘探开发的法律制度尚处于不断发展之中，《深海法》的部分条款仅作出了原则性规定，为了保证《深海法》的贯彻落实，有必要就一些重要制度制定一套具有可操作性的规范。

安全结构：突发公共卫生事件影响国际格局的社会辨析*

颜　烨**

摘　要： 新冠肺炎疫情对国际格局必然造成影响，但这影响究竟有多大？世界各国学者俨然分为两大阵营：一方面认为疫情加速逆全球化，可能是人类的新纪元分水岭；另一方面认为疫情对世界的影响有限，反而会促进新的全球合作。社会学对全球社会的研究，比较突出的有世界体系论、世界风险社会论、全球社会学论，各种理论必然涉及国际社会结构与功能。若从社会学家帕森斯的社会系统论关于经济、政治、社会、文化四位一体的结构—功能主义观点出发，我们可以辩证分析疫情对于国际社会诸类安全结构的影响，从中亦可窥见美国衰落、中国崛起的合理因素和有限性。

关键词： 新冠肺炎　国际格局　安全结构　社会学

新冠肺炎疫情的逐步蔓延，呈现出疫情全球化的局面，对各国人民的生

* 基金项目：国家社科基金重点项目（16AZD020）；中央高校基本科研业务费项目（3142015026、3142018057）；河北省高校教改项目（2018GJJG480）。

** 颜烨，应急管理大学（筹）华北科技学院校区安全与社会发展研究所所长、教授，主要从事安全社会学、应急社会学、社会结构、社会建设与治理研究。

命安全造成很大威胁。为此，世界各国政府基于各自国情和文化制度，先后采取不同的疫情防控策略和政策，从而导致不同的防控效果。不同学科的学者均就疫情所引发的国际关系格局的嬗变进行了多方面的分析。从社会学角度看，疫情对国际格局究竟有多大影响、有什么样的影响，以及中国面对这种国际变化和影响如何合理施策，需要作出一定的回应。

一　分析视角：社会学对全球社会的结构性关注

社会学以“行动—结构”（或“秩序—进步”）为核心命题对社会展开研究，其中社会结构是社会学的核心议题；所谓社会结构，在社会学家看来，是指占有不同资源、机会的社会成员的组成方式及其关系格局，① 从而进一步揭示社会分层的经典理念。这一理念实际上是马克思关于社会结构性不平等思想在现代社会的进一步拓展。

时至今日，社会学并不仅仅关注一个国家或地区内部的社会秩序和变迁，如同马克思所指的“世界历史”形成和发展那样，② 社会学也关注全球化社会（国际社会）的存在和发展，关注全球社会的结构性变迁，尤其是当中的世界格局（国际格局）的变迁。一般而言，世界政治格局是指世界上主要政治力量（主要是大国），通过一系列抗衡分化、组合而形成的一种相对稳定的全球社会结构。从这个意义上来讲，如果说“社会学”是研究人类社会关系结构的学问，那么“国际关系学”差不多就是研究国家间关系结构的国际社会学（广泛地研究国际经济、政治、文化、社会关系）。当然，相比较而言，除了大国之间的权威架构，全球社会没有类似国家有那样的阶级统治权威。在社会学里，除了马克思主义社会学关于国际社会冲突的经典研究之外，后来的一些社会学大师也对此有着深刻的分析和关注，大体可归纳为三个方面。

---

① 陆学艺主编《当代中国社会结构》，社会科学文献出版社，2010，第9～10页。

② 〔德〕马克思、恩格斯：《德意志意识形态》，人民出版社，2003，第32～33页。书中写道：各民族的原始封闭状态由于日益完善的生产方式、交往以及因交往而自然形成的不同民族之间的分工消灭得越彻底，历史也就越是成为世界历史。

（一）沃勒斯坦的世界体系理论

沿着国际政治学者普雷维什、阿明等的古典依附理论（中心—边缘），拥有社会学家、历史学家等多重身份的沃勒斯坦认为，“中心—半边缘—边缘”是现代世界社会体系的核心特征，中心资本主义经济的全球化扩张，使得西方文明成为主导性的强势文明；而居于半边缘、边缘的国家陷入拒绝还是接受这种西方文明的困境。他对未来世界的发展做出多种预测，认为最终将会出现“社会主义世界政府”，或许21世纪中叶中国将决定人类共同命运，但不知道会不会是一个平等的世界体系。世界体系理论运用马克思主义关于资本、生产关系、阶级不平等等概念，对全球化的社会结构、特征和发展趋势有一定的理论解释价值，尤其强调从世界分工角度理解当今资本主义的存在和走向，从而揭示当代阶级全球化背景下资本主义体系难以克服的内在危机，带有新马克思主义社会学关于全球社会文明冲突的特征。①

（二）贝克、吉登斯的（世界）风险社会理论

德国社会学家贝克、英国社会学家吉登斯自1980年代以来，不断从现代性反思的视角来观察风险社会的形成与治理。贝克认为，风险社会是现代化进程中的“第二次现代化”，其风险内生于工业社会，源于工业化过程中人的决策和行为，是其潜在副作用的后果，是制度性风险；风险的分担已经超越阶级界限，且是全球化的。“有组织地不负责任”是风险社会理论的核心理念：一方面几个世纪以来产生的环境风险等已经找不到肇事主角，另一方面风险制造者已经无能且不愿担责化解风险；风险在全球的平等分布，并不能遮盖风险带来痛苦的新型不平等，贫穷国家依然是最大的受害者。要解决风险社会的问题，已经无法依靠工业社会现有的科技或经济等制度，而必须在现有的结构之外进行“政治发明”或“构建世界主义政党”，即风险全

① 〔美〕伊曼纽尔·沃勒斯坦：《现代世界体系》（第一卷），罗荣渠译，高等教育出版社，1998，第1～541页；〔美〕伊曼纽尔·沃勒斯坦：《现代世界体系》（第二卷），吕丹等译，高等教育出版社，1998，第1～400页；〔美〕伊曼纽尔·沃勒斯坦：《现代世界体系》（第三卷），郭方等译，高等教育出版社，2000，第1～316页。

球化，责任也全球化，国家需要一定的主权让渡，才能进行风险复合治理。吉登斯则从资本主义、工业主义、军事力量和监督四个维度，分析风险社会的制度特征和发展模式；民族国家体系带来极权主义，世界资本主义经济体系诱发经济崩溃，国际劳动分工体系造成生态恶化，世界军事秩序诱发核威胁或核战；为此，他为未来社会设计出“乌托邦现实主义”的发展模式，包括解放政治化、生活政治化、地方政治化和全球政治化四个制度维度。与贝克类似，吉登斯特别强调新社会运动在全球风险社会治理中的作用。①

（三）科恩、肯尼迪的全球社会学理论

英国社会学家科恩、肯尼迪力图以“现代性”为逻辑起点，延伸社会学的研究，认为人类社会的结构已经跨国化和全球化，因而他们以全球化、全球主义及其在世界社会的演进为主线，并将“全球”拟国化，将民族国家拟人化，研究解剖全球“社会”的结构、功能及其变迁。与研究国内社会一样，该理论同样研究全球社会的自然环境基础、人口发展与流动（移民）、全球不同文化、人格化的国家角色、国家地位分层与国际社会阶级、跨国公司与金融组织及其社会角色、资本主义体系、国际劳工领域、种族或性别问题、媒体与传播、社区性的共产党国家或富国与穷国、城市化问题、全球生产与社会消费、社会运动、犯罪与暴力、全球控制等，以及全球化社会的走向和建设（乌托邦还是敌托邦），并质疑美国主导的全球化社会等，从而勾勒出了当代全球社会的总体图式和景象。该理论本质上就是对全球社会的不平等现象、不平等因素的分析及对全球未来的憧憬。②

从上述三类经典研究来看，有几个共同点：第一，均从社会结构观点来

① Ulrich Beck, Risk Society, Towards a New Modernity, Translated by Mark Ritter, London: SAGE Publications Ltd. 1992;〔德〕乌尔里希·贝克：《世界风险社会》，吴英姿等译，南京大学出版社，2004，第1~243页；Anthony Giddens, *Modernity and Self-Identity*, *Self and Society in the Late Modern Age* (Cambridge: Polity Press, 1990); Anthony Giddens, *The Consequences of Modernity* (Cambridge: Polity Press, 1991); Anthony Giddens, *Runaway World: How Globalization is Shaping Our Lives* (London: Profile Books, 1999)。

② 〔英〕罗宾·科恩、保罗·肯尼迪：《全球社会学》，文军等译，社会科学文献出版社，2000，第1~550页。

探究全球社会的核心问题即结构性问题（世界风险社会理论略弱一点）；第二，均基于“现代（性）”的视角来分析全球社会问题，认为现代化发展的动力和企望加深了国际社会的不平等，从而诱发了世界冲突风险；第三，均能较为一致地得出结论认为，以现代资本主义经济为基础的全球化、以美国为首的全球化，不可能太长久，未来世界是合理公正的多元化国际社会秩序，而且是合作共治的人类命运共同体社会。

（四）安全结构：全球性突发事件应对的社会学视角

从核心意义上来说，研究全球社会的关系结构，一方面促进各国和整个世界的发展，另一方面保障各国和整个人类社会的安全。两者结合起来说，就是安全发展、发展安全。国内曾有学者用“安全结构”来分析煤矿等公共安全突发事故（事件），涉及政府、市场和社会，或者说官员、企业主和民众（或劳工或社会组织）等一国内部的社会力量要素，有一定的实证意义。① 而在国际社会，国际关系学者布赞等人曾经用“国际安全结构”来分析地区安全保障，涉及超级层次大国（美国）、全球层次大国（中国、日本、欧盟、俄罗斯）和地区层次大国这三类层级结构要素，以及国内层次、地区国家间层次、地区间层次（某地区与周边其他地区间关系）、全球层次四个组群性的结构要素，即多重主次安全关系相互影响而形成的结构性安全秩序联合整体，但国家依然是全球安全结构中的核心要素。② 这实际上也是社会学关于社会结构理论在全球社会安全保障方面的应用，可谓“全球安全社会学”。

安全保障的一个重要前提是化解风险、避免灾变或冲突。风险的概念在安全研究中居于核心地位（这里不展开安全、风险、灾变的关系）。伴随着经济全球化、信息全球化，现代社会风险也是全球化的。这次新冠肺炎疫情

---

① 颜烨：《沃特斯社会学视角与安全社会学》，《华北科技学院学报》2005 年第 1 期；颜烨：《煤殇：煤矿安全的社会学研究》，社会科学文献出版社，2012，第 1 ~ 272 页。

② 〔英〕巴里·布赞、〔丹〕奥利·维夫：《地区安全复合体与国际安全结构》，潘忠岐等译，上海人民出版社，2010，第 6 ~ 38、458 页；章远：《中东政治发展危机的安全结构约束》，《西亚非洲》2019 年第 6 期。

风险，几乎是防不胜防。但是，相对于地震、火山、海啸等超越人类预测理性的自然界“黑箱”风险（黑天鹅），以及人们日常开车驾驶的交通“白箱”风险（大白象），这类风险几乎又是“灰箱”风险（灰犀牛）。这类风险的来临，无一国家能够独善其身。即便中国本土疫情已经得到控制，但面对入境者的涌入，仍然会面临二次疫情感染暴发的潜在风险。

尽管风险本身的弥散超越国界，超越富国与穷国、强国与弱国的国际社会不平等，风险治理（疫情防控）却是不平等的，或者说差异很大，表现为治理体制的差别、治理能力和方式的差异或不平等、治理效果和安全健康保障的差异或不平等。疫情本身涉及 safety 意义的公共卫生安全问题，但它对国际格局或多或少会发生一定的影响，即又涉及 security 意义的国家安全或国际安全问题，这就是涉及国际社会的安全结构（security structure）问题。这就是我们为什么需要使用“安全结构”来分析疫情对国家格局影响的原因。

这里，我们认为，疫情等公共突发事件涉及的（国际社会）安全结构，可以分为一般性结构、特定性结构。一般性结构涉及如下要素：一类包括民族国家及其主权、国际社会环境；另一类包括全球经济、全球政治、全球社会、全球文化四位一体要素构成的系统。特定性结构即国际格局意义的结构，包括民族国家、大国关系、跨国公司、国际社会（包括国际社会组织）。我们主要选取其中的四位一体系统进行分析。

二　疫情全球影响的主要国际关系分析观点综述

一般来说，国际格局较长时期较为稳定，但遇到战争或其他突发性灾难，国际格局可能发生巨大变化。从相关研究文献看，当年 SARS 对国际格局、世界经济影响的文献寥寥无几。[①] 关于这次新冠肺炎疫情的全球蔓延及其对国际格局的影响分析，近期不绝于耳，如包括基辛格、弗里德曼、约瑟夫·奈、福山、梅农、郑永年等在内的分析预测。尤其是美国《外交政策》

① 施学光：《伊战和“非典”疫情对世界和中国经济的影响》，《现代经济探讨》2003 年第 6 期。

杂志于2020年3月20日邀请世界12位思想家阐述了对疫情后全球秩序的预测。[①] 总体上，大体可以将他们的观点归纳为以下几个方面。

（一）疫情是“新纪元”，加速逆全球化、主权主义复兴

《外交政策》杂志访谈后总体上认为，疫情将导致政治、经济权力的永久性转变。比如，《世界是平的》的作者弗里德曼认为，新冠肺炎疫情远非1918年大流感、2003年SARS疫情所能比，可能成为类似“公元前和公元后”那样的历史分期新起点，是“新纪元的分水岭”，影响如同柏林墙的倒塌。他还借用马里兰大学米歇尔·盖尔范德（Michele Gelfand）教授提出的紧密型社会（tight society）和松散型社会（loose society）的文化差异理论框架，指出“紧密型文化”在应对疫情方面效率更高，呼吁美国“松散型社会”要尽快收紧文化，但要放松钱包加大抗疫投入。[②] 世界著名国际政治学者、哈佛大学肯尼迪政府学院教授约瑟夫·奈认为，21世纪的技术不仅在分布上是全球性的，而且在其诱致的风险后果上也是全球性的。美国在这场疫情中未能调整战略，以适应这个新世界。

与他们相呼应的说法，如布鲁金斯学会主席、前美国海军陆战队上将艾伦认为，这将会是民主、多边主义和全民医保的伟大胜利，历史将由果断的威权主义统治的胜利者书写，危机将以一种前所未有的方式对国际权力结构重新洗牌。曾任美国对外关系委员会全球卫生高级研究员的普利策奖得主加勒特认为，疫情对世界金融与经济体系的根本性冲击，在于使人们认识到全球供应链与分销网络极易遭到破坏；这种经济影响且会导致根本性的变化：全球资本主义进入戏剧性的新阶段。美国对外关系委员会会长哈斯认为，疫情至少会在几年内促使大多数国家内顾，更加关注国内事务，许多国家将难以从这场危机中恢复过来，国家贫弱与失败国家将在世界上更加普遍。美国国际战略研究所副所长舍克认为，美国政府的狭隘自私与无能为力，导致自

① 《12位全球顶尖思想家预测：新冠疫情之后，世界秩序将何去何从?》，微信公众号“国政学人”，2020年4月21日。下述内容中，未注明出处的，均源自本文献，特此说明。

② Friedman, Thomas L., “Our New Historical Divide: B. C. and A. C. —the World Before Corona and the World After”, *New York Times*, March 17, 2020.

己在这场领导力测试中“挂科”了，将不再被视为国际领导者，世界也会因此而更加糟糕。哈佛大学肯尼迪政府学院沃尔特教授认为，与以往疫情不同，这次疫情将强化国家权力、加强民族主义，将会创造出一个不再那么开放、繁荣与自由的世界。英国皇家国际事务研究所所长尼布莱特认为，疫情可能是压垮经济全球化的最后一根稻草；中国不断增长的经济和军事实力，激起美国两党强行推动中国与美国高科技和知识产权的脱钩，并试图迫使盟国仿效。

2020 年 4 月 16 日，美国欧亚集团总裁伊恩·布雷默在《日本经济新闻》发表文章称，疫情预示世界新秩序三大潮流：第一是去全球化；第二是民粹主义，世界许多国家“本国优先”姿态使得国际合作关注度下降，民众“自我主义”倾向诱致社会疏离；第三是中国作为真正的政治超级大国开始崭露头角。①

（二）疫情冲击未必是根本性的，或许诱发新的国际合作

与上述观点相异的是，一些学者谨慎地认为，对此不必过度解读，疫情可能对世界经济发展是一个转折点，但对国际秩序影响有限。②

“历史终结论”者、美籍日裔学者福山，既不为中国的防疫成就激动不已，也不一味谴责中国。他认为，政体类型与疫情防治效果之间没有多大联系：民主政体如韩国、德国、北欧国家等在防疫中也有很好的表现；独裁政府国家如俄罗斯、白俄罗斯等，表现得并不好；只是说，中国模式是非西方模式中唯一最成功的：国家干预和准资本主义的混合体。日本、韩国等一些邻国也有不同程度的集权体现，但这种模式无法被亚洲以外如拉美国家复制和借鉴。因此，疫情防控模式并不能证明中国制度的优越性；尽管逆全球化极有可能出现，但只是程度问题。福山认为，世界或许回到 20 世纪五六十年代，但自由主义、社会保障和国家干预三者之间的

① 〔美〕伊恩·布雷默：《疫情预示世界新秩序三大潮流》，参考消息网，http：//column.cankaoxiaoxi.com/2020/0417/2407806.shtml，2020 年 4 月 21 日。

② 陈斯睿、田皓雪子、陆萌：《专家解读：全球疫情催生世界新格局?》，《欧洲时报》中文网，http：//www.oushinet.com/europe/britain/20200417/347121.html，2020 年 5 月 1 日。

平衡，不容忽视。①

与此同时，新加坡国立大学亚洲研究所特聘研究员马凯顿认为，疫情不会从根本上改变全球经济方向，它只会加速已经开始的变化：从以美国为中心的全球化转向以中国为中心的全球化。美国普林斯顿大学政治与国际事务系和伍德罗·威尔逊公共与国际事务学院伊肯伯里教授认为，随着经济的破坏和社会的崩溃，除了民族主义、大国对抗、战略脱钩等类似的趋势得到强化以外，从长远来看，民主国家还将找到一种新的实用主义和保护性的国际主义。印度前国家安全顾问，印度前驻中国大使、驻巴基斯坦高级专员梅农认为，疫情将改变当前的国内及国际的政治生态，如政府回归国内社会治理，但它并不终结世界各国间的相互关联，反而警醒和促进全球突发事件的多边合作。美国外交关系协会副主席奥尼尔认为，疫情正在破坏全球制造业的基本原则，全球供应链已经受到经济和政治的双重打击；虽然盈利能力会下降，但供应稳定度将会上升。俄罗斯学者卢基扬诺夫、洛马诺夫等认为，疫情对世界力量格局的调整不可避免；疫情应急能力成为国家生存能力的标志，也影响国家在国际体系中的地位，尽管不是决定性的；中国行为的改变，哪怕不是根本性的，但对国际舞台的平衡是显著的。②

新加坡国立大学东亚研究所郑永年教授也认为，瘟疫和战争几乎是孪生兄弟，如果社会恐慌控制不住，民主政府和法西斯政府几乎只有一墙之隔；经济危机、社会恐慌、国家治理危机的“三合一”并发症，在西方尤其明显。疫情使得人们在经济层面需要重新反思全球化，但并不会完全终止全球化，或许是一种“有限的全球化”；在政治方面，种族主义再度抬头，欧盟国家也许回到主权国的时代，未来10年，民粹主义或许高涨。该如何解决？目前为止整个世界都还没有方案。不是说美国主导的世界不行了，中国就可以主导。因为任何一个国家再强大，也不可

① Francis Fukuyama, “The Thing That Determines a Country's Resistance to the Coronavirus”, *the Atlantic*, March 30, 2020.

② 《俄瓦尔代俱乐部专家：新冠疫情影响中美竞争格局》，参考消息网，http://m.cankaoxiaoxi.com/column/20200402/2406520.shtml，2020年4月25日。

能提供足够的国际公共品。但不管怎么说，“逆全球化”已经是一个世界性的趋势了。①

2020 年 4 月 3 日，美国前国务卿基辛格在《华尔街日报》刊登评论，指出目前美国民意分化，必须有一个有效率、有远见的政府来克服当下在规模上和全球范围内前所未有的困难，因此维持公众的信任，对于社会团结、社群关系和国际和平稳定是至关重要的。② 哈佛大学肯尼迪政府学院伯恩斯教授也认为，由此产生的金融和经济危机，可能超过 2008 ~ 2009 年全球经济大衰退所造成的影响，或许永久性地改变我们所认知的国际体系和力量平衡；其中，医生、护士、政治领导人乃至于普通民众，所展示出的韧性、效率和领导力等，为世界应对并最终战胜任何异常挑战带来了希望。

从上述两方面的观点看，一方面，强调现行全球化的终结，对 21 世纪美国中心的衰落表达无尽哀叹，同时看好中国中心的崛起和强大；另一方面，分析认为疫情可能一度造成民族或民粹主义的复兴，造成全球经济生产链、供应链的短期中断，但长期来看，不会带来世界格局的根本性变化，反而造就了国际社会新的合作。

三　安全结构：疫情全球影响的社会学辩证分析

美国社会学家帕森斯的结构—功能主义思想影响深远，包括行动理论和社会系统理论。他认为，社会由人的行动系统构成，包含行为有机体、人格、社会、文化四大系统；其中的“社会系统”又包含经济、政治、社会、文化四大子系统，与中国共产党早前提出的社会主义现代化四位一体布局，分别执行着社会适应（如经济收入获得）、目标实现（如政令统帅）、功能

① 郑永年：《这次疫情冲击，有 3 个“史无前例”》，微信公众号正和岛（ID：zhenghedao），2020 年 4 月 8 日。

② 〔美〕基辛格：《新冠肺炎大流行将永远改变世界秩序》，中华网，https：//news.china.com/international/1000/20200405/38030789.html，2020 年 5 月 1 日。

整合（如社团凝聚）、模式维持（如价值整合）四大功能（即社会系统理论）。[①] 同样，国际社会也涉及这四大类子系统；由此，我们着重从这四个子系统及其功能角度，就疫情对国际格局的诸多安全结构因素、安全影响进行社会学辨析。

（一）经济安全：疫情影响国际经济系统变化的辨析

在帕森斯的社会系统理论中，经济子系统往往承担着社会适应（Adaptation）的功能。对于国际社会来讲，每个主权国家也是单一经济行动者，相互作用、相互影响，共同构成国际社会经济子系统；每个国家经济体与国际经济环境密切关联，并分配国内经济资源。就现行国际经济系统来讲，实质是指以美元金融体系为首的资本主义经济全球化，是资本主义生产方式的全球扩张，也是资本主义社会内在矛盾的全球化扩展，是发达国家对发展中国家经济的控制和驾驭。

疫情全球大流行以来，随着一些国家采取封城乃至封国政策，全球人员流动趋势一度减弱或暂停，随之而来的是全球产品生产链、供应链、销售链一度出现断裂，美英一些国家甚至从中国撤出自己的跨国公司，从而造成全球经济不可持续性。这种不可持续性的效应可能是长期的，或许会危及美元的金融霸权地位，世界经济格局的安全性、稳定性经受新的考验或产生新的动态平衡。很多学者预言，疫情的发生，加速了以中国为中心的全球化新时代的到来，其中不乏中国经济总量的持续增加和影响力的增强，其意义远远超出了一般国家经济适应和融入全球经济体系的意义。

当然，疫情之后，现行经济全球化模式究竟是持续改进，还是颠覆性改变，尚需观察。其实，目前美国的国际经济地位，远非中国所能比。中国目前的经济总量和增速举世瞩目，2030 年前后总量超过美国，不成问题，但

① 帕森斯关于结构—功能的社会系统思想，从 1930 年代就一直没有间断过思考，他是基于马克斯·韦伯的行动系统而言的，其中关于经济、政治、文化、社群子系统及其 AGIL 功能模式的论述，多见于《社会系统》（1951）、《关于行动的一般理论》（1951）、《现代社会系统》（1971）等著作。行动系统包含行为有机体、人格、社会、文化四大系统；其中的社会系统又包含经济、政治、社会、文化四大子系统。见〔美〕塔尔科特·帕森斯、尼尔·斯梅尔塞：《经济与社会》，刘进等译，华夏出版社，1989，第 40 页。

是要看到（2018 年数据）：中国人口是美国的 4.3 倍，人均 GDP 只是美国的 15%，人均耕地只是美国的 19%，人均医疗支出只是美国的 6%，研发经费只是美国的 52%，教育经费占比不过是美国的 79%，军费开支只是美国的 27%，世界百强大学数只是美国的 15%，世界顶尖科学家只是美国的 27%，高校毛入学率与美国相差 39 个百分点，第三产业占比与美国相差 27 个百分点，等等。这些差距非三五年内就能缩小。而且，国内本身的社会主要矛盾相对突出，发展不平衡不充分的问题日益明显。解决这些问题，本身就需要花费很多精力财力物力和时间，因此中国担当国际大国责任的能力非常有限。

（二）政治安全：疫情影响国际政治系统变化的辨析

在社会大系统中，政治子系统通过确定系统层次、集中调动资源，去实现整体目标的功能。国际社会的政治系统，是由各主权国家与国际社会组织共同构成的，最主要的是大国之间的政治关系结构（即所谓世界格局）。第一次世界大战结束以来的近现代国际关系格局，一般认为分为三个阶段：妥协性分赃的凡尔赛—华盛顿体系（1918～1945 年）、以冷战为主的两极化格局（1945～1991 年）、一超多强的多极化格局（1991 年至今）。有学者通过对本次疫情的分析认为，21 世纪的国际格局将现三足鼎立：一是以美国为中心，环绕英国、日本以及韩国、印度；二是以中国为中心，俄罗斯、朝鲜、伊朗等与其关系密切；三是英国脱欧后，以德国、法国为中心，全新的欧盟亦将崛起。[①] 也有分析认为，疫情使得中东地区更加混乱，而使东亚地区关系走向新平衡，地缘政治将得以强化，乃至冷战时期的亲缘政治关系会一度复活。

改革开放尤其是进入 21 世纪以来，中国经济持续增长，增加总量和增速大大超出美国等资本主义国家，加上华为的 5G 时代的崛起，以及中国本次疫情防控的举国措施得到包括世卫组织在内的世界各国人们的称颂，以中

① 《疫情下的世界格局：秩序混乱与重建》，知乎网，https：//zhuanlan.zhihu.com/p/115829967，2020 年 5 月 1 日。

国为中心的全球化新时代呼之欲出。相比之下，美国经济增长全力，虚拟经济诱发的金融风险持续存在，科技进步进一步减速，以及本次疫情控制不力，死亡率攀升，民怨沸腾，以至于人们认为，现行以美国为中心的全球化旧时代即将结束。很显然，中国所谓国际领导力要素的加分项和分值都在持续增长。

短期地看，疫情防控过程中，美国总统、英国首相等都曾一度将疫情政治化，加上中国国内极少数知识精英层曾有病毒“阴谋论”出现，从而在话语意识上使得中美、中英等大国关系发生龃龉；中美甚至在外交层面发生重大意见交锋，一度在两国贸易交往中重新掀起对冲。历史地看，国无常友，亦无常敌。当今世界是经济信息化相互渗透的世界，是国家利益各取所需而追求均衡的世界，而不是传统的冷战时期；尤其是随着医学发展和治疗效果显现，新冠肺炎病毒肆虐必将得到控制，因而这类疫情对大国关系或世界政治版图改变的影响未必长远。

可以说，在21世纪，中国的崛起和美国的衰落，是两件同样不可避免的事情。但是，我们也应该清醒地看到，目前美国在经济、科技和军事上，仍是世界超级大国；中国虽然发展势头看好，举国体制的治理能力略显优势，但总体实力还不足以与美国相比，更不可能立马取代美国。而且，有分析认为，疫情在整体上削弱了各国的实力，不存在谁输谁赢的问题，现行“一超多强”格局仍将维续下去。

（三）社会安全：疫情影响国际社会系统变化的辨析

社会（社群）子系统主要反映行动者之间在资源机会占有方面的层级差异、和谐或冲突的关系状态，以及通过社会整合（社会建设或社会治理）来凝聚差别化的行动者，使得社会成为均衡、完善的整体。对于国际社会来说，国家之间的社会性差异也非常明显。

就疫情防控和病人治疗来看，医疗资源的富足与紧张，在发达国家与发展中国家之间（如日本与印度之间）、发展中国家之间（如中国与非洲国家之间）存在很大差距。在发达国家之间，也同样存在差距，比如在欧盟，德国、法国的医疗资源相对充足，而其他中小国家则显得捉襟见肘，防疫抗疫压力很大；尽管美国经济发达，但其医疗资源也未必见长。而且，这类疫情防控非常消耗体能，发达国家医卫人员基本偏于老龄化状态（如意大利一半以上超过55岁），中国的医护人员年轻有力（45岁以下占了多半），前者医护人员自身感染率、病死率也超过后者。

另外，一些发达国家由于防疫抗疫失策而导致病例治疗压力加大，已经无法伸出援助之手，也不愿意支援邻国或其他发展中国家，存在一种非常自我主义的做派。但是，诸如中国、俄罗斯等国家，在自身防疫抗疫的基础上，仍然对意大利和非洲一些国家提供医用物资以及医务人员帮助和经验传授，体现国际人道主义精神。

除此之外，由于疫情中断了全球生产链和营销链，发达国家抽走资金和投资建设项目，一度造成一些发展中的贫穷国家经济下滑更快，失业率偏高，贫苦家庭增加。国与国之间的贫富鸿沟一度拉大，怨恨也更大；这些国家的国内矛盾也因之而不断加深，其影响必是深远的。

同时，我们也应清醒地认识到，世界强国包括美国、俄罗斯等，在关键时刻，也不愿意看到中国的强大和崛起。即便一些曾经受惠于中国的发展中国家，也在关键时刻对中国指指点点。比如中国疫情防控的第二阶段，因为广州对入境黑人加强排查和隔离措施，非洲一些国家就站出来指责中国不人道，搞种族歧视；甚至认为疫情既然源于中国，中国就理应承担各国的医疗责任，应该为它们无偿提供医疗资源和人员。有些"一带一路"沿线国家，也要求中国无偿承担救援的大国责任。

因此，从国内形势和外部挑战看，中国今后长时间不可能也不必去充当大国警察、大国领袖，而应该立足国内，发展经济，保障民生，优先做好本国事情，然后力所能及地承担国际责任，担当国际道义。

（四）文化安全：疫情影响国际文化系统变化的辨析

文化是一个民族社会千百年来形成的根基，通常包括价值理念、物质基础、规制体系、行为方式，具有共识价值统聚、社会秩序维系、传承与启导教育的功能，影响公民行为、国家决策和制度建设。对于国际社会来讲，涵盖核心共识价值理念的文化系统，应该是存在的，比如和平共处、和平发展、合作发展、命运共同体等，一直是人类对战乱灾荒苦难的反思和共同追求。

本次疫情来袭，很多国家基于自身的文化传统和制度体系，实施了前述所谓紧密型（中央集权制）与松散型（自由联邦制）的政策举措。前者如中国、俄罗斯、朝鲜，后者如美国、英国、西班牙。当然，也可以认为还存在诸如日本、韩国、德国等中间模式，即宽严有度的合理型社会治理政策。这里，我们可以绘制一个矩阵表，主要从两大应急防控阶段来比较三类制度模式的优势所在（见表1）。

表1　三类制度模式在疫情防控中的优势比较

两大阶段	中央集权制模式（紧密型）	自由联邦制模式（松散型）	混合交叉模式（相济型）
一阶：突发应急响应	未必有优势	或许有优势	有一定优势
二阶：常态防范控制	基本有优势	很难有优势	有一定优势

与此同时，在意识形态及其做法上，很多国家尤其是一些发达国家“只扫门前雪，不管他人瓦上霜”，加上国内民众要求加强疫情防控的政府威权治理，因而它们无暇顾及其他，注意力纷纷内转，甚至出现排侨现象。国家间各自为政，必将导致世界性民粹主义泛滥。另外，中国自习近平主席提出“人类命运共同体”倡议以来，通过共建“一带一路”国家的实践，在全球防疫抗疫中显现出应有的合作价值。疫情并没有完全终结国家间的联结，而是更加相互依存，共同携手应对危机，多边合作主义、国际组织协调机制也将进一步强化。世界和平发展、合作发展的力量仍在持续增长，尽管出现短期波动，但不会影响这种命运共同体构建的大局。我们仍然要高举构建人类命运共同体旗帜，秉持共商共建共享的全球治理观，倡导多边主义和国际关系民主化，推动构建更加公正合理的国际治理体系，共同应对未来世界突发性灾难事件。

国家文化力之间的较量，仅有两百多年历史的美利坚文明，与上下五千年根基深厚的中华文明之间，不可同日而语，即便美利坚文明源于欧洲基督文明。尽管如此，文化的差异，有时候很难共通。中国防疫抗疫的举国体制，源于单一制国家的传统集权文化，源于国民对政府长期的高度依赖和信任心理。这种制度文化基础在联邦制国家不具备，举国措施未必有效，这在疫情防控中可见一斑。这些国家信奉自由信条、公民行为自觉和自决原则。尽管国际社会在一定程度上称颂中国举措，但也有不少非议，如认为此种做法并不科学，劳民伤财，认为日本、韩国等国的公共卫生安全行为和措施可能更为科学。也有的人认为，举国体制或许在灾难发生“后”的集中防控中更显优势，但在灾难突发“时”的决策中未必显现优势，可能还会因为信息传递层级过多、决策集于一身而贻误时机。因此，中国国内一些势力力图推销中国制度，搞制度输出的想法很不明智，不但会遭到强烈反对，还会损害中国作为世界道义大国的形象。尽管西方国家公民要求疫情防控强化政府威权治理，但也只是暂时性的；疫情过后，他们的理念和做法仍将复原。

四　结语：疫情全球化具有国际性安全结构意蕴

从不同学科视角观察分析疫情对国际格局和全球社会的影响，会有不同的看法。从社会学角度分析疫情全球化进程中的安全结构，我们可以看到突发灾变事件对全球社会结构的稳定与嬗变的分析，基本可以判断为：对全球经济、政治、社会和文化的影响很大且是深远的，但未必是根本性的；从经济、科技（重要的文化要素）、军事（重要的政治要素）等要素看，一超多强的国际格局总体结构稳定，但不能否定随着中国、欧盟等内部诸多要素的盘活与增长，多元化的国际格局也必将出现。

图书在版编目（CIP）数据

风险治理的多维探索 / 颜烨主编. -- 北京：社会科学文献出版社，2021.9
ISBN 978 - 7 - 5201 - 8045 - 0

Ⅰ. ①风… Ⅱ. ①颜… Ⅲ. ①社会管理 - 风险管理 - 研究 - 中国 Ⅳ. ①D63

中国版本图书馆 CIP 数据核字（2021）第 162967 号

风险治理的多维探索

主　　编 / 颜　烨

出 版 人 / 王利民
责任编辑 / 张　超
责任印制 / 王京美

出　　版 / 社会科学文献出版社 · 皮书出版分社（010）59367127
地址：北京市北三环中路甲 29 号院华龙大厦　邮编：100029
网址：www. ssap. com. cn
发　　行 / 市场营销中心（010）59367081　59367083
印　　装 / 唐山玺诚印务有限公司

规　　格 / 开　本：787mm × 1092mm　1/16
印　张：22.5　字　数：346 千字
版　　次 / 2021 年 9 月第 1 版　2021 年 9 月第 1 次印刷
书　　号 / ISBN 978 - 7 - 5201 - 8045 - 0
定　　价 / 128.00 元